SANGUE do meu SANGUE

© 2021 por Mauricio de Castro
© iStock.com/Kharchenko_irina7
© iStock.com/Dreamwalker_T

Coordenadora editorial: Tânia Lins
Coordenador de comunicação: Marcio Lipari
Capa e projeto gráfico: Equipe Vida & Consciência
Preparação: Janaina Calaça
Revisão: Equipe Vida & Consciência

1ª edição — 2ª impressão
5.000 exemplares — abril 2021
Tiragem total: 8.000 exemplares

**CIP-BRASIL — CATALOGAÇÃO NA PUBLICAÇÃO
(SINDICATO NACIONAL DOS EDITORES DE LIVROS, RJ)**

H474s
    Hermes (Espírito)
        Sangue do meu sangue / pelo espírito Hermes ; psicografia de Maurício de Castro. - 1. ed. - São Paulo : Vida & Consciência, 2021.
        288 p. ; 23 cm.

    ISBN 978-65-88599-04-4

        1. Romance espírita. 2. Obras psicografadas. I. Castro, Maurício de. II. Título.

20-68160   CDD: 808.08037
                                   CDU: 82-97:133.9

Todos os direitos reservados. Nenhuma parte desta edição pode ser utilizada ou reproduzida, por qualquer forma ou meio, seja ele mecânico ou eletrônico, fotocópia, gravação etc., tampouco apropriada ou estocada em sistema de banco de dados, sem a expressa autorização da editora (Lei nº 5.988, de 14/12/1973).

Este livro adota as regras do novo acordo ortográfico (2009).

Vida & Consciência Editora e Distribuidora Ltda.
Rua das Oiticicas, 75 – Parque Jabaquara – São Paulo – SP – Brasil
CEP 04346-090
editora@vidaeconsciencia.com.br
www.vidaeconsciencia.com.br

SANGUE do meu SANGUE

MAURÍCIO DE CASTRO

Romance ditado pelo espírito Hermes

Apresentação

ESTILOS DIFERENTES, MAS O MESMO OBJETIVO

Os leitores notam uma diferença de estilo entre os romances ditados pelo espírito Hermes e pelo espírito Saulo. Enquanto Hermes prima pela narrativa enxuta e a riqueza de ensinamentos espirituais, o Saulo prefere uma narrativa mais longa, mais detalhista e descritiva, sem a necessidade de colocar, ao longo da história, tantos ensinamentos espirituais propriamente ditos.

Alguns leitores preferem o estilo do Hermes, já outros, o do Saulo, e a maioria gosta de ambos.

Eu, como médium, sinto-me feliz com essa diferença entre os trabalhos, pois traz uma diversidade maior na forma de contar histórias, o que faz com o que o nosso público tenha oportunidade de aventurar-se por estilos literários diferentes vindos de uma mesma fonte.

Além do mais, o que é um ensinamento espiritual? Eu acredito que tudo que possamos tirar lições de vida, transformar nosso ser, fazer renascer a esperança, a fé e a renovação interior é um ensinamento espiritual. Ele pode vir por meio de explicações, mas também por meios de histórias nas quais a própria ação dos personagens e a própria narrativa, são, por si só, os grandes ensinamentos espirituais.

Este livro que agora trazemos a público foi escrito pelo espírito Hermes por meio da minha psicografia audiente. Talvez, por ser o meu mentor espiritual, Hermes tem uma facilidade muito grande em comunicar-se comigo de maneira ostensiva, de forma que, os romances escritos por ele são, de fato, ditados, ou seja, ouço

5

sua voz ditando tudo o que devo escrever e assim o faço. É um espírito muito rigoroso com seu trabalho e não permite nenhuma interferência de minha parte.

Já com o Saulo, o trabalho é diferente, mas não menos sério e com o mesmo objetivo. Ele me traz uma sinopse e cabe a mim desenvolver a narrativa sob sua supervisão inspirada. Se eu sair muito do que é para ser, ele vem e corrige, mas me deixa livre para escrever da maneira que melhor eu quiser.

Estou dando essa explicação para que vocês, queridos leitores, entendam como funciona meu processo de psicografia e a produção dos livros que, graças ao Universo e a vocês, têm tido tanta aceitação desde o início.

Em *Sangue do meu sangue*, Hermes traz mais uma história forte, profunda, muito bonita e riquíssima em ensinamentos espirituais. Espero que ela toque seu coração de forma tão positiva quanto tocou o meu nos meses em que me dediquei à sua psicografia. Que, ao final, você possa estar cheio de esperança, fé e certeza de que, tudo que nos acontece, por mais duro e difícil que seja, é para nosso bem, e que a Vida jamais erra. Essa certeza quando encontrada traz paz e alegria de viver, e é isso que, por meio deste livro, eu e o Hermes desejamos a você.

Um forte abraço do amigo
Maurício de Castro
8 de maio de 2020

Capítulo 1

Da janela de seu quarto, no primeiro andar da mansão onde morava com os pais, Marcela olhava encantada o motorista da família abrir a porta do carro para que seu pai, o doutor Afonso, entrasse. A moça não percebeu, contudo, que Cecília, sua mãe, a observava por trás com o semblante fechado.

Marcela esperou o carro partir e, só então, virou-se, dando de cara com a mãe, que a inquiriu:

— Posso saber por que sempre fica olhando quando nosso motorista está próximo?

Marcela ia inventar uma desculpa, mas Cecília não a deixou falar.

— Não adianta tentar me enganar, Marcela! Já é a terceira vez que a pego olhando para Vitor com ares de moça apaixonada! Sem contar as outras vezes em que Filomena a viu conversando com ele. Saiba que jamais admitirei qualquer tipo de envolvimento entre vocês! Estou lhe avisando agora, porque, já que é teimosa e só faz o que quer, tomarei atitudes drásticas.

— Já que a senhora tocou no assunto, vou lhe revelar o que está acontecendo. Eu e o Vitor estamos apaixonados, e só estou esperando o momento propício para falar com papai e pedir-lhe permissão para nos casarmos.

Horrorizada com o que estava acontecendo e com o tom de ousadia e desafio com que a filha disse aquelas palavras, Cecília descontrolou-se e deu-lhe um tapa no rosto.

— Pode bater, bata mais se quiser, mas eu amo Vitor e é com ele com quem vou me casar, queira a senhora ou não. Além disso, papai o adora e sempre faz minhas vontades. Desta vez, a senhora perderá!

— Será que não vê que Vitor não gosta de você? Pensei que você, Marcela, tinha o mínimo de discernimento, mas vejo que não percebe que está sendo vítima do golpe mais velho do mundo! Golpe no qual muitas amigas suas caíram e que você deveria evitar. Vitor não a ama, filha! Ele só quer nosso prestígio e nosso dinheiro.

Marcela sabia que era inútil discutir com a mãe, uma mulher da alta sociedade, rica e cheia de preconceitos. Ela podia ter apenas 20 anos, mais tinha maturidade e sensibilidade suficientes para saber que Vitor não era um interesseiro. Sabia que amava e era amada verdadeiramente por ele, contudo, não iria tentar provar nada à mãe, pois sabia que isso era impossível. A moça, então, resolveu calar-se, sentou-se na cama e esperou que Cecília continuasse:

— Pode ficar calada. Não vou dizer mais nada. Só quero que saiba que, desta vez, seu pai não ficará do seu lado. Desde que comecei a desconfiar de tudo isso, comentei com ele, que afirmou que, se o fato fosse verdade, demitiria Vitor e daria um jeito de mantê-lo longe — mentiu.

Marcela empalideceu. A mãe só podia estar blefando.

— Não acredito no que diz! Papai me ama e não tem seus preconceitos. É um homem muito bom, honesto e sensato. A senhora era muito pobre e empregada na casa dele quando se apaixonaram. Por que, então, ele iria se opor a meu amor por Vitor?

— Você é mesmo uma atrevida! Saiba que, mesmo que consiga ludibriar seu pai e o faça ficar a seu lado, tenho maneiras eficientes da convencê-lo do contrário. Você é grande o suficiente para saber que seu pai sempre me obedece.

Marcela aproximou-se da mãe e disse ironicamente:

— É chantagem, não é? A senhora sabe algo muito grave sobre o passado de papai e sempre o chantageia com isso, mas aviso que, se conseguir me separar de Vitor, irei atrás dele onde ele estiver. Será um escândalo, e você será abandonada por sua filha, que fugirá com o motorista.

Com mais raiva, Cecília pensou em retrucar, mas Marcela a empurrou porta afora nesse momento.

— Agora saia do meu quarto e suma da minha vida!

Marcela bateu a porta com força, deixando Cecília humilhada e com ódio do outro lado.

Filomena, a governanta da casa, estava escutando a discussão a distância e aproximou-se:

— Avalio como você esteja sofrendo. Bem que a avisei a agir antes. Pelo que ela contou a Mércia, eles já estão se relacionando há muito tempo. A essa altura, sua filha já deve ter sido deflorada por ele.

— Não pode ser! Ela não chegaria a tanto!

— Acredite, dona Cecília, as moças de hoje em dia não têm mais o pudor que tínhamos em nossa época.

— Mas eu a eduquei dentro da mais rígida moral! Ensinei-lhe que uma mulher decente só se casa virgem!

— E a senhora acha que as meninas de hoje ouvem a gente? Veja a Mércia! Eu a eduquei da melhor maneira e, na primeira oportunidade, engravidou de Felipe.

— Nem me lembre dessa tragédia. Tivemos que mandar Felipe para fora do país, antes que soubesse da gravidez... e ainda tivemos de providenciar tudo aquilo!

— Foi difícil, mas já passou — finalizou Filomena. — O que pensa em fazer com sua filha?

— Exatamente o que disse a ela há pouco. Conversarei com Afonso assim que ele chegar e o obrigarei a demitir Vitor!

Filomena olhou com admiração para a patroa:

— Não sei qual segredo de doutor Afonso a senhora carrega para fazê-lo obedecê-la sempre. Nunca me contou.

Cecília abraçou a empregada e amiga com força e disse:

— Infelizmente, nem tudo você pode saber, Filomena, mas um dia ainda tomo coragem e lhe conto. Agora, faça aquele chá calmante que adoro e leve-o ao meu quarto. Preciso estar bem para quando Afonso chegar.

As duas mulheres, então, despediram-se rapidamente e retomaram seus afazeres.

Assim que a mãe saiu do quarto, Marcela jogou-se na cama sentindo-se desanimada. Amava Vitor sinceramente e temia que Cecília, que sempre exercia uma estranha influência sobre Afonso, acabasse por convencê-lo a demitir o rapaz. Ela não poderia ficar sem Vitor. Não agora que tudo estava acontecendo.

Rolando pelos lençóis de seda, Marcela começou a lembrar-se de sua relação com Vitor.

Valdemar, o motorista anterior, aposentara-se, e a casa não poderia ficar sem um profissional no lugar. Afonso saía o tempo todo, ia para a empresa, para o clube, para outros lugares importantes, e não gostava nem achava de bom-tom um homem de sua classe dirigir o próprio carro.

Marcela não entendia aquilo, pois, para ela, dirigir o próprio carro deveria ser um grande prazer. A moça pensava que, quando tivesse um veículo, jamais contrataria um motorista, pois desejava ela mesma dirigir o automóvel. Cecília também, embora soubesse dirigir e até tivesse carteira de motorista, não gostava de fazê-lo. Segundo ela, todas as suas amigas tinham motorista, e ela também deveria ter. Por essa razão, após a aposentadoria de Valdemar, Vitor, o filho do ex-funcionário, foi contratado.

Vitor era um rapaz de 25 anos, alto, branco, de cabelos pretos e lisos, olhos castanho-escuros, lábios carnudos e sorriso agradável. Não tinha muitas aspirações na vida e queria apenas ser como o pai: um motorista de alguém importante. Além disso, o salário que Afonso pagava compensava muitas vezes um trabalho conquistado após anos de estudo numa faculdade.

Quando Vitor chegou à casa da família de Marcela, já sabia tudo sobre a profissão, inclusive os gostos, as preferências e até as manias dos patrões. Valdemar, o pai do rapaz, o orientara sobre tudo.

No momento em que Marcela e Vitor se viram pela primeira vez, foi amor à primeira vista. Os olhos dos dois jovens encontraram-se, e os dois se apaixonaram. Marcela percebia que ele desejava aproximar-se e dizer-lhe o quanto a queria, mas a distância social o fazia recuar. Ela também usava os serviços do motorista, porque, além de não ter carteira de motorista, Cecília não queria que a filha dirigisse. Não considerava essa atividade adequada para uma moça de sua posição social.

Foi na primeira vez que Vitor levou Marcela à faculdade que a moça tomou a iniciativa. Do banco traseiro do carro, ela iniciou:

— Tenho notado que você me olha diferente. Estou enganada?

Corado devido à ousadia da moça e à surpresa provocada pela pergunta, Vitor não respondeu de pronto. Percebendo que o silêncio do rapaz era motivado pela vergonha, ela continuou:

— Por favor, responda-me. Você me olha com desejo, não é?

Vencido, Vitor respondeu:

— Não queria tocar nesse assunto, senhorita, pois somos de mundos completamente diferentes. Não daria certo.

— Então, você admite que me deseja? Que quer namorar comigo?

— Quero! Quero muito! — o rapaz admitiu, deixando o receio de lado. — Mas isso não pode nem deve acontecer, senhorita. Como já lhe disse, nossa posição social nos separa.

Num gesto espontâneo, Marcela aproveitou que o carro estava parado, pois aguardavam o semáforo abrir, e colocou seus braços em volta do pescoço do rapaz:

— Tudo pode acontecer, porque, como você já deve ter percebido, eu também sinto vontade de namorá-lo. Sonho com você desde o dia em que chegou à minha casa.

Corando ainda mais diante das palavras e dos gestos de Marcela, Vitor redarguiu:

— Marcela, sei que sou correspondido, mas não podemos nos relacionar. Você sabe como seus pais são. Eles jamais admitiriam nossa relação.

— Como sabe que eles jamais admitiriam?

— Meu pai os conhece muito bem e, embora tenha sido motorista da família por quase trinta anos, quando seu avô ainda era vivo, ele nunca foi convidado a entrar na casa pela porta da frente e nunca sequer fez uma refeição com a família. Meu pai sempre me disse que sua família prima muito pelas regras e etiquetas da sociedade e jamais admitiram misturar classes.

Apertando o pescoço do rapaz com carinho — mesmo com o carro já em movimento —, Marcela disse confiante:

— Pois meu pai não é essa pessoa distante e fria que você acredita que ele seja. Minha mãe é cruel e se importa com essas regras, mas meu pai, não. Ele é um homem humilde. E meu avô paterno, embora tenha sido rico a vida inteira, também sempre foi um homem simples e humilde. Meu pai puxou a ele. Tenho certeza de que, se começarmos a namorar e quisermos nos casar, ele aceitará nossa união.

Sentindo nascer em si a esperança de ter a mulher que amava nos braços, Vitor sentiu-se feliz:

— Então, podemos nos dar essa chance! Estou feliz!

— Se está tão feliz, por que, em vez de me levar à faculdade, não me leva a outro lugar?

Vitor assustou-se:

— Não, senhorita. Se fizer isso, perderei o emprego.

— Não me chame mais de senhorita, Vitor! Além disso, ninguém saberá o que aconteceu.

— E se sua mãe ligar para a faculdade? Ela pode estranhar minha demora em voltar.

— Minha mãe não sairá de casa esta manhã. E, se ela perguntar sobre sua demora, diga-lhe que precisou fazer uma revisão no carro.

Louco por tomar Marcela nos braços, Vitor concordou e perguntou:

— E aonde quer que eu a leve?

— A um motel.

A reação de Vitor foi grosseira:

— Jamais! Jamais a levaria para um motel em nosso primeiro encontro!

Marcela, por sua vez, também se sentiu ofendida:

— Não pense que o chamei ao motel para me entregar a você, Vitor. Queria ir para lá apenas para namorarmos em paz, para conversarmos, nos conhecermos melhor. Não quero fazer isso na casa de uma amiga ou em uma pracinha. Meus pais têm conhecidos por toda a cidade, que poderiam nos ver juntos. Não quero que minha mãe saiba de nada logo no início.

Mais tranquilo, Vitor respondeu:

— Então, vamos. Só tenho medo de o carro de sua família ser reconhecido entrando num motel.

Marcela sorriu e pulou para o banco da frente:

— Não vamos ficar imaginando coisas. Vamos logo!

— Nunca fui a um motel.

Marcela riu:

— Eu também nunca fui, mas algumas amigas minhas já foram, e sei o nome de alguns. Há um aqui perto.

A emoção tomou conta dos dois, e, quando chegaram ao motel, foram para a cama e entregaram-se a beijos de amor.

O motel, como todos os outros, estava cheio de espíritos viciados em sexo, com os corpos deformados, à procura de pessoas invigilantes para grudarem-se a elas e sugarem-lhes as energias. Marcela e Vitor, contudo, não estavam ali para fazer sexo, mas para exercerem o amor verdadeiro e sincero que nutriam um pelo outro. Assim sendo, nenhum espírito conseguiu invadir-lhe a intimidade.

Após muitos beijos e muitas carícias, Marcela fixou o olhar em Vitor e disse:

— Tenho certeza de que eu o amo.

— Eu também. Nunca senti por alguém o que sinto por você — respondeu o rapaz.

— Engraçado...

— O que foi?

— Quando olho em seus olhos, tenho a certeza absoluta de que o conheço de muito tempo, mas como isso é possível se nos conhecemos há pouco tempo?

Vitor riu:

— Também sinto o mesmo. Será que não nos conhecemos de outras encarnações?

— Encarnações? Você acredita nisso?

— Acredito. Tenho certeza de que já vivemos muitas vezes aqui na Terra e que ainda passaremos por outras tantas existências para continuar evoluindo. Você nunca ouviu falar em reencarnação?

— Vagamente. Sei que os espíritas estudam e acreditam nisso. Você é espírita?

— Não, mas tenho lido alguns livros e estudado num centro espírita próximo de minha casa. Não tenho dúvidas de que a reencarnação existe.

— Então, essa sensação está explicada. Nós nos conhecemos de outras vidas.

— Tenho certeza de que sim. Outro dia, lá no centro, a palestrante falava de almas afins e dizia que na Terra não existe encontro, mas sim reencontros. Ninguém se encontra com o outro pela primeira vez.

Marcela arrepiou-se:

— Então, será que é por isso que o amei desde a primeira vez em que o vi?

— É provável, pois isso também aconteceu comigo.

Embevecidos com o sentimento nobre que os unia, Vitor e Marcela permaneceram ali por um bom tempo. Depois, ele levou--a até a faculdade, onde a moça cursava Letras, e voltou para casa. Como Marcela previra, Cecília nem reparara na demora do motorista.

Após rememorar aquele início de relacionamento, Marcela ficou relembrando dos outros encontros que os dois jovens tiveram, até que uma noite, após quase três meses de namoro escondido, ela fê-lo entrar em seu quarto durante a madrugada, e os dois se amaram com paixão. A partir daquele dia, três vezes por semana aquilo passou a acontecer até que Marcela se descobriu grávida.

A moça, então, colocou as duas mãos sobre a barriga e rogou:

— Deus, nos proteja e proteja meu filhinho.

Com as mãos sobre o ventre, Marcela acabou adormecendo.

Capítulo 2

Assim que Afonso chegou, Filomena tratou de chamar a patroa que ressonava no quarto.

— Fez bem em me acordar. Quero conversar com Afonso antes do jantar. Que horas são?

— São quase seis e meia da tarde.

— Muito bem. Desça e diga a Afonso que me espere no escritório.

— Sim, pode deixar.

Cecília arrumou-se rapidamente e caminhou até o sóbrio e escuro escritório do marido.

— Que urgência é essa em falar comigo? Não poderia esperar para depois do jantar? — Afonso perguntou irritado.

— O assunto não pode esperar. Além disso, depois do que lhe direi, tenho certeza de que nem apetite para jantar você terá — disse cinicamente.

— Você está me assustando. Diga logo o que é.

Cecília atirou à queima-roupa:

— Sua filha Marcela está namorando nosso motorista.

Afonso fez uma expressão de que não estava compreendendo bem o que a mulher dissera, e Cecília enfatizou:

— Não ouviu o que lhe disse? Nossa filha está namorando Vitor, o motorista. Como pai, o que você fará sobre isso?

Afonso, que estava em pé, sentou-se:

— Você tem certeza do que está me dizendo?

Cecília posicionou-se atrás do marido e fez uma massagem em seus ombros, enquanto ele acendia um charuto.

— No começo, só desconfiei do envolvimento dos dois porque a flagrei inúmeras vezes olhando para esse rapaz da janela do quarto. Depois, Filomena me contou que a viu outras vezes de conversa com ele no jardim. Outro dia, os dois estavam no pomar. Até que hoje, numa discussão, Marcela me revelou a verdade. Ela me disse que o ama e que ficará com ele custe o que custar. Você sabe como sua filha é voluntariosa, Afonso. Se você não fizer algo, logo estarão desfilando na sociedade.

Afonso abriu um sorriso no rosto e respondeu:

— Mas isso é muito bom, Cecília! Vitor, assim como o pai, é uma pessoa maravilhosa. Ainda bem que nossa filha soube escolher. Já estava preocupado imaginando que ela iria se casar com um desses "almofadinhas", filhos de meus amigos, que só têm aparência. São todos uns jovens de cabeça vazia. Vitor, no entanto, é um ótimo rapaz e terei prazer em introduzi-lo em nossa família e na sociedade.

Cecília, que de certa forma já esperava aquela reação do marido, posicionou-se diante de Afonso e esmurrou a mesa com violência dizendo:

— Mas nem que eu tenha de mover a Terra de lugar, eu lhe garanto que nossa filha não se casará com esse pobre miserável! Pensei que você tivesse um pouco mais de sabedoria, mas estou vendo que não passa de um idiota! Não permitirei que esse namoro continue e exijo que você demita Vitor e providencie que ele suma daqui, que vá para muito longe e, de preferência, para sempre.

— Não farei isso, Cecília. Ao contrário! Eu apoiarei minha filha. Cale sua boca cheia de malícia. Quem era você quando nos casamos? Uma simples empregada doméstica. No entanto, eu a amei e a amo até hoje. Se não fosse por isso, não a aturaria por tanto tempo. Minha filha se casará com Vitor, e assunto encerrado.

Com os olhos vidrados pela emoção negativa, Cecília ameaçou:

— Apoie nossa filha, e eu o entregarei à polícia.

— Dessa vez, não me renderei à sua chantagem! Chega! É a felicidade de minha filha que está em jogo.

— Não tem medo de ser preso para sempre? Afinal, Afonso, o que você fez lhe renderá anos e anos de prisão. Acredito, inclusive, que você morrerá no presídio.

Afonso aproximou-se da mulher e puxou-a pelo pescoço:

— Você não fará isso, porque já lucrou muito com minha atividade! Você quis ter propriedades no exterior em seu nome, contas fora do país em paraísos fiscais só em seu nome, e eu concordei com tudo isso. Dos muitos serviços que fiz foi você quem levou o dinheiro e tenho como provar. Por isso, desde que sua ambição falou mais alto, você é tão culpada perante a lei quanto eu, Cecília. Se me entregar, você também irá presa. Já se imaginou vivendo numa penitenciária feminina e apanhando de suas colegas de cela? Você não tem direito à cela especial, pois não tem nível superior. Ou seja, terá de viver com todas elas e deixará o luxo em que vive para viver no inferno. Terá mesmo coragem de me denunciar, Cecília?

Cecília percebeu que estava perdida. Jamais imaginara que o marido pudesse agir daquela maneira. Ela, então, calou-se, ruminando o ódio dentro de si. Depois, disse:

— Tudo bem, Afonso! Você venceu! Mas saiba que, assim como você, o que eu estava fazendo era algo pela felicidade e pelo bom nome de nossa filha. Mas, já que não pensa nisso, lavo minhas mãos.

Cecília já estava saindo do escritório, quando Afonso a seguiu e segurou-a pelo braço:

— Eu a conheço muito bem, Cecília. Sei que não é de se conformar tão rápido quando é contrariada. Vou lhe deixar um aviso: se tentar impedir o casamento de nossa filha com Vitor, encontrarei uma forma de fazer você pagar por isso.

A mulher tentou mostrar-se calma:

— Realmente, não sou mulher de me conformar, mas, desta vez, reconheço que não tenho saída. Fique despreocupado, Afonso! Sua filha se casará com Vitor, e os dois serão felizes para sempre.

Afonso soltou o braço da esposa, que saiu do escritório colérica. Cecília, então, encontrou Filomena na sala esperando-a ansiosamente para saber do desfecho.

— Vamos para meu quarto — pediu Cecília com a voz baixa. — Precisamos conversar a sós.

Uma vez no quarto, Cecília fez Filomena sentar-se na cama junto com ela. A mulher pegou as mãos da governanta e, olhando-a nos olhos, disse:

— Preciso mais uma vez de sua ajuda.

Filomena corou:

— Aquela ajuda?

— Sim. O mais rápido que puder. Durante o jantar, você me dirá que precisará viajar para visitar sua irmã doente em Presidente Prudente e me pedirá, na frente de todos, uma semana de folga.

— E o que direi a Mércia?

— Mércia sabe que tem uma tia doente no interior e não questionará.

— Não sei... — disse Filomena levantando-se e torcendo as mãos. — Depois de tudo o que fizemos com ela, ela ficou muito desconfiada.

Cecília irritou-se:

— Vai me ajudar ou vai ficar com medo de sua filha, Filomena?

— Nem pense nisso, minha querida. Farei tudo para ajudá-la. Deixe comigo! Sei me virar com Mércia.

Cecília aproveitou:

— Essa sua filha, hein? Já lhe disse para se impor mais!

— Estou tentando, dona Cecília, mas Mércia é muito teimosa. Além disso, depois do que fizemos... Mas não se preocupe! Ela não nos atrapalhará. E como faremos? Preciso de detalhes.

As duas mulheres continuaram a conversar, sem perceber que sombras colaram-se a elas com prazer, antegozando a vitória do mal.

O jantar transcorreu calmo, e, conforme fora combinado, Filomena pediu à patroa para viajar. Cecília acatou o pedido, mas fingiu que não gostaria que a governanta ficasse muito tempo fora de casa. Filomena, então, respondeu que Mércia ficaria em seu lugar.

Quando o jantar terminou, Afonso trancou-se no escritório, e Marcela já estava saindo para a edícula para procurar Mércia, quando Cecília a chamou e a fez sentar-se no luxuoso sofá da sala.

— Gostaria de lhe pedir desculpas, filha. Agi errado, tentando impedir seu relacionamento com Vitor, mas conversei com seu pai, que me convenceu a aceitar. Saiba que, de hoje em diante, vocês poderão namorar livremente. Daqui a dois dias, serviremos um jantar, e queria que Vitor viesse com os pais para que possamos oficializar o namoro e o futuro noivado.

Marcela desconfiou:

— A senhora está falando sério?

— Você já viu sua mãe dizer algo que não cumpre?

— Não, realmente não.

— Então, fique tranquila! No entanto, agradeça a seu pai, pois, se não fosse ele, eu não teria cedido.

Marcela emocionou-se, pois sabia que o pai ficaria sempre do seu lado. A jovem, então, abraçou a mãe e correu ao escritório entrando sem bater.

Nenhuma palavra precisou ser dita. Filha e pai abraçaram-se com amor e emoção. Depois, ela disse:

— Não sei como agradecer ao senhor. Mamãe não iria ceder se não fosse sua força.

— Ela teria que ceder de qualquer maneira. Adorei saber que você e Vitor estão namorando. Sabe, filha, o pai dele foi nosso motorista por muitos anos, e eu devo muito a ele. O pai de Vitor salvou minha vida por três vezes. Além disso, é uma pessoa muito boa. Aliás, não só ele como a esposa, Conceição. Sei que Vitor também é como os pais.

— Não sabia que o senhor já tinha corrido risco de morte. Quando foi isso?

— Foi durante as muitas viagens que fiz tendo Valdemar como motorista. Outro dia, eu lhe conto.

Marcela abraçou o pai mais uma vez.

— Pena que hoje é a folga de Vitor. Ele iria adorar saber o que aconteceu. Estava com medo da reação do senhor e de mamãe.

— Por que não liga pra ele?

— Não, papai, prefiro falar com ele pessoalmente amanhã. Vou agora contar a Mércia. Ela é minha melhor amiga e sei que ficará muito feliz quando souber de tudo.

Marcela saiu eufórica e dirigiu-se à edícula, que era muito confortável, grande e aconchegante. Pela primeira vez, enquanto caminhava para lá por entre os jardins floridos, pensou que não sabia nada sobre a origem da mãe da amiga.

Quando Marcela nasceu, Filomena já morava na casa. Mércia, a filha da governanta, nasceu no mesmo ano em que Marcela. Cecília dizia que Filomena engravidara de um homem ruim que a abandonara e, como gostava muito da empregada, resolveu acolhê-la em sua gravidez.

Dois meses mais velha que Marcela, Mércia era uma moça linda e fora criada com tudo de bom que uma criança pudesse ter. Filomena e Cecília eram tão amigas que a moça nunca fora impedida de entrar na mansão, e as duas acabaram sendo criadas juntas. Eram melhores amigas, mas Marcela nunca procurara saber do passado da mãe de Mércia. A moça, contudo, não foi procurar a amiga para conversar sobre isso. O que ela queria mesmo era contar que estava livre para se relacionar e casar com Vitor.

A porta da edícula estava aberta, e, sentada à escrivaninha, Mércia, entre livros, cadernos e muitos papéis, digitava algo em seu *notebook.* A moça cursava secretariado e era muito dedicada. Marcela já conhecia seu lado metódico e disciplinado.

Ao ver a amiga, Mércia alegrou-se e pediu que Marcela se sentasse dizendo:

— Só irei digitar mais um parágrafo. Estava mesmo precisando descansar. Espere-me só um pouco.

Marcela aquiesceu, e, minutos depois, as amigas já estavam conversando e tomando guaraná com pipoca.

— Vim lhe dizer que o impossível aconteceu: minha mãe cedeu e me deixou namorar o Vitor. Você acredita que ela vai dar um jantar especial para ele e os pais para oficializarmos o namoro?

Mércia empalideceu, mas procurou disfarçar. A moça ficou calada, pensando, porém, não disse nada.

— Ei, Mércia! O que foi? Parece que não ficou feliz com a notícia!

Despertando de seus pensamentos, Mércia perguntou:

— Você tem certeza de que dona Cecília aceitou mesmo o namoro? Será que ela não está fingindo?

— A princípio, também pensei assim, mas minha mãe não consegue fingir. Você, assim como eu, a conhece bem. Quando ela é contra algo ou quando alguma coisa a desagrada, ela demonstra claramente o que sente.

— Não acha estranho que dona Cecília, que há pouquíssimo tempo se posicionou radicalmente contra esse namoro, tenha mudado tão rápido de opinião?

— Papai a convenceu. Não sei como, mas a convenceu.

Vendo que Mércia a olhava de maneira estranha, Marcela inquiriu:

— Aonde você quer chegar com isso, minha amiga? Você está dizendo que minha mãe está mentindo?

— Não quero dizer nada, Marcela. Só lhe peço que tome muito cuidado daqui pra frente.

Mércia falava sério, como se soubesse de algo sinistro, mas não pudesse contar à amiga.

— Você está me assustando. O que você acha que pode acontecer?

— Nada — disse Mércia sorrindo e tentando disfarçar. — Esqueça o que eu lhe disse. Continue a falar sobre seu relacionamento. Você contou à sua mãe e a seu pai que está grávida?

Sorrindo, Marcela pôs a mão na boca da amiga:

— Ainda não. Pensei que ainda não era o momento. No jantar, no entanto, pretendo contar a eles. Me sentirei mais segura para falar sobre a gravidez na frente do Vitor e dos pais dele.

— Já lhe ocorreu que os pais de Vitor possam ser contra esse namoro?

— Nunca! São pessoas muito boas, que desejam a felicidade do filho. Com isso eu estou despreocupada.

Mércia não disse mais nada, e as duas amigas continuaram conversando até tarde. Quando Filomena chegou, Marcela percebeu que se excedera no horário e foi para casa.

Quando ficou a sós com a mãe, Mércia disse em tom imperativo:

— Estou sabendo que dona Cecília aceitou o namoro de Marcela e Vitor. Mãe, estou lhe avisando que, se algo ruim acontecer com minha amiga, colocarei a boca no mundo e contarei tudo o que dona Cecília foi capaz de fazer comigo. Não confio naquela mulher e sei que, por trás dessa aceitação, há algum plano diabólico.

Filomena empalideceu:

— Você ficou louca?! Quer que sejamos despejadas daqui como duas indigentes? Onde iremos morar?

Mércia deu de ombros:

— Não sei! O que sei é que não vou deixar minha amiga sofrer como sofri nas mãos daquela megera, sem que a senhora tenha feito nada para impedir.

Filomena abraçou a filha:

— Você não entende que dona Cecília fez o melhor para você, filha?

— O melhor? Ela desgraçou minha vida, isso sim.

— Não seja ingrata. Você só tem a vida confortável que tem e estuda numa das melhores universidades de São Paulo por causa da bondade dela. Deveria agradecer.

Mércia olhou para a mãe de maneira enigmática:

— Não sei o que a prende a essa mulher, mãe, mas um dia descobrirei. Sei que a senhora é uma pessoa boa, mas se submete a tudo o que ela quer. Sei que não adiantará eu lhe perguntar, pois, como sempre, a senhora não me dirá nada, mas tenha certeza de que um dia descobrirei tudo.

— Já lhe disse que é melhor não remexer o passado, filha. E saiba que vou passar uma semana fora. Vou visitar sua tia Araci, que piorou o estado de saúde. Mais uma vez, você terá de ficar em meu lugar. Precisará ser agradável e cordata com dona Cecília.

— E como alguém pode ser agradável com uma criatura daquelas? Só a senhora mesmo!

— Por favor, Mércia, preciso me ausentar. Sua tia pode morrer a qualquer momento e não desejo viajar preocupada, temendo que a qualquer momento você contrarie a dona Cecília. Prometa que fará tudo certo.

Mércia abraçou a mãe mais uma vez e beijou-a com carinho:

— Tudo bem, prometo.

As duas conversaram mais um pouco e em seguida foram se deitar. Mércia estudava pela manhã, por isso teria de se desdobrar para deixar o cardápio pronto para as cozinheiras prepararem as refeições. À tarde, teria de ficar à disposição de Cecília e providenciar o jantar. Seria uma semana corrida, mas ela daria conta.

Mércia tentou dormir rápido, mas, quando pensava em Marcela e na felicidade que a amiga estava sentindo naquele momento, seu coração ficava oprimido, pois ela tinha certeza de que algo muito ruim estava prestes a acontecer.

Em sua cama, Filomena também se revirava sem conseguir adormecer e pensava: "Gosto muito de Cecília, devo tudo a ela, mas por que faço tanta coisa errada e nunca consigo lhe dizer um não? Meu Deus, me ajude".

Mãe e filha continuaram assim por muitas horas até que finalmente adormeceram.

Capítulo 3

Na casa de Vitor, a preocupação instalou-se no coração de Valdemar e de Conceição quando o filho lhes contou sobre o envolvimento com Marcela e pediu-lhes consentimento para continuar a relação.

Valdemar deixou o jantar pela metade e dirigiu-se à sala, chamando o filho e a mulher.

— Não posso consentir uma coisa dessas! Se você tivesse me contado no início disso tudo, eu já o teria feito terminar essa relação.

Conceição não concordou:

— Não há motivos para Vitor terminar uma relação tão linda, Valdemar. A moça está disposta a enfrentar tudo para ficar com ele, e é isso o que importa. Lembra-se de quando eu e você começamos a namorar? Meu pai era um homem muito rude, ignorante, não queria permitir que namorássemos. Foi preciso muita insistência de minha parte e da sua para que conseguíssemos nos casar.

— Não tem como comparar, mulher! Nós dois éramos de famílias pobres. Havia a ignorância do seu pai, mas, quando todos são da mesma classe social, fica mais fácil o entendimento. Nosso filho foi longe demais; deu um passo maior que a perna. Temo muito pelo que possa acontecer.

Vitor, que até aquele momento se mantinha calado, pronunciou-se:

— Mas será que o senhor não percebe que sou maior de idade e já posso fazer o que quero, pai? Eu amo a Marcela, e ela também me ama. Confio nela e sei que o senhor Afonso ficará do nosso lado. O senhor, que trabalhou por tanto tempo para ele, deveria saber que é um ser humano bom e que ficará ao lado da filha.

Valdemar coçou a cabeça, num gesto bem característico quando estava preocupado, e replicou:

— Conheço muito o senhor Afonso, filho, e sei que, por ele, não haverá problemas. O problema real é a senhora Cecília. Ela é perigosa, preconceituosa e não descansará até separar vocês. Temo pelo que possa acontecer. Antes que sofram, o melhor é terminar. Nunca fui um pai impositivo, jamais o proibi de nada, mas, nesta situação, sei com quem estamos lidando... Não quero que nada de mau lhe aconteça.

— Falando assim, parece que dona Cecília é um monstro capaz até de matar. Não está exagerando?

Valdemar ia dizer algo, mas se conteve. O homem ficou calado por alguns minutos e depois tornou:

— Eu iria lhe pedir que amanhã, assim que retornasse ao trabalho, chamasse Marcela e acabasse com tudo, mas, como sei que isso não será possível, me restará conversar com Afonso e orar muito por você. Aliás, orar por todos nós, pois sinto que uma grande tempestade está por vir.

Dizendo isso, Valdemar retirou-se e foi para o quarto visivelmente contrariado.

Conceição aproximou-se do filho, sentou-se com ele no sofá, pôs a cabeça do rapaz em seu colo e pediu:

— Filho, não é melhor acabar essa relação?

— Não, mãe — tornou Vitor sensível. — Amo muito a Marcela e é com ela que desejo ficar para sempre.

— Não estará fantasiando por ela ser linda e rica?

— Não! Eu a amo verdadeiramente, como nunca amei ninguém nesta vida. A senhora me conhece mais que qualquer pessoa neste mundo e sabe que nunca fui ambicioso, muito menos a ponto de me iludir com uma moça só porque é bonita e rica. Se estou com ela, é porque sinto amor.

Conceição emocionou-se. Ela sabia bem como era o filho e tinha certeza de sua sinceridade.

Mãe e filho ficaram calados, e Vitor aumentou o volume da TV. De repente, Conceição começou a tremer e chorar, e seu pranto foi ficando cada vez mais forte até atrair a presença de Valdemar à sala.

— O que está acontecendo aqui?

— Não sei, pai. Estávamos vendo televisão, e, de repente, ela começou a chorar.

Valdemar começou a sacudir Conceição com força. Sabia que ela era médium e estava em transe. Ele chamava:

— Volte, Conceição! Volte!

Valdemar chamou a esposa diversas vezes até ela recobrar os sentidos. A mulher, então, olhou para o filho, abraçou-o e começou a chorar novamente. Dessa vez, o pranto era calmo e sentido.

Vitor estava nervoso:

— O que houve? Foi mais uma visão?

Ela não respondia.

— Diga, mãe! O que viu dessa vez?

Conceição desvencilhou-se do filho e implorou:

— Pelo amor de Deus, termine esse relacionamento, filho! Mais uma vez, saí do corpo e vi uma cena terrível. Eu o vi dentro de um caixão, todo vestido de preto, e, ao seu lado, estava a senhora Cecília. Quando me viu, ela disse: "Se ele não deixar minha filha em paz, é isso que vai acontecer".

Um terrível pavor apossou-se do peito de Vitor e Valdemar, que, embora não fossem espíritas como Conceição, sabiam que ela era médium de premonição. Geralmente, isso acontecia por meio de sonhos. O espírito de uma senhora negra e velha vinha durante a noite, procurava Conceição e contava-lhe o que iria acontecer a algumas pessoas. Alguns acontecimentos eram bons, outros eram ruins, ligados a mortes, acidentes, grandes perdas, doenças. Com o tempo e com o conhecimento espírita, Conceição aprendeu que quem possui esse tipo de mediunidade não deve contar às pessoas o que vê. O médium de premonição nasce com essa faculdade para, em posse das informações que lhes chegam aos sentidos, vibrar e orar pelos envolvidos. Todo médium de premonição possui forte magnetismo, e suas preces, sempre feitas com muita força, atingem o alvo com muita facilidade.

Conceição sabia que, quando previa um acontecimento ruim, era pior falar aos envolvidos, pois, assim, podia até mesmo antecipar uma tragédia. Por essa razão, ela, instruída pelos amigos espirituais, orava muito em favor deles. Muitas vezes, a premonição não acontecia, o que lhe causava um grande alívio. Ela sabia que suas preces ajudavam as pessoas, contudo, tinha consciência de que apenas Deus e os espíritos de luz auxiliavam, mas tudo dependia das escolhas de cada um.

Diante do filho, ela, no entanto, não conseguiu se conter e revelou-lhe o que vira. Por saber que as premonições da mãe quase sempre se realizavam, Vitor foi tomado de medo. O rapaz não queria morrer. Ele queria ficar vivo, casar-se com Marcela, ter filhos e ser muito feliz.

— Acalme-se, mãe — pediu o rapaz. — A senhora fará comigo o que faz pelos outros. Peço que a senhora ore por mim e peça a Deus que nada de mal me aconteça.

Conceição pareceu desesperar-se:

— Filho, uma mãe não pode arriscar a vida de um filho desse jeito. O que eu vi foi muito real! Não quero perdê-lo, Vitor! Pelo amor de Deus e de Jesus, termine o namoro com Marcela.

Valdemar mantinha-se calado, esperando a resposta do filho.

— Não vou terminar com ela. Tenho muita fé em Deus e sei que nada de ruim me acontecerá. A senhora orará por mim, e Deus me ajudará.

Conceição meneou a cabeça negativamente:

— Não quero que se arrisque, filho. A espiritualidade foi muito bondosa em vir me avisar. Caso desista, será salvo.

Vitor olhou fixamente para o rosto da mãe e do pai e disse com emoção:

— Minha vida é Marcela. Se tiver de ficar sem ela, prefiro morrer. Então, se meu destino for a morte, que isso aconteça ao lado de quem amo — dizendo isso, ele correu e trancou-se no quarto.

Sentados no sofá, Conceição olhou para o marido, abraçou-o e perguntou chorosa:

— E agora? O que será dele?

— Será o que Deus quiser. Numa coisa ele está certo: precisamos orar muito por tudo isso. O que a espiritualidade lhe disse eu já sabia. Tinha certeza de que a senhora Cecília seria capaz de matar nosso filho para evitar que esse namoro continue.

— Você precisa impedir isso de acontecer, Valdemar. Vitor é a única coisa que temos neste mundo. Se o perdermos, como viveremos?

— Acalme-se, Conceição. Não podemos fazer nada. Amanhã, conversarei com Afonso. Não adianta pedir a Vitor que ele termine esse relacionamento. Nosso filho é jovem e está apaixonado. Nessa fase, eles não ouvem ninguém e até duvidam do perigo. Só nos resta confiar em Deus.

Mais calmo, Valdemar pegou um pequeno livro de preces que havia sobre a mesinha de centro e começou a orar em voz alta. Quando percebeu que Conceição estava mais calma, ele levou-a para o quarto, onde a mulher adormeceu prontamente. Valdemar, contudo, continuou revirando-se na cama e só adormeceu quando o sol começou a despontar no horizonte.

Na manhã do dia seguinte, Marcela acordou muito cedo. A moça queria esperar Vitor chegar para contar-lhe que finalmente estavam livres para viver o amor que os unia.

Pouco antes das sete horas da manhã, Vitor entrou pelo portão principal da propriedade, e Marcela, que estava escondida no jardim, postou-se atrás dele, tapando, com suas mãos delicadas e macias, os olhos do namorado.

Vitor emocionou-se:

— Marcela?! O que faz aqui a essa hora?

Puxando-o para perto de si, ela pediu:

— Vamos conversar no jardim de inverno. Lá, ficaremos mais à vontade.

Enquanto se dirigiam para o jardim de inverno, Vitor notou que Marcela estava alegre, feliz. O que teria acontecido?

Quando se sentaram, a jovem pegou as mãos do namorado, beijou-o e disse:

— Estamos livres para viver nosso amor, Vitor. Papai conseguiu convencer mamãe a aceitar nossa relação. Finalmente, poderemos mostrar a todos, sem medo, o que sentimos um pelo outro.

Vitor não cabia em si de felicidade e esqueceu-se completamente da premonição que a mãe tivera na noite anterior:

— Nada poderia me fazer mais feliz na vida do que ouvir isso. Eu estava muito preocupado, pois temia que seus pais proibissem nosso namoro e, sobretudo, temia ficar sem você. Acho que morreria.

— Agora, você ficará muito vivo, e nós seremos muito felizes. Até porque temos um motivo grandioso para estarmos tão felizes. Estou grávida, Vitor. Teremos um filho, fruto de nosso amor.

Ao ouvir a revelação da namorada, Vitor corou e colocou as mãos sobre a barriga de Marcela. Uma discreta lágrima, então, rolou por sua face.

— Nada poderia me fazer mais feliz, Marcela! Sou o homem mais feliz do mundo! — Vitor fez uma pequena pausa e perguntou: — Seus pais já sabem disso?

— Ainda não. Quero fazer uma surpresa a eles no jantar de amanhã.

— Jantar?

— Sim, meus pais irão oferecer um jantar para seus pais para oficializar nosso namoro.

Vitor preocupou-se:

— Não sei se minha mãe poderá vir. Meu pai trabalhou aqui por muitos anos, e minha mãe só esteve aqui duas vezes. Ela diz que não gosta de meter-se com ricos.

— Mas seu pai irá convencê-la, afinal, não é uma visita comum. É a oficialização do nosso namoro e do nosso futuro casamento.

Naquele momento, Vitor recordou-se do acontecimento da véspera, quando sua mãe teve uma premonição. Uma sensação desagradável e um aperto no peito, então, passaram a incomodá-lo. E se alguma coisa muito ruim realmente estivesse prestes a acontecer? O rapaz tentou livrar-se daqueles pensamentos, mas sua súbita preocupação não passou despercebida a Marcela.

— Por que ficou desse jeito, Vitor? Você está esquisito...

— Nada de mais. Só estou imaginando como será a vinda de minha mãe para esse jantar.

— Não precisa preocupar-se com isso. Tudo dará certo. O mais difícil era minha mãe aceitar nosso namoro. Agora que ela consentiu, nada nos impedirá de sermos felizes.

— É, é verdade... — disse Vitor ainda apreensivo.

Marcela puxou-o para si, e os dois jovens beijaram-se até que ele percebeu que já deveria ter começado o expediente. Eles, então, despediram-se, e, enquanto Marcela foi tomar café com os pais, Vitor dirigiu-se à cozinha para se alimentar. A moça até tentou convencê-lo a tomar café junto com a família, mas ele disse que, enquanto o namoro não fosse oficializado, continuaria se alimentando na cozinha, junto com os outros empregados. Marcela teve de aceitar a decisão do namorado e acabou indo para a sala de jantar, onde o café estava sendo servido. A moça estranhou a presença de Mércia vestida com o uniforme de governanta e postada ao lado de Cecília, que, com cara de poucos amigos, disse:

— Posso saber onde estava, Marcela? Fui ao seu quarto, e sua cama estava vazia.

— Estava no jardim de inverno conversando com Vitor. Fui contar a ele que finalmente poderemos ser livres para namorar.

— Muito bem, minha filha — alegrou-se Afonso. — Por que não o convidou para tomar café conosco? Afinal, ele fará parte de nossa família em breve.

— Eu o chamei, mas ele preferiu não vir. Disse que, enquanto o namoro não for oficializado, continuará a comer na cozinha.

— Bem se vê como esse rapaz é excelente! Gosto cada vez mais dele! Vitor saiu ao pai.

Cecília mantinha-se calada, roendo-se de ódio por dentro e fazendo um esforço sobre-humano para não voar no pescoço do marido e da filha. A mulher, contudo, acalmou-se ao lembrar que Filomena estava providenciando tudo e que aquele namoro não duraria muito tempo. "Esse filho de pobre não fará parte de nossa família", pensou e, com um sorriso fingido, dirigiu-se a Mércia:

— Já pode nos servir. Estávamos só esperando Marcela chegar.

Mércia começou a servi-los, e Marcela, incomodada com aquilo, perguntou:

— Por que você está aqui no lugar de sua mãe, Mércia? Ela está doente?

— Minha mãe viajou para o interior. Foi visitar minha tia, que está doente. O estado de saúde dela piorou. Estou trabalhando aqui, enquanto minha mãe ficar fora.

— Mas isso é um absurdo, mamãe. Mércia foi criada junto comigo e sempre comeu nesta mesa como se fosse da família. Exijo que ela tire esse uniforme e que outra pessoa assuma seu lugar.

Cecília fingiu:

— Também me sinto contrariada com a situação, mas nenhum empregado da casa sabe assumir as funções de governanta a contento quanto Mércia. Filomena a ensinou tudo, e, como não podemos prescindir de uma governanta, o jeito foi Mércia ficar no lugar da mãe até ela voltar. Você não se incomoda, não é, querida? — perguntou dirigindo-se à moça.

— Não, senhora. Fico muito feliz em estar no lugar de minha mãe, contudo, a partir de amanhã, não poderei servir o café, pois minhas aulas já recomeçaram. Só me ausentei hoje para orientar melhor os empregados.

Cecília franziu o cenho:

— Espero que não falte com suas obrigações, Mércia. Sua mãe não gostará de saber que isso aconteceu.

— Não se preocupe, dona Cecília. Pela manhã, encarregarei Margarida de servi-los. Ela é a mais experiente, e nada sairá errado.

— Assim espero. Antigamente, as coisas eram diferentes. Filhos de empregados não se davam ao luxo de estudar.

Marcela irritou-se:

— Mas os tempos são outros, e os empregados não são nossos escravos, mãe! Eles têm vida própria.

Notando que havia se excedido, Cecília corrigiu-se:

— Não quis dizer que Mércia deva parar os estudos, afinal, eu mesma a incentivei a estudar, lhe paguei os melhores colégios e também a universidade. Vocês sempre estudaram juntas. Apenas lembrei que as coisas mudam...

Um pequeno silêncio se fez, e Afonso pronunciou-se:

— A caminho da empresa, falarei com Vitor sobre o jantar. Será muito bom rever meu velho amigo e sua esposa.

— Eu já falei com ele sobre o jantar — tornou Marcela com alegria.

— Mesmo que já tenha falado com ele sobre o jantar, faço questão de convidá-lo formalmente. Falarei com Vitor e lá da empresa ligarei para o Valdemar.

O silêncio voltou a reinar, mas Mércia notou o quanto Cecília estava tensa e com raiva, fazendo um grande esforço para se conter. A moça tinha certeza de que a patroa estava aprontando alguma coisa e prometeu a si mesma que tentaria descobrir o que estava acontecendo.

Quando terminou sua lauta refeição, Cecília pediu licença e foi para seu quarto com o pretexto de que precisava fazer uma ligação. Afonso despediu-se em seguida, e apenas Mércia e Marcela, que ainda terminava de comer, permaneceram no cômodo.

— Amiga, estou torcendo para que tudo dê certo em sua vida, mas, quando penso nisso tudo, sinto um aperto no peito. Tenho muito medo de que você sofra.

Marcela levantou-se da imensa mesa e abraçou a amiga com carinho.

— Isso são preocupações de uma amiga e irmã, mas nada de mal nos acontecerá.

Mércia meneou a cabeça negativamente:

— Meu coração fica apertado quando me lembro de que você está grávida, Marcela. Tenha cuidado. Não confie em sua mãe.

— Não sei por que você está dizendo isso, Mércia. Minha mãe pode ser uma mulher preconceituosa e intolerante, mas não é má. Disso eu tenho certeza.

Mércia calou-se. Apenas ela e Filomena sabiam o quanto Cecília era perversa, má, cruel e capaz de fazer qualquer coisa para alcançar seus objetivos. A moça, contudo, não podia dizer nada à amiga, pois, além de Marcela não acreditar, algumas revelações poderiam piorar as coisas.

— Preciso ir à cozinha passar algumas ordens. Mais tarde, nos falamos.

Marcela voltou para seu quarto e pegou um livro. Precisava estudar, pois tinha prova na semana seguinte, e aquela matéria estava muito difícil. Sem pensar em mais nada, a jovem mergulhou nos estudos e esqueceu-se de tudo.

Enquanto isso, Mércia desviou os passos e foi postar-se na porta do quarto de Cecília a fim de tentar descobrir o que ela estava tramando. A mulher dissera que precisava fazer uma ligação, então, Mércia encostou o ouvido na porta para tentar escutar a conversa:

— Ainda na sexta-feira? Estamos na terça! Não tem como antecipar isso?

A pessoa do outro lado da linha disse algo que deixou Cecília muito irritada.

— Só espero que seja na sexta-feira mesmo! Não posso esperar mais que isso.

Depois dessa frase, Mércia não ouviu mais nada. Temendo que Cecília abrisse a porta de chofre, adiantou o passo e desceu para a cozinha.

A moça não conseguia controlar os pensamentos: "Tenho quase certeza de que essa ligação faz parte de um plano para destruir o romance de Marcela e Vitor. Mas o que será? Tomara que eu consiga descobrir...".

Mércia deu algumas instruções na cozinha e depois se sentou numa cadeira na copa. Por mais que pensasse, não conseguia encontrar uma forma de descobrir os planos de Cecília. A moça cogitou pedir ajuda à mãe, mas desistiu. Não iria incomodá-la durante uma visita à irmã enferma. Teria de esperar.

Mércia não desconfiava de que o plano que iria acabar com a união de Marcela e Vitor seria executado em grande parte por sua própria mãe. Sem saber o que pensar, a moça, então, levantou-se e foi conversar com Margarida sobre os preparativos para o almoço.

Capítulo 4

Quando Afonso chegou à empresa, surpreendeu-se ao ver Valdemar à sua espera. Depois dos cumprimentos, convidou-o a entrar.

— Que felicidade em vê-lo! Desde que se aposentou, nunca mais foi me visitar.

Valdemar sorriu. Gostava muito de Afonso e era grato por tudo o que o amigo lhe fizera.

— Estou ficando em casa curtindo a esposa e os amigos.

Afonso tornou:

— Tinha receio de que você entrasse em depressão depois que parasse de trabalhar, afinal, foi um homem ativo a vida inteira.

— Que nada! Trabalhei muito e agora quero viver outras coisas. Nunca entrei e acredito que jamais entrarei em depressão. Adoro estar em minha casa, ver meus programas de TV favoritos, passear com os amigos e jogar baralho na esquina — riu. — Além do mais, parei de trabalhar como motorista, no entanto, trabalho bastante em casa. Enquanto minha mulher prepara o almoço, eu arrumo a casa com capricho e coloco tudo em ordem.

Afonso também riu:

— Quem diria! O velho Valdemar arrumando uma casa! Não sente vergonha, não?

— Por que sentiria? Qualquer trabalho é digno e eleva o ser humano. Trabalhar é lei da vida, e ninguém pode viver sem ele.

— Vejo que continua filosofando, apesar de tudo. Mas, me diga, meu amigo, o que o trouxe aqui tão cedo?

— Como deve supor, venho lhe falar sobre o envolvimento de meu filho com sua filha. Estou muito preocupado com isso. Temo as consequências.

Afonso tirou o paletó, colocou-o no aparador e sentou-se em sua luxuosa poltrona. A sala era agradável e clara, as janelas de vidro estavam com as cortinas corridas, permitindo que, de onde estavam, pudessem ver todo o movimento de uma grande avenida de São Paulo.

Afonso ficou observando o movimento até que se virou para Valdemar:

— Posso entender sua preocupação. Refere-se a Cecília, não é?

— Sim. Desculpe-me, doutor Afonso, mas, embora eu lhe tenha grande apreço, nunca concordei com a forma que enriqueceram e ainda ganham a vida. Sei que esta empresa aqui é de fachada. Não sei como a polícia ainda não desconfiou de nada.

Afonso enrubesceu:

— Sou da mais alta sociedade, minha família tem berço, sou um empresário responsável, não sonego impostos e, para todos, sou muito correto. Não há como desconfiarem. E você não deveria falar nada, pois também lucrou muito com minhas atividades.

— Sim, lucrei, mas não sabe o quanto o remorso me tortura todos os dias, incessantemente. Olhando para o senhor e sabendo o quanto tem de bondade em seu coração, não sei como consegue continuar vivendo fazendo o que faz.

Afonso olhou-o com profundidade:

— Acho que o crime vicia, Valdemar, principalmente quando ele lhe dá muito dinheiro e passa imperceptível aos olhos humanos. Já tentei parar muitas vezes, brigo com minha consciência, mas não consigo resistir...

Valdemar já tivera aquela conversa com o patrão muitas vezes e sabia aonde iria chegar. Afonso iria tentar convencê-lo de alguma forma de que estava certo, e ele, como sempre, iria contestar. Não podia insistir muito, já que um dia concordara com tudo aquilo, mas voltaria ao assunto que o levara ali:

— Doutor, permita-me voltar ao assunto que me trouxe aqui. Não quero que nada de mal ocorra com meu filho.

— Não se preocupe, nada vai acontecer. Como você sabe, Cecília também entrou nesse negócio, e eu a desafiei. Se fizer alguma coisa contra Vitor, eu a denunciarei às autoridades.

Valdemar olhou-o incrédulo:

— O senhor teria mesmo essa coragem? Se denunciar sua esposa, também será preso. O tipo de crime que cometem é hediondo. Serão tantos anos de prisão que acredito que não sairão vivos da penitenciária. Não sei se o senhor faria isso.

— Posso não fazer, mas tenho outra arma contra ela e a usarei caso prejudique alguém. Eu a tiraria do negócio. Cecília passou a ter bens próprios, está enriquecendo cada vez mais e também ficou viciada no crime e no bom dinheiro que ele traz. Eu posso tirá-la do meu caminho e da organização. Por essas razões, tenho certeza de que ela não vacilará em ficar quieta.

Valdemar levantou-se e disse:

— Gosto muito do senhor, mas vim aqui para lhe dizer algo de extrema importância. Essa madrugada, assim que minha esposa dormiu, levantei-me e escrevi cinco cartas. Nelas contei tudo o que sei sobre o senhor e sua esposa, bem como todas as provas inequívocas do que fazem. Se quiserem me matar ou matar meu filho, saibam que cinco pessoas estão com as cartas e as entregarão à polícia.

Afonso empalideceu e, se não estivesse sentado, cairia:

— Como teve coragem de fazer isso, Valdemar?! Com essa atitude, você colocou minha família em risco, inclusive a futura mulher de seu filho!

— Marcela não tem nada a ver com isso e será poupada. O que não posso fazer é deixar meu filho morrer. Embora lhe tenha como um irmão, precisei fazer isso. Não se preocupe. As pessoas que estão com as cartas são pessoas de bem. Não lerão o conteúdo e só entregarão à polícia caso eu morra. Se eu sobreviver, mas algo acontecer ao Vitor, eu mesmo farei questão de procurar a Polícia Federal e contarei tudo.

Afonso viu que estava perdido nas mãos daquele homem e que não poderia fazer nada. Quando ia tentar argumentar, Valdemar levantou-se abruptamente da cadeira e dirigiu-se à porta dizendo:

— Infelizmente, a vida me obrigou a ameaçá-lo, meu amigo. Passe bem.

— Valdemar, volte! — pediu Afonso mais calmo. — Quero convidar você e sua mulher para jantarem conosco amanhã à noite. Desejamos oficializar o namoro de nossos filhos.

— Tenho certeza de que Conceição não irá, mas eu irei. Quero olhar dentro dos olhos de sua mulher e conversar com ela. Obrigado pelo convite!

— Conversei com seu filho enquanto vínhamos para cá, e ele está muito feliz. O jantar será servido às 21 horas. Não falte, por favor.

Valdemar não disse mais nada e saiu fechando a porta com leveza.

Afonso pegou o celular e ligou imediatamente para a esposa.

— O que quer? Estou saindo para o cabeleireiro.

— O que vou lhe dizer agora é mil vezes mais importante que seu cabelo. Se você estiver tramando algo contra Vitor, pare agora!

Ela sorriu tentando disfarçar.

— Você sabe que já concordei com essa loucura. Por que está me dizendo isso?

— Pensa que não sei do que é capaz, Cecília? Acha que me convenceu?

— Se você não confia em mim, problema seu. Estou com minha consciência tranquila.

— Na dúvida, é melhor ouvir o que tenho a dizer.

Assim que terminou de ouvir o relato do marido, Cecília foi ficando pálida e sem forças até desmaiar dentro do quarto.

Mércia estava passando pelo corredor, quando escutou um barulho estranho no quarto de Cecília. Ela, então, resolveu bater na porta:

— Dona Cecília? Tudo bem aí?

Silêncio.

Ela insistiu:

— Dona Cecília, aconteceu alguma coisa?

Mércia ficou nervosa, pois sabia que Cecília adorava responder com rispidez aos empregados e pensou que, se ela ficara calada, é porque algo errado estava acontecendo. Sem pensar mais, abriu a porta de vez e assustou-se ao ver a patroa desmaiada no tapete aos pés da cama.

36

Rapidamente, Mércia começou a massagear os pulsos de Cecília e a chamá-la, na tentativa de acordá-la, mas, vendo que aquilo não estava surtindo efeito, desceu as escadas gritando por Margarida e Vitor. Marcela estava na faculdade, e só eles poderiam ajudá-la.

Quando os dois empregados chegaram à sala, Mércia disse:

— Dona Cecília está desmaiada no quarto. Vou ligar para uma ambulância, enquanto vocês tentam reanimá-la.

Margarida amedrontou-se:

— Será que ela tem um mal do coração? Dona Cecília andava muito nervosa.

— É o que descobriremos assim que o médico chegar.

Vinte minutos depois, doutor Silveira, médico da família, chegava junto com a ambulância.

Depois de examinar Cecília, ele tornou:

— Não é nada grave. Vocês sabem dizer se ela tomou algum susto?

Mércia respondeu:

— Não sei. Eu estava passando pelo corredor, quando ouvi um barulho estranho no quarto. Ela estava falando ao telefone e depois perdeu os sentidos. O celular dela ainda está jogado no chão.

Doutor Silveira pegou o aparelho e colocou-o sobre um criado-mudo. Depois, perguntou:

— Já avisaram ao doutor Afonso?

— Não me lembrei de avisá-lo. Farei isso agora mesmo.

Mércia desceu e telefonou para o patrão que, preocupado, disse que chegaria à casa dentro de alguns minutos. Quando Mércia retornou ao quarto, Cecília já estava acordada e com o rosto corado, embora demonstrasse irritação:

— Não precisava ter armado esse espetáculo todo. Já estou bem! Só foi uma ligeira queda de pressão.

— Dessa vez foi, mas prescreverei alguns exames para a senhora fazer o mais rápido possível e levá-los ao meu consultório — disse o médico preocupado.

— Agora vocês podem sair. Saiam imediatamente de meu quarto. Deteste ver a criadagem em meus aposentos fora de hora.

Todos saíram, e doutor Silveira disse:

— Sei que a senhora é teimosa e que não gosta de médicos, mas deve fazer os exames que pedi. Sua queda de pressão foi muito brusca, e aparentemente ocorreu sem nenhum motivo, sem nenhum aborrecimento. Devemos investigar melhor o que aconteceu.

— Tudo bem, doutor. Agradeço sua preocupação. Agora, faça o favor de sair também e de levar essa ambulância ridícula e escandalosa daqui. Vou matar a Mércia por ter feito isso.

— Mércia foi muito precisa. Em vez de repreendê-la, deveria agradecer a ela pela iniciativa. A senhora poderia ter tido algo mais grave. Se não tivéssemos chegado a tempo, poderia estar morta agora.

Cecília estava irritada e queria que o médico saísse de sua frente o mais rápido possível.

— Tudo bem, vou agradecer, mas, por favor, saia daqui e me deixe em paz.

Sentindo-se envergonhado, doutor Silveira saiu de cabeça baixa.

Assim que o médico fechou a porta, Cecília deu um grito estridente:

— Méééééérciaaaaaa! Apareça aqui, sua inútil!

Chegando a casa, Afonso ouviu o grito da mulher e viu Mércia subindo as escadarias correndo.

Ele chamou-a:

— Mércia, volte. Deixe que eu mesmo fale com minha mulher.

Do meio da escada, Mércia respondeu:

— Mas dona Cecília pode ficar ainda mais zangada comigo.

— Deixe comigo. Vá cuidar de seus afazeres.

A moça obedeceu, e Afonso, suspirando, subiu as escadas e entrou no quarto.

Cecília surpreendeu-se:

— O que faz aqui?

— Soube do seu desmaio e vim saber como está.

— Estou ótima! Mércia não tinha nada que fazer todo esse escândalo.

— Ela foi prudente. Você poderia ter tido um AVC.

— Nunca terei AVC nem doença alguma. Estou muito acima dessas coisinhas de doenças e de morte.

Afonso irritou-se:

— Deixe de brincadeiras, Cecília. Vim também para saber o que você aprontou dessa vez. Vamos, comece a falar.

Cecília corou. Não podia negar ao marido. Seu desmaio, ao saber das ameaças de Valdemar, deixara evidente a Afonso que ela realmente tramava algo.

Sem poder negar, começou a contar ao marido o que planejara, e, à medida que a ouvia, Afonso foi ficando pálido. Por fim, ele afrouxou a gravata, sentou-se na cama junto com a mulher e só conseguiu balbuciar:

— Você é louca. Se isso acontecer, será nosso fim.

O rosto de Cecília contraiu-se:

— E o pior é que não tenho mais nada a fazer.

Afonso levantou-se, pegou o telefone e, entregando-o à mulher, pediu:

— Você pode e deve fazer o que é necessário. Ligue agora para Filomena e peça que retorne para cá. Ordene a ela que cancele tudo. Ainda é tempo.

Cecília começou a chorar de ódio:

— Prefiro ser presa, condenada para sempre do que ver minha única filha casada com esse marginal golpista.

— Você sabe que Vitor não é um marginal e muito menos um golpista. Não fique falando bobagens, pois está perdendo tempo. Vamos, ligue logo.

Ela discou um número, e logo Filomena atendeu à ligação. À medida que ouvia a governanta falar, uma palidez mórbida tomou o rosto de Cecília. Quando desligou o telefone, olhou para o marido e disse quase num sussurro:

— Não há mais como voltar atrás.

Afonso procurou manter a calma.

— Passe-me o telefone. Falarei com ela.

— Não adianta. Você conhece muito bem quem trabalha conosco. Não há mais tempo. O que faremos?

— Você nos mete nessa encrenca e agora me pergunta o que faremos?! A única coisa que podemos fazer é esperar nossa desgraça. Vamos cancelar esse jantar.

— Não! Se cancelarmos, Valdemar desconfiará, e será pior.

— Ele desconfiará de qualquer jeito. Diante de tudo o que você me disse, não terei como agir normalmente diante dele. Se deseja que o jantar seja servido, saiba que não estarei presente.

— Você irá sim e deverá fazer um esforço para parecer natural. Sempre há uma solução para as coisas. Mais tarde, conversarei com o chefe e vejo se é possível reverter a situação. Não nos desesperemos.

Afonso suspirou novamente e, resignado, foi tomar banho.

Pontualmente, às nove da noite, Valdemar e Conceição chegaram à casa da família de Marcela. Enquanto Mércia servia os licores, Afonso olhava de longe sua mulher conversando com o casal como se nada estivesse acontecendo e como se tivesse aceitado a união de Vitor e Marcela.

Vitor estava muito feliz acreditando que sua vida, a partir daquele dia, seria um conto de fadas. Quando viu Marcela descer com seu lindo vestido verde, o coração do rapaz descompassou. Vitor, então, pensou em como os pais ficariam quando soubessem que a moça estava esperando um filho dele e que eles seriam avós.

O jantar foi servido, e Cecília demonstrava estar tão contente que até Afonso ficou mais relaxado. Valdemar, por sua vez, às vezes notava que o ex-patrão estava pensativo, mas atribuía isso à conversa que tiveram pela manhã.

Quando o jantar terminou, Cecília pediu que Mércia servisse a sobremesa e, enquanto esperavam, Marcela levantou-se e tornou:

— Enquanto a sobremesa não chega, gostaria de dizer algo a vocês. Talvez seja a coisa mais importante que lhes direi em minha vida: estou grávida de Vitor. Em breve, teremos um filho.

A surpresa tomou conta de todos, e, durante alguns segundos, Cecília pensou que estava sendo vítima de uma alucinação. A mulher teve de controlar-se para não gritar e esbofetear a filha.

Todos se alegraram com a notícia, mas Valdemar fez questão de passar um sermão no filho por ele ter deixado que aquilo acontecesse e por não ter respeitado Marcela. Feliz, Afonso, contudo, discordou:

— Que mente atrasada, hein, Valdemar? Essa moçada de hoje não é mais como a de no nosso tempo, em que a intimidade só ocorria depois do casamento. Hoje, eles são muito mais apressados. Seu filho não desrespeitou minha filha. Conheço Marcela. Se ela está grávida é porque permitiu que tudo isso acontecesse.

— É isso mesmo — disse Marcela, levantando-se e abraçando Vitor, enquanto o beijava no rosto com carinho. — Tudo que fizemos juntos foi em comum acordo. Nós nos amamos, então, para quê esperar?

Conceição não disse uma palavra sequer. Embora fosse a mãe no noivo, estava sentindo-se deslocada naquele ambiente tão rico. E, mesmo tendo sido bem recebida por Cecília, não gostava da energia daquela mulher e sentia que ela era falsa e perigosa. Estava ansiosa para que tudo aquilo acabasse e para que ela pudesse voltar logo para casa.

Finalmente, o silêncio se fez, e Mércia chegou à sala de jantar com a sobremesa. Nesse momento, todos notaram que Cecília nada dissera sobre a gravidez. Afonso, então, perguntou:

— E então? Não ficou feliz com a notícia de que será vovó? Você não disse nada até agora, Cecília.

Tirada de seus macabros pensamentos íntimos, Cecília sorriu sem graça ao dizer:

— Confesso que estou muito surpresa, pois ainda não estou acostumada a essa modernidade, mas, já que irão se casar, não vejo problema nisso. Que sejam felizes.

Exceto Marcela e Vitor, que estavam envolvidos demais com a felicidade que o momento lhes inspirava, todos perceberam que Cecília odiara aquela notícia.

Quando terminaram de saborear a sobremesa, Cecília convidou a todos para conversarem no jardim de inverno. Conceição recusou:

— Desculpe-me, senhora, mas estou com dor de cabeça e gostaria de ir logo para casa. Teremos muito tempo para conversar, mas realmente preciso ir.

Vendo que não havia como mudar a opinião de Conceição e louca também para ficar sozinha, Cecília, com fingida simpatia, aquiesceu:

— Certo, querida. Foi uma noite muito agradável. Nós nos veremos mais vezes.

Após as despedidas, Cecília subiu para o quarto com a rapidez de um raio, e Afonso permaneceu na sala conversando com a filha:

— Não dê importância aos ataques de sua mãe. Conhecendo-a como a conhecemos, já sabíamos que uma notícia dessas não iria agradá-la.

— O que temo, papai, é que ela fale algo que Vitor se aborreça.

— Sua mãe terá de aceitar essa gravidez e seu casamento, minha filha. Não tem jeito.

— Não sei, não. Mamãe não desiste fácil das coisas, e o teatro que ela montou durante toda a noite não me convenceu.

Afonso sentiu um aperto no peito, pois, se Cecília não conseguisse evitar a tragédia que planejara, sua filha seria muito infeliz. Ele, contudo, não podia deixar transparecer para Marcela que sabia de algo:

— Confie em seu pai. Farei tudo para que não sofra.

Marcela abraçou o pai com carinho, e os dois ficaram conversando por mais uma hora. Quando Afonso subiu para o quarto, encontrou, para sua surpresa, Cecília preparada para dormir, passando tranquilamente e com ar de felicidade seus inúmeros cremes no rosto.

— O que deu em você?

— Estou feliz, ora! Não posso?

— Não pode nem deve! Com certeza, você está morrendo de ódio por dentro. Não entendo esse jeito sereno e esse ar de alegria que você está demonstrando.

Irreconhecível com a máscara verde que sempre usava para dormir, Cecília virou-se para o marido:

— Enquanto você estava lá embaixo com nossa filha, pensei bem e achei maravilhosa a notícia da gravidez. Só tenho a comemorar.

— Como pode? — Afonso perguntou, mas, em questão de segundos, percebeu o que a mulher queria dizer. Desesperado, ele afirmou: — Você não fará com ela o mesmo que fez com Mércia! Jamais permitirei isso.

Cecília colocou sua máscara de dormir nos olhos, entrou debaixo dos lençóis de seda e disse:

— Posso e farei o mesmo. E você deveria me agradecer por isso, Afonso, pois o que farei aumentará nossa fortuna. E nem tente me impedir, afinal, você sabe bem do que sou capaz.

— Pois desta vez estou disposto a ir para a cadeia, mas meu neto não terá o mesmo destino do filho de Mércia.

— Ah é? Então, você, Filomena e eu iremos juntos para a cadeia, e nossos bens serão confiscados. E eu lhe pergunto: quem cuidará de Marcela sozinha no mundo e com um filho para criar? Ora, Afonso, deixe de ser sentimental! Vou dormir! Não me incomode mais.

Percebendo que, infelizmente, sua mulher tinha razão, Afonso calou-se. Naquele momento, ele arrependeu-se como nunca de ter entrado naquele negócio. Marcela seria a próxima vítima, e ele não teria como impedir.

Afonso virou-se para o lado, fechou os olhos e tentou orar a Deus pedindo ajuda, mas desistiu. Sentia vergonha. Como um homem como ele, que agia de maneira torpe e criminosa, iria ser ouvido por Deus?

Ele revirou-se mais na cama e, como viu que não conseguiria dormir, resolveu tomar um dos seus calmantes mais fortes. Foi até o banheiro, pegou o comprimido e o ingeriu. Voltou para a cama e, devido ao forte efeito do medicamento, conseguiu dormir, mas seu sono foi repleto dos mais desagradáveis pesadelos.

Capítulo 5

Em vez de ir dormir, Marcela esperou que toda a casa se aquietasse para ir conversar com Mércia na edícula, pois sabia que a melhor amiga dormia tarde.

Marcela estava extremamente feliz, afinal, não precisava mais esconder seu amor por Vitor. Além disso, Cecília a surpreendera e, num ato nobre, aceitara sua gravidez sem maiores problemas.

Quando percebeu que os criados haviam desligado todas as luzes, a moça desceu as escadas com sutileza, abriu a porta da cozinha que dava para o grande quintal e foi em busca da amiga.

O caminho que levava à edícula era ladeado por azaleias gigantes e multicoloridas e rosas variadas, que cobriam aquele recanto de beleza. Fora a própria Mércia, muito caprichosa e amante da natureza, quem tivera a ideia de fazer aquela singela arte de paisagismo, que encantava Marcela sempre que ia à sua casa. Era muito agradável seguir o caminho de pedras envernizadas que terminava na soleira da edícula.

Assim que Marcela chamou a amiga, Mércia abriu a porta e convidou-a a entrar dizendo:

— Sabia que você não conseguiria dormir tão cedo. Posso imaginar como está feliz.

Marcela abraçou Mércia e deu dois beijos carinhosos na face da amiga.

— Estou me sentindo a pessoa mais feliz do mundo. Será que existe alegria maior que a de ser livre para amar?

Mércia franziu o cenho e nada respondeu. Depois de uma pequena pausa, ela convidou:

— Sente-se. Vou lhe trazer uns salgadinhos que fiz hoje à tarde. Aproveite para comer muito, pois, em breve, começará a engordar e terá de dizer adeus às guloseimas.

Marcela riu e elogiou:

— Você é ótima na cozinha.

Enquanto esquentava os salgadinhos no micro-ondas, Mércia continuou ouvindo Marcela falar com euforia, sentada no sofá singelo:

— Quero que você seja madrinha de meu casamento e que Lucas seja o padrinho. Vocês são as pessoas que mais admiro neste mundo e sei que sempre torceram sinceramente pela minha felicidade.

Ao ouvir o nome de Lucas, o primo de Marcela, Mércia estremeceu e sentiu o rosto corar. A moça, então, agradeceu a Deus por estar de frente ao micro-ondas e de costas para a amiga, pois não queria que ela percebesse o quanto ficava mexida ao ouvir o nome de Lucas. Então, disse com fingida tranquilidade:

— Aceito com muito prazer ser sua madrinha. E o Lucas? Ele nunca mais apareceu aqui.

— Tenho o visto na universidade. Está no último ano do curso e tem feito um estágio puxado. Creio que por isso tenha dado uma sumida. Você e Lucas sempre apoiaram a mim e ao Vitor — Marcela fez uma pequena pausa e suspirou dizendo: — Não há, neste momento, alguém mais feliz que eu.

Novamente, Mércia não fez nenhum comentário e limitou-se a tirar os salgadinhos do micro-ondas e colocá-los em uma bandeja. Em seguida, a moça encheu dois copos com refrigerante, serviu o lanche a Marcela e sentou-se no sofá ao lado da amiga.

Marcela percebeu que Mércia estava estranha. Não era habitual a moça ficar tão calada. Ela perguntou:

— O que está havendo com você, amiga? Desde que cheguei, você não demonstrou alegria nem empolgação com minha felicidade. Está calada, e seus olhos parecem estar assustados. O que está acontecendo?

Mércia colocou seu copo de refrigerante numa mesinha ao lado e tentou disfarçar:

— Deve ser o cansaço, minha amiga. Trabalhei muito hoje. Não sabe o quanto seu jantar especial me deu trabalho.

Marcela tornou:

— Não é verdade. Conheço-a muito bem. Você, Lucas e eu fomos criados juntos, então, não há como me enganar. Além disso, você tem uma qualidade rara: não sabe mentir. Sei que está passando por algum problema, que, pelo visto, deve ser sério. Por favor, abra-se comigo. Dona Filomena está doente?

Mércia viu que não havia como enganar Marcela e decidiu ser franca com a amiga:

— Se eu fosse você, não estaria tão feliz assim. Ao contrário, tomaria cuidado — disse pegando as mãos de Marcela e apertando-as com força.

Marcela sentiu um calafrio:

— Por que está dizendo isso, Mércia? Você não costuma dizer coisas à toa.

— Não sei exatamente por que estou lhe dizendo isso. Não ouvi nenhuma conversa, não sei de nada concreto, contudo, tenho motivos suficientes para desconfiar de que sua mãe não aceitou seu namoro nem sua gravidez.

Marcela estava ficando cada vez mais nervosa:

— Sua mãe é uma mulher muito perigosa, Marcela. Ela é capaz de tudo para atingir seus objetivos. — Mércia fez uma pausa e fixou ainda mais o olhar na amiga: — Você acha mesmo que a senhora Cecília, tão arrogante, tão orgulhosa do seu dinheiro e de sua posição social, iria mesmo aceitar que sua única filha se casasse grávida do motorista da casa?

Marcela balbuciou:

— Mas ela estava bem no jantar e disse que havia aceitado...

Mércia interrompeu a amiga e apertou ainda mais suas mãos:

— Você estava muito envolvida pelo momento, pela presença de Vitor no jantar, sendo aceito por todos, e não notou que sua mãe fingiu e fingiu muito bem.

— Você está me deixando assustada. Minha mãe pode não ser uma boa pessoa, pode ser arrogante, vaidosa e orgulhosa, mas não acho que seja má — disse e fez uma pausa. A moça, então, sentiu seu coração acelerar ainda mais ao dizer: — A não ser que você a conheça mais que eu e saiba de coisas que eu não sei.

— Você é minha única amiga e é a pessoa em que mais confio no mundo.

46

Mércia soltou as mãos de Marcela e foi até a janela que dava para o jardim. Pela vidraça, ela fixou os pequenos postes ornamentais com suas luzes iluminando as flores e plantas.

Quieta, Mércia pensou que era uma simples filha de empregada, que, por piedade dos patrões, fora criada naquele ambiente e cercada de todo o conforto e perguntou-se: "É justo eu revelar a Marcela tudo o que sei?". Se revelasse, seria um verdadeiro horror. Mércia conhecia Marcela o suficiente para saber que a moça faria um escândalo, cujas consequências ela não conseguia prever. Além disso, não tinha coragem de contar à amiga o que lhe acontecera tempos atrás e que envolvia Cecília. Ela fora fraca, não soubera se posicionar nem fugir dali enquanto era tempo. Definitivamente, não poderia falar nada. Chegando a essa constatação, tentou colocar mais serenidade no rosto e, virando-se para Marcela, que, com olhos inquisidores, esperava por uma resposta, disse:

— Não sei de nada concreto, mas posso sentir. Sou sensitiva e acredito que sua mãe, além de estar fingindo, está preparando alguma armadilha para vocês, minha amiga. Por isso, eu peço que você e Vitor tomem muito cuidado.

Marcela fez Mércia sentar-se novamente e disse:

— Confio em você. Sei que não sabe de nada, pois, pelos anos de convivência, pude perceber que não mente. Você é uma das pessoas mais verdadeiras que conheço, contudo, seu alerta me encheu de pavor. É como se estivesse vendo o futuro.

— Apesar de tudo, tente não ter medo — tornou Mércia, tentando acalmar a amiga. — Acho que exagerei um pouco, mas, embora você não deva cultivar o medo, deve ter prudência.

— Como assim?

— Você deve observar os passos de sua mãe, analisar a conduta dela daqui em diante e pedir a Vitor para fazer o mesmo.

— Devo dizer a ele o que você sente?

— Sim, minha amiga. Vitor é discreto e saberá como agir. Além disso, sugiro que comecemos a orar, pois isso nos protegerá e nos ajudará a acalmar nosso coração.

— Não sabia que era religiosa. Desconhecia esse lado seu.

— Depois que passei por um problema, Amanda, uma amiga de curso, conversou comigo e me apresentou o espiritismo.

— A doutrina de Allan Kardec?

47

— Sim, mas a doutrina não é dele. Foi ele quem organizou seus princípios em livros para facilitar o acesso das pessoas a esse conhecimento. Outra hora lhe explicarei melhor. Tenho estudado o espiritismo e descobri, dentre outras coisas, que a força da oração é uma das mais poderosas do universo, por isso, lhe peço que fechemos os olhos, pensemos em Deus e em Jesus e peçamos que eles nos amparem e orientem.

As duas fecharam os olhos, e Mércia fez uma sentida prece ao Senhor, pedindo-Lhe proteção e amparo. Ao final, as duas estavam bem.

Marcela tornou:

— Foi muito bom ter vindo aqui, minha amiga. Além de ter me alertado, você acabou me apresentando o caminho espiritual. Quero conhecer o espiritismo. Tenho muitos colegas de curso que são espíritas, mas nunca os levei a sério.

— Terei prazer em ensinar-lhe o que estou aprendendo.

Marcela despediu-se da amiga dizendo:

— Hoje, vim aqui, e acabamos falando apenas de mim. Você disse que passou por um problema, mas eu, como sua amiga, nunca soube de nada. Por que escondeu algo sério de mim, Mércia? Esse problema tem a ver com a viagem de um ano que você fez à cidade de sua tia?

Mércia sentiu-se incomodada, pois, apesar de querer se abrir e contar à amiga sobre a tragédia que se abatera sobre ela, não podia. Ela, então, limitou-se a dizer:

— É um problema de família, que tem a ver com minha mãe. É algo dela, por isso não posso lhe contar.

— Sei que não é verdade. Você não sabe mentir, Mércia, mas vou respeitar seu silêncio por ora. Um dia, contudo, vou querer saber. Depois que voltou daquela viagem, você nunca mais foi a mesma. Embora continue alegre e expansiva, noto, por vezes, uma sombra de tristeza em seu olhar.

Os olhos de Mércia encheram-se de lágrimas, e mais uma vez as amigas se abraçaram. Assim que Marcela sumiu por entre as árvores, Mércia recolheu-se em seu quarto e, ao lembrar-se de tudo que lhe ocorrera, deixou que grossas lágrimas de tristeza corressem livremente por seu rosto.

Mércia voltou a orar e pediu proteção para os amigos e que Deus a ajudasse a esquecer aquela amargura. Neste momento, então, sem que a moça notasse, os espíritos de uma mulher e de uma criança com aparência de seis anos postaram-se a seu lado enviando-lhe energias positivas.

O menino loirinho e de cabelos lisos deu um beijo no rosto de Mércia e disse:

— Não se preocupe, mamãe. Um dia, eu voltarei — dizendo isso, ele abraçou-se à mentora, e os dois desapareceram.

Capítulo 6

Os dias seguiram tranquilos, e, embora Marcela, a princípio, tenha ficado pensativa e preocupada com os alertas de Mércia quanto ao comportamento de Cecília, a moça procurou esquecer o que ouvira da amiga, pois estava envolvida com a paixão cada vez mais intensa que sentia por Vitor. Cecília, por sua vez, num grandioso esforço, procurava fingir o máximo que podia. Conversava alegremente com Vitor e até acompanhou Marcela nos primeiros exames pré-natais e nas compras de roupinhas para o bebê. Observando as atitudes da mãe, Marcela acabou concluindo que Mércia exagerara e que nada iria acontecer.

Uma semana depois, Filomena regressou da viagem e mal cumprimentou a filha dizendo que a saúde da tia melhorara. Pouco depois, Cecília a chamou em seu quarto.

Sentadas na cama, Cecília perguntou ansiosa:

— E então? O que houve? Tentei me comunicar com você todos esses dias, e nada. Vão dar sumiço no Vitor?

Filomena suspirou aliviada:

— Depois de muito esforço, consegui fazer o chefe desistir da operação.

Cecília sentiu-se aliviada. Estava com muito receio do que poderia acontecer caso Vitor desaparecesse. Ela não tinha dúvidas de que Valdemar contaria o que sabia para a Polícia Federal, pondo tudo a perder. Mesmo que matasse o antigo motorista da casa, havia as cartas que ele disse ter deixado nas mãos de amigos. Cecília não sabia se era verdade, mas não poderia arriscar.

— Muito bem, Filomena! Um problema a menos!

— Até agora não consegui entender direito por que desistiu.

Cecília narrou mais uma vez a história de Valdemar e concluiu:

— É melhor ter esse pé-rapado como genro do que ir para a cadeia e perder tudo o que tenho.

Filomena estranhou:

— Estou achando a senhora muito contente. Não é habitual estar assim, quando seus planos dão errado.

— É que você não sabe o que aconteceu. Embora Marcela tenha me dado esse desgosto, veio uma compensação. Ela está grávida.

Filomena fingiu surpresa, pois não podia demonstrar que já sabia daquele fato, uma vez que Mércia lhe contara em segredo.

— Que coisa boa! Quer dizer que o fato de ser avó deixou seu coração mais pacífico?

Os olhos negros de Cecília cintilaram ao dizer:

— Tantos anos juntas, tantos anos de cumplicidade, e parece que você não me conhece, Filomena! Eu adoraria ser avó, mas de um neto que tivesse sangue nobre. Jamais amaria ser avó de uma criança morta de fome como o pai. Odeio esta criança mesmo antes de ter nascido. Você não sabe o esforço que tenho feito para fingir que estou aceitando tudo. Imagine só que tive de acompanhar Marcela ao obstetra e ainda fomos ao shopping comprar roupinhas para esse monstrengo.

Às vezes, Filomena sentia-se mal com a forma como Cecília se referia a algumas coisas e pessoas, mas fingiu não sentir nada e perguntou:

— Então, por que está tão animada?

— Você ainda não enxergou o óbvio? Essa criança que Marcela carrega no ventre jamais viverá nesta casa, Filomena! Ela jamais andará pelos meus jardins ou quebrará meus cristais. Essa criança, embora seja fruto de um desgosto, me dará muito lucro. Assim como fiz com o filho de Mércia, a venderei assim que nascer.

Filomena pôs a mão na boca num gesto mecânico de susto:

— Você terá coragem de fazer isso com sua própria filha, dona Cecília?!

— Ora! Você não teve coragem de vender seu próprio neto?

— Mas é diferente. Não o vendi porque quis, mas porque você me ameaçou, me forçou! Até hoje me arrependo amargamente do que fiz. Desde aquele dia, nem Mércia nem eu fomos mais felizes. Não há uma só noite em que eu não derrame uma lágrima por não saber o destino daquela criança.

Cecília levantou-se, acendeu um cigarro, abriu a janela e, tragando, disse:

— Você é mesmo uma mulher sentimental e dramática, Filomena. Enquanto tem remorso, se esquece de que foi com o dinheiro da venda de seu neto que você bancou todo o tratamento de sua irmã, que, se fosse esperar pela saúde pública deste país miserável que é o Brasil, já estaria morta.

— É isso que me tira um pouco da culpa — disse Filomena levantando-se da cama e indo para a varanda sentar-se com a patroa.

Lá de cima, as duas mulheres podiam ver Marcela e Vitor beijando-se no jardim.

— Olhe só. É duro para uma mãe ter de suportar isso. Ver minha única filha entregar-se a um homem que, na vida, só sabe dirigir um carro.

— Não exagere. Vitor é inteligente, pode fazer uma faculdade, tornar-se um grande profissional.

— Cale-se, Filomena! Já estou me irritando com você, afinal de contas, de que lado você está?

Filomena amedrontou-se:

— Do seu lado, dona Cecília. Jamais estive contra a senhora. Por sua causa, até traí a confiança de minha filha. O que acho é que Marcela não merece ser tão infeliz assim. Como fará para justificar o sumiço dessa criança?

— Filomena, você se esqueceu de que estamos no ramo do tráfico humano há mais de duas décadas? Você mesma é integrante de nosso grupo e nem deveria fazer uma pergunta tão tola como essa. Esqueceu que nós temos representantes em vários hospitais do país? Não será difícil encontrar rapidamente uma criança natimorta para colocarmos no lugar do filho de Marcela. Diremos que a criança morreu no parto, como fizemos com sua filha. A única diferença é que Mércia soube de tudo, mas Marcela jamais saberá. Sua filha só descobriu a verdade por sua incompetência, Filomena. Tenho certo medo da sua filha. Ela tem porte altivo, nariz empinado, me olha como se estivesse me ameaçando o tempo inteiro e faz questão de dizer com o olhar e com as atitudes que sabe quem sou. Isso me incomoda.

— Mércia nunca nos perdoou, essa é a verdade, dona Cecília. Mas fique tranquila, pois ela jamais contará nada.

— Assim espero. Agora desça e peça a Mércia para me trazer um suco. Está fazendo muito calor.

— Sim. Até mais tarde.

Filomena saiu e encontrou Mércia aguardando-a no corredor.

— Já disse que não gosto quando fica me esperando aqui. Se Cecília a vir, implicará achando que estava ouvindo nossa conversa.

— E há algo nessas conversas que eu não possa saber?

— Deixe disso, menina, e traga um suco para dona Cecília, pois vou para casa tomar um banho e dormir até mais tarde. A viagem me cansou muito.

Filomena ia descendo a imensa escadaria, quando Mércia a segurou pelo braço e disse:

— Sinto que dona Cecília está aprontando algo e desta vez não permitirei que ela faça mais uma vítima, principalmente se essa vítima for minha melhor amiga. Mais tarde, em casa, conversaremos, e você me contará tudo.

— Não há nada para lhe contar, filha. Deixe-me ir!

Mércia soltou o braço da mãe e foi até a cozinha. A moça colocou o copo de suco sobre a bandeja e subiu novamente para o quarto de Cecília. Deu duas batidas na porta, entrou no cômodo e viu que Cecília estava fumando na varanda e olhando para o jardim, onde Vitor e Marcela conversavam e se beijavam-se com carinho. Mércia não resistiu e comentou:

— Está pensando numa forma de separar o casal, não é?

Cecília enfureceu-se com a ousadia de Mércia, virou-se e disse:

— Escute aqui, sua empregadinha petulante, ou você aprende a me tratar como deve ou a expulso daqui com sua mãe e tudo!

— A senhora não teria tanta coragem. Só gostaria que soubesse que farei o que puder para impedi-la de provocar sofrimento nos meus amigos. Não tenho medo da senhora.

— Mas deveria, pois com um golpe apenas poderia mandá-la para o cemitério!

— Experimente, dona Cecília, e verá do que sou capaz. Tome seu suco — e, dizendo isso, jogou a bandeja com força sobre o colo de Cecília, que gritou.

— Filha do demônio, criada insolente, eu ainda a matarei!

Mércia saiu sorrindo e encontrou Margarida subindo as escadas e correndo por ter escutado os gritos da patroa:

— O que houve aqui?

— Essa cobra que acolhi no meu seio me picou!

— Quem, senhora?

— Mércia, sua idiota! Quem mais poderia ser? Trate de limpar tudo isso aí, enquanto eu tomo um banho. Aquela criada morta de fome ainda vai me pagar por essa humilhação. Nem que seja no inferno!

Com muito ódio, Cecília entrou na banheira, mas logo depois relaxou e começou a rir. Do simples riso passou a gargalhar e, logo em seguida, estava novamente bem disposta e alegre como se nada tivesse acontecido.

Um mês depois, Cecília, com fingido carinho, foi acompanhar Marcela a mais uma consulta com o obstetra. Após algum tempo na sala de espera, mãe e filha entraram, e, depois dos cumprimentos, doutor Alberto olhou os resultados dos exames e constatou que tudo estava normal. Em seguida, encaminhou Marcela para a ultrassonografia.

— Vamos ver como está o futuro herdeiro! — disse em sua habitual simpatia.

Assim que iniciou o exame, o rosto do médico distendeu-se em um largo sorriso.

— Estão preparadas para uma notícia inesperada?

Marcela empalideceu:

— O que foi? Algum problema com meu filho?

— Acalme-se, filha — pediu Cecília. — Pelo rosto do doutor Alberto, dá para notar que se trata de uma boa notícia. Será que já viu o sexo? É menino mesmo?

— Tenho algo melhor para lhes dizer. São dois bebês! Marcela, você está grávida de gêmeos. Dois rapazinhos estão a caminho.

Marcela corou de alegria, deixando que lágrimas abundantes escorressem por seu rosto.

— Não posso acreditar, doutor! É muita felicidade!

— Você terá gêmeos univitelinos, ou seja, gêmeos idênticos. Acho que nem a mamãe nem a vovó saberão distingui-los.

Cecília sentiu o coração acelerar com a notícia. "Então, é melhor do que eu imaginava! A sorte está me favorecendo! Vou ganhar em dobro com a venda dessas duas crianças. O difícil será encontrar duas crianças gêmeas mortas no mesmo dia do parto para substituir as vivas", pensou. Mesmo tendo conexões com diversos hospitais e cidades pequenas, Cecília começou a se preocupar com aquilo.

De repente, ela foi tirada de seus pensamentos pela voz firme do médico.

— A senhora tem muita sorte, dona Cecília! Será avó duplamente logo na primeira gravidez de sua filha.

Abrindo um largo sorriso, Cecília fingiu estar feliz:

— Estou realmente muito emocionada! Não sabe como meu marido ficará feliz.

— Imagine o Vitor! — disse Marcela sorrindo. — Vai explodir de alegria!

— Vamos ter que providenciar tudo em dobro. Faço questão de acompanhá-la em todas as compras. Vamos escolher o melhor.

Contente em presenciar a alegria das duas, o médico finalizou:

— As crianças estão ótimas, se formando muito bem. Posso dizer, Marcela, que você nasceu para ser mãe.

Cecília riu:

— Não diga isso, doutor, senão ela se anima e vai querer ter mais. Por enquanto, dois estão ótimos!

Todos riram, e, quando deixaram o consultório, Marcela acariciou as mãos da mãe e observou:

— A senhora mudou muito, mãe. Às vezes, nem acredito que é aquela Cecília quem está aqui.

Ruminando o ódio no coração, Cecília disfarçou ainda mais:

— Foi a notícia de que seria avó. Isso me tocou profundamente. Não serei hipócrita em dizer que aprovo seu futuro marido, mas não posso negar que estou muito feliz com meus netos. Que tal irmos ao shopping e começarmos a comprar alguma coisa para o enxoval? Estou ansiosa.

— Não, mãe. Prefiro ir logo para casa e contar a novidade ao Vitor. Depois, iniciaremos as compras.

Quando chegou a casa, Marcela contrariou-se ao saber que Vitor saíra com o pai e que Mércia estava na faculdade.

Ao meio-dia, Vitor ainda não tinha voltado, mas Mércia chegara da faculdade. Marcela, então, foi procurar a amiga e contar-lhe a notícia.

— Se eu já estava feliz, agora minha felicidade dobrou!

— O que aconteceu?

— Estou esperando gêmeos, minha amiga! Dois meninos! Quer felicidade maior?

O peito de Mércia ficou apertado, e uma sensação de medo e angústia dominou-a. Ela, contudo, refez-se rapidamente e, alegre, abraçou a amiga.

— Parabéns! Você merece essa felicidade. O Vitor já sabe?

— Ainda não. Não vejo a hora de ele chegar para eu contar.

— Tenho certeza de que ele também ficará muito feliz. O que a dona Cecília disse?

Marcela sentiu certa preocupação naquela pergunta.

— Mamãe ficou muito feliz e até sugeriu que passássemos no shopping para começarmos a comprar o enxoval.

Mércia calou-se por alguns segundos e depois disse:

— Sei que não é hora de tocar novamente nesse assunto, mas lhe peço que tenha cuidado.

Marcela irritou-se:

— Lá vem você outra vez com essa história. Parece que nem deseja minha felicidade.

Mércia abraçou a amiga com carinho:

— Ah, minha amiga, nem pense nisso. Você me conhece mais que ninguém e sabe que só lhe desejo o bem.

— Mas quando me pede para tomar cuidado, fico com uma sensação ruim, Mércia. Fico com uma impressão de que algo horrível está para me acontecer.

— Não é minha intenção deixá-la assim, então, lhe prometo que não tocarei mais no assunto.

— Mas agora que tocou, tenho certeza de que você sabe algo sobre mamãe que eu não sei. Não adianta tentar mentir. Sei que está me escondendo algo.

— Já lhe disse que não, é apenas uma sensação. Mas não falemos mais nisso. Deixe-me acariciar essa barriga, pois sei que serei a madrinha! — riu quando disse isso.

— Com certeza! Quem mais poderia ser?

As duas amigas continuaram conversando animadas até que Marcela ouviu o som do carro do pai aproximando-se. A moça despediu-se de Mércia e correu até a garagem. Chegando lá, abraçou Vitor e, olhando para o rapaz e para o pai, exclamou:

— Estou grávida de gêmeos! Gêmeos! Não é muita felicidade?

Emocionado, Vitor abraçou a futura esposa sem saber o que dizer. Com lágrimas nos olhos, Afonso exclamou:

— Estas crianças serão muito bem-vindas e trarão nova luz para esta casa. Parabéns, minha filha! Parabéns, Vitor! — e, dizendo isso, uniu-se ao genro e à filha num longo abraço.

Capítulo 7

Uma semana depois, Cecília encontrou a filha na sala de estar lendo uma revista sobre bebês e sentou-se perto dela.

— Como se sente?

— Muito bem! Estou lendo uma reportagem sobre gêmeos univitelinos. É muito interessante.

— Depois, vou querer ler também, mas agora quero tratar de outro assunto com você: seu casamento.

Marcela surpreendeu-se:

— Mas já?

— Claro que sim, filha! Você está grávida de gêmeos e logo sua barriga começará a aparecer! Quer se casar com um barrigão?

As duas mulheres riram.

— Lembrou bem, mamãe, mas eu estava pensando em me casar depois do nascimento dos meninos.

— Jamais! Nossa família é tradicional, Marcela! Já me basta a vergonha que você está me fazendo passar por estar grávida desse motorista morto de fome. E agora quer se casar depois de dar à luz? Só falta me dizer que seus filhos serão os guardas de honra.

O tom de Cecília era arrogante e preconceituoso, e Marcela, pela primeira vez, começou a pensar que Mércia poderia ter razão. A moça, contudo, fingiu que não notara o tom sarcástico da mãe e, para evitar uma discussão, disse:

— Não é isso, mãe, é que pensei que fosse melhor e...

Cecília não deixou Marcela continuar e a interrompeu:

— Vocês, jovens, não pensam em nada, ou melhor, só pensam em besteira. Ai de vocês se não fossem mães e pais zelosos como eu para impedir loucuras mais graves. Você irá se casar daqui a vinte dias, Marcela. Está decidido.

— Mas é muito rápido, mãe. Não vai dar tempo de preparar nada.

— Seu casamento não acontecerá com grande pompa. Desculpe-me, Marcela, mas serei forçada a lhe dizer que só estou aceitando de bom grado tudo isso por causa de meus netos. Se você não estivesse grávida, jamais permitiria que se casasse com Vitor, então, dê-se por satisfeita por ainda ter uma cerimônia simples e uma recepção igualmente simples nos jardins da casa, apenas para os mais íntimos.

— Mas eu sempre sonhei com um grande casamento, mãe, igual àqueles dos contos de fadas.

— Para ter um casamento desses, deveria ter escolhido um príncipe para ser seu marido. Por acaso, você acha que princesas se casam com motoristas desvalidos e mortos de fome? Elas se casam com homens ricos. Vitor é bonito, mas está longe de ser rico. Então, contente-se com um casamento à altura de seu noivo pé-rapado.

Marcela sentiu uma raiva silenciosa apoderar-se de seu coração:

— Mércia tem razão. A senhora é uma víbora, não presta. Eu a odeio!

Marcela subiu as escadas correndo, enquanto Cecília bradava:

— Ingrata! Depois de tanta dedicação, é assim que se comporta comigo? Ingrata!

Cecília gritava com a voz esganiçada e acabou chamando a atenção de Filomena, que estava na copa.

— O que aconteceu, Cecília? — perguntou preocupada.

— O que aconteceu? A ingratidão dos filhos, ora essa. Depois de tanto carinho com Marcela e meus netos, ela deu um ataque e disse que me odeia. Mas a culpa é toda de sua filha!

Filomena preocupou-se, pois o que menos queria naquele momento é que Cecília ficasse contra Mércia.

— O que foi que Mércia fez?

— Não sei ao certo, mas já andou fazendo a cabeça de Marcela contra mim. No auge da raiva, só porque lhe disse algumas verdades, minha filha olhou para mim, me xingou e disse que Mércia estava certa ao alertá-la. Só quero saber o que sua filha anda falando de mim!

— Não se importe com isso, dona Cecília. Mércia é um pouco ousada, mas não terá coragem de falar o que fizemos.

— Não sei, não. Sua filha é mais que ousada! Ela é petulante, metida, não enxerga que é apenas uma agregada nesta casa, mas tem ares de dona do mundo. Só espero que ela não fale nada, pois não sei do que seria capaz.

Filomena empalideceu:

— Vou falar com Mércia e ordenarei que pare de encher a cabeça de Marcela com bobagens. Ela me obedecerá.

— Sua filha não obedece a ninguém, Filomena, mas a mim obedecerá. Agora mesmo, irei falar com ela.

Cecília levantou-se do sofá e tomou o caminho floreado da edícula, sendo seguida por Filomena, que, com o coração aos saltos, temia o pior.

Mércia percebeu que as duas estavam chegando a casa e continuou calma, digitando mais um trabalho acadêmico. De repente, Cecília invadiu a sala sem bater ou pedir licença e, olhando para a moça, vociferou:

— Traste! Imprestável! Vim avisá-la que, se jogar novamente minha filha contra mim, eu a mandarei a um país distante, onde terá de se prostituir!

Calma, Mércia olhou com desdém para Cecília e, voltando os olhos para o *notebook*, voltou a digitar naturalmente, como se nada estivesse acontecendo, o que irritou ainda mais a patroa sedenta de ódio.

— Ficou surda? Além de inútil, agora é surda?

Mércia continuou seu trabalho, e Cecília, sem conseguir conter-se, lançou-se sobre a moça agarrando-lhe a gola da blusa.

— Escute aqui, sua vadia cínica, ou você me ouve ou a matarei agora com minhas próprias mãos!

Nervosa, Filomena correu para as duas e, depois de muito esforço, conseguiu separá-las. Mércia finalmente reagiu:

— A senhora é mesmo completamente louca! Agora, sim, eu tenho motivos suficientes para abrir cada vez mais os olhos de

Marcela, que é uma boa pessoa e não merece o monstro de mãe que tem!

Cecília ia partir novamente para cima de Mércia, quando Filomena a conteve chorando:

— Pelo amor de Deus, dona Cecília, não faça nada contra Mércia. Por mais que ela fale coisas, jamais revelará a verdade.

— Não tenho tanta certeza disso. Essa cobra, que você chama de filha, é capaz de tudo! Marcela estava indo muito bem comigo, mas, foi só essa aí colocar ideias erradas em sua cabeça para minha filha me agredir verbalmente e ficar contra mim.

— Acalme-se, sente-se, vamos conversar — pediu Filomena conciliadora, fazendo Cecília sentar-se numa das poltronas.

Mércia aproximou-se e disse com firmeza:

— Escute bem, dona Cecília! Marcela é como uma irmã para mim, e, desde que a senhora levou meu filho e o vendeu, eu jurei para mim mesma que, se fosse possível, evitaria sempre que isso se repetisse. Infelizmente, suas operações, ou melhor, seus crimes, são tão bem-feitos que jamais pude interferir, no entanto, eu sei que a senhora está pensando em fazer algo semelhante com sua filha! E eu lhe juro que, nem que eu perca minha vida, irei impedi-la de cometer uma atrocidade como essa!

Cecília levantou a cabeça e a encarou:

— Você não terá coragem de me enfrentar, pois sabe do que sou capaz.

— Com essa fala, a senhora revela que realmente pensa em fazer alguma coisa contra Marcela! Nunca acreditei que tivesse aceitado o relacionamento de minha amiga com Vitor e muito menos que estivesse feliz em ser avó. No mínimo, a senhora está planejando um jeito de vender os gêmeos e colocar no lugar deles duas crianças mortas, como fez comigo. Mas, se isso acontecer, juro que a denunciarei.

Os olhos de Cecília pareciam petrificados ao dizer:

— Você não teme pela vida de sua mãe? Não tem medo do que possa acontecer com ela?

Mércia estremeceu, mas se recompôs rapidamente:

— A senhora não faria nada contra minha mãe, que, infelizmente, é sua cúmplice em muitos crimes. Quanto a mim, não tenho medo. O único jeito de a senhora evitar que eu defenda Marcela é me matando agora.

Filomena pediu:

— Pare com isso, filha. Se você morrer, não terei mais por que viver.

— Prefiro morrer a ver essa mulher cometer mais um crime, principalmente contra minha irmã de coração, que eu tanto amo. Eu a odeio, dona Cecília, e essa será a forma de me vingar.

Cecília levantou-se e, fingindo estar calma, disse:

— Não tenho mais nada a fazer aqui. Só lhe aviso que, a partir de hoje, sua vida não valerá um centavo.

Mesmo cheia de pavor, Mércia provocou:

— Se fizer algo contra Marcela, é a sua vida que não valerá nada.

Cecília chamou:

— Venha, Filomena, acompanhe-me.

As duas mulheres saíram, e Cecília não deu uma palavra até chegarem ao quarto e se trancarem.

Cecília acendeu um cigarro e abriu a janela da varanda. Depois, virou-se para Filomena e perguntou:

— O que faço com sua filha, hein?

— Não faça nada, minha querida. Eu agirei e não deixarei Mércia fazer nada que a comprometa.

— Será mesmo, Filomena? Será mesmo que posso confiar em você?

— Claro que sim! Eu lhe fui fiel por todos esses anos, dona Cecília! Se existe algo que você jamais poderá fazer é duvidar de minha fidelidade.

— É verdade. No entanto, sua filha não tem limites. Não desejo matá-la, não quero vê-la sofrendo, mas parece que essa menina adivinha as coisas! Eu pretendia fazer exatamente o que ela descreveu: vender esses malditos gêmeos!

Filomena assustou-se:

— Mas, dona Cecília, eles são seus netos, têm seu sangue.

— Que importa? Não os considero meus netos, pois têm o sangue misturado com o daquele morto de fome.

— Você não pode se deixar levar dessa forma por seu preconceito. Vitor é um bom rapaz. Permita que ele se case com Marcela e que os dois sejam felizes.

— Nunca! Jamais uma pessoa de nível tão inferior entrará para minha família. Eles irão se casar, mas, assim que os bebês aparecerem mortos, darei um jeito de separá-lo de minha filha. Ninguém desconfiará de nada. Vitor escapou da morte agora, mas depois não terá a mesma sorte.

Filomena sabia o quanto Cecília era perversa, mas ainda assim se assustava com certas coisas. Ela era cúmplice. Já a havia ajudado muitas vezes, conhecia todo o esquema de tráfico humano e de órgãos que deixara Cecília e Afonso imensamente ricos, mas arrependia-se muito de ter se envolvido com tudo aquilo. Sua consciência estava constantemente pesada e a acusava dia e noite.

Filomena sentou-se na cama, suspirou e tornou:

— Eu prometo que farei Mércia desistir de tudo. Ela sente prazer em afrontá-la, mas tenho certeza de que não terá coragem de denunciá-la.

— Com sua promessa, fico mais tranquila. Agora vá. Desça e peça que me tragam um chá calmante. Sua filha me deixou com os nervos à flor da pele. Não precisa voltar mais hoje para o trabalho. Fique na edícula e tente mudar as ideias daquela cascavel. Será melhor para todos.

Filomena despediu-se e foi descendo as escadas lentamente. Estava com muito medo e pensou que precisava impedir a todo custo que Mércia continuasse afrontando Cecília. Elas eram amigas íntimas e cúmplices, mas, se fosse necessário eliminar Mércia para conseguir seus objetivos, ela tinha certeza de que Cecília o faria.

Suspirando, a mulher foi até a cozinha, deu as ordens da noite e dirigiu-se para casa.

Apesar do adiantado da hora, Filomena não conseguia conciliar o sono. Conversara com a filha, que se mostrara irredutível e ainda a acusara de criminosa. As palavras duras de Mércia a fizeram perder totalmente o sono.

Filomena olhou novamente o relógio de cabeceira e viu que já passava das três da manhã. Ia levantar-se para procurar um calmante, quando ouviu leves batidas na janela de seu quarto. A mulher assustou-se e perguntou-se: "Quem pode ser a essa hora?".

63

A edícula ficava em meio a um jardim e tanto o quarto de Filomena quanto o de Mércia possuíam janelas grandes e largas, que davam para um pequeno terreno gramado, onde havia roseiras e grandes trepadeiras. A mulher pensou em gritar, mas logo ouviu uma voz baixa chamando-a:

— Filomena, é Afonso. Não tenha medo. Saia do quarto agora e se encontre comigo no jardim de inverno. Não deixe que Mércia perceba.

Filomena reconheceu a voz do patrão e, mesmo sem entender aquele chamado inusitado àquela hora, trocou rapidamente a roupa de dormir por um vestido simples e, em silêncio, deixou a edícula, indo em direção ao jardim de inverno.

Em trajes de dormir, Afonso já a estava esperando.

— O que aconteceu, doutor? Suponho que seja algo extremamente grave, pois nunca me chamou dessa maneira.

Afonso pediu que Filomena se sentasse e disse:

— Preciso lhe pedir que guarde algo para mim.

— O quê?

— Este envelope. Nele há um documento importante, que você deve entregar à polícia caso algo aconteça comigo e com Cecília.

Filomena sentiu um pavor intenso e irracional envolvê-la.

— Não! Não posso ficar com isso!

— Você é a única pessoa em quem confio, Filomena. Não me negue esse favor.

— Como o senhor pode confiar em mim sabendo de minha cumplicidade e ligação com sua mulher?

— Porque sei que você não é como ela. Você é uma pessoa de coração bom, Filomena, e sei que fez tudo porque achou que devia sua vida à Cecília e não por compactuar com nossos crimes. Sei que posso confiar em você. Esse documento jamais poderá sair de suas mãos, e ninguém, ouça bem, ninguém pode saber que está com ele.

Pálido e com as mãos trêmulas, Afonso estendeu o envelope pardo para Filomena, que, após resistir por alguns instantes, pegou o objeto.

— Tudo bem, eu guardo, mas estou nervosa e com medo. O que poderá acontecer com o senhor e com dona Cecília?

— Mais do que ninguém, você sabe o quanto nossa vida é perigosa. A qualquer momento, podemos ser presos pelos crimes que cometemos. Crimes que dão cadeia para o resto da vida. Nenhuma fortuna neste mundo será capaz de nos tirar de um presídio.

Filomena estremeceu:

— Tem alguém fazendo ameaças a vocês?

— Não, não há ninguém.

— Mas, então, por que está me entregando este documento? O que ele significa?

— Pelo amor de Deus, Filomena, não me faça mais perguntas! Estou me arriscando demais em entregá-lo a você, mesmo a esta hora da madrugada. Aconteça o que acontecer, só o entregue nas mãos da polícia. Nem mesmo sua filha poderá saber que isso está em suas mãos. Me prometa!

— Tudo, bem doutor, eu prometo. Mas não quero que nada de mal aconteça com os senhores.

— Infelizmente, minha mulher e eu escolhemos viver no crime. O crime é uma espécie de vício. Quando começamos, não temos mais como voltar atrás.

— Por que vocês não param com tudo e levam uma vida normal?

— Não há mais tempo. Agora, volte para casa e guarde o envelope num lugar que nem Mércia tenha acesso.

— Não se preocupe. Minha filha não mexe no meu quarto. Eu mesma o limpo e arrumo.

Com os olhos rasos d'água, Afonso sorriu tristemente para Filomena e, num gesto espontâneo, abraçou-a.

Sem saber o porquê, aquele abraço despertou em Filomena uma emoção muito forte que a fez chorar. Rapidamente, os dois se despediram, e ela, com mil pensamentos tumultuando sua mente, voltou para casa.

Capítulo 8

No outro dia, bem cedo, Cecília foi bater na porta do quarto de Marcela.

— Abra, filha! Preciso falar com você!

Marcela já havia acordado e tomado banho e, naquele momento, estava vestindo-se para descer, se alimentar e ir para a faculdade. Ao ouvir a voz da mãe chamando-a, a moça irritou-se. O que ela queria ali?

Como Marcela não abrira a porta nem respondera, Cecília, engolindo a raiva, suavizou o tom de voz e disse:

— Abra, Marcela! Preciso lhe pedir desculpas pelo que disse ontem. Sei que não fui justa e quero ficar em paz com você.

A ingenuidade de Marcela fê-la ceder e abrir a porta, acreditando sinceramente no arrependimento de Cecília.

Quando a porta se abriu, Cecília abraçou a filha, beijou-lhe os cabelos e disse:

— Me desculpe, Marcela! Tenho me esforçado para mudar, para aceitar a vida que você escolheu, mas não tem sido fácil. Desde que me casei, procurei aprender a ser uma mulher da fina sociedade, cheia de regras e etiquetas. Era tudo o que eu invejava ser e consegui. Me perdoe por não conseguir mudar tão rápido minha forma de ser.

Marcela emocionou-se e beijou o rosto da mãe:

— Tudo bem, mamãe. Sei que uma mudança assim tão grande é realmente difícil, por isso também lhe peço desculpas pelo que falei. Fui injusta.

— A propósito... você me disse que Mércia andou alertando-a sobre mim. O que foi que ela disse?

Marcela arrependeu-se de ter sido tão impulsiva e tocado no nome de Mércia na noite anterior e resolveu reparar a situação:

— Desde que voltou daquela viagem de um ano que fez para Presidente Prudente, Mércia anda estranha. Ela sempre está vendo o mal em tudo.

— Sei... mas o que ela disse sobre mim que a deixou tão revoltada? — insistiu Cecília para se certificar até onde a ousadia de Mércia ia.

— Mércia acredita que a senhora não esteja aceitando de verdade meu casamento e minha gravidez e que a senhora esteja tramando algum mal contra mim. Até me pediu que tivesse cuidado, mas tenho certeza de que ela está errada. Mércia não é mais a mesma.

Naquele momento, Cecília sentiu vontade de descer as escadas, invadir a edícula e esganar Mércia com as próprias mãos, contudo, precisava se conter.

— Noto também que ela está estranha. Veja aonde ela chegou: tentou colocá-la contra mim. Mas você não acreditou, não é?

— Cheguei a ficar em dúvida, mamãe. Confesso-lhe que achei muito estranha sua reação diante de minha gravidez, mas acredito que a senhora esteja tentando mudar e aceitar melhor as coisas, principalmente pela alegria de saber que será avó! E avó de gêmeos — sorriu ingênua.

Cecília abraçou mais forte Marcela e disse:

— Ainda bem que você não acreditou. Eu perdoo Mércia por essa intriga. Acho que ela não está bem da cabeça. Você tem razão quando diz que, desde que passou um ano fora e voltou, ela está diferente.

— A senhora sabe o que Mércia foi fazer em Presidente Prudente durante um ano? Mesmo sendo tão minha amiga, ela nunca me contou.

Cecília fingiu:

— Isso também é um mistério pra mim, filha. Você sabe que Filomena nunca me contou? Ela apenas me disse que a filha precisava passar um ano fora e, chorando muito, pediu minha autorização. Filomena quase se ajoelhou aos meus pés! Na ocasião, eu não quis ser invasiva e deixei Mércia ir. Como sabe, Filomena não é apenas uma empregada para mim; é minha melhor amiga... Mas, como ela não quis me contar, eu respeitei.

— Como a senhora é compreensiva! — disse Marcela olhando nos olhos da mãe, que fingia meiguice.

— Não sou esse monstro que algumas pessoas pintam. O fato de eu ser dura e equilibrada não faz de mim uma pessoa má, contudo, muita gente confunde as coisas.

— Estou vendo que não é mesmo maldade. Mas, por favor, não conte a Mércia sobre nossa conversa.

— Não contarei. Como lhe disse, eu a perdoei até porque desconfio que Mércia sofreu uma grave desilusão amorosa em Presidente Prudente e ficou traumatizada. As mulheres rejeitadas costumam guardar muito rancor no coração e não desejam que as outras sejam felizes. Talvez por isso, ela esteja querendo amedrontá-la. Que mal eu poderia fazer contra meus netos?

— Pois é, mãe. Coisas da Mércia. Agora, vamos descer para tomarmos café.

Satisfeita por ter enganado a filha mais uma vez, Cecília abraçou Marcela pela cintura, e as duas desceram as escadas juntas.

Os dias foram passando sem novidades, e Vitor começou a frequentar a mansão quase todas as noites. Sempre depois do jantar, o rapaz trancava-se no quarto com a namorada e só saía de lá tarde da noite. Afonso, muito solícito e feliz pela alegria da filha, deixou seu carro nas mãos do genro, que ia e voltava de casa sem a necessidade de pegar ônibus.

Com extrema dificuldade, Cecília fingia aceitar tudo aquilo, mas sua raiva era tanta que, às vezes, sentia que seu fígado estava se consumindo aos poucos. Se pudesse, mataria Vitor com as próprias mãos, no entanto, lembrando-se do que estava por vir, acalmava-se e conseguia fingir sem despertar grandes suspeitas.

Depois da última conversa que tivera com a mãe, Marcela deixou de procurar Mércia, o que deixou a amiga muito triste.

Naquela noite, após terminar mais um trabalho da faculdade, Mércia foi ao quarto da mãe procurá-la para desabafar.

— Está sem sono? — indagou Filomena ao ver a filha entrar.

— Sim, sem sono e com muita tristeza no coração.

Filomena levantou-se e, abraçando a filha, conduziu-a até a cama:

— Já lhe disse para esquecer o que passou. Você não podia ter aquele filho e...

Mércia a interrompeu:

— Não se trata disso, mãe. Minha tristeza agora é outra.

— E o que está deixando esse coraçãozinho tão amargurado?

— Marcela nunca mais me procurou e, quando a procuro, ela tem evitado falar comigo. Tenho certeza de que dona Cecília a envenenou contra mim. Amo Marcela como se fosse minha verdadeira irmã, e a falta de sua amizade está me fazendo muito mal.

Filomena pensou um pouco e disse:

— Talvez, seja melhor assim.

Mércia exasperou-se:

— Novamente, a senhora está defendendo a criminosa da Cecília?

— Não é isso, filha! Cecília já lhe fez muito mal e não quero que ela tente fazer algo novamente. Você é voluntariosa, impulsiva, pode acabar falando demais, e eu não sei o que seria de nossas vidas. Por isso, acho melhor que Marcela e você mantenham-se distantes, pelo menos por um tempo.

Mércia percebeu que Filomena estava sendo sincera e que havia preocupação na voz da mãe, que, assim como ela, já sofrera muito naquela casa.

— Mas não adianta tentarem me conter. Se eu descobrir que dona Cecília está planejando fazer alguma maldade com Marcela, eu a enfrentarei. Não tenho medo dela.

Filomena apavorou-se:

— Pare com isso, filha! Nós não podemos com ela. Você só sairia perdedora! Poderia até perder a vida.

— Não me importo, mãe. Já não tenho mais vida desde tudo o que me aconteceu. Se eu morrer agora, será um alívio.

— Que amargura é essa, filha? Você mesma não diz estar estudando a doutrina espírita e recebendo consolação?

— É verdade, mas, às vezes, é mais forte que eu. Não posso deixar minha melhor amiga passar pelo que passei — Mércia fez uma expressão enigmática no olhar ao dizer: — Pensa que não sei qual é o plano de dona Cecília? Eu sei muito bem! Ela quer fazer com os gêmeos o mesmo que fez com meu filho: vendê-los e substituí-los por duas crianças mortas, fazendo Marcela crer que os bebês morreram na hora do parto.

Filomena estremeceu e questionou-se: "Como ela sabe disso?".

— Como descobriu isso, filha? Por acaso, anda escutando as conversas de Cecília por trás das portas?

— Não, mãe! Não é preciso escutar nada nem ser um gênio para deduzir que a trama é essa. Para dona Cecília se mostrar tão bondosa com Marcela, aceitar tudo de boa vontade, é porque está planejando essa atrocidade. E está claro também que, depois de sumir com os gêmeos, ela dará um jeito de sumir com Vitor. Pensa que não sei?

Filomena estava em pânico. Por simples dedução, Mércia descobrira todos os planos de Cecília, e aquilo era extremamente perigoso. Se Cecília soubesse ou desconfiasse de que Mércia sabia de algo, não titubearia em matá-la.

O pânico tomou conta do coração de Filomena, que, abraçando Mércia com força, começou a chorar em desespero. A mulher nem sequer conseguia falar.

Pela primeira vez na vida, Mércia viu a mãe daquele jeito e sentiu pena dela. A moça, então, começou a alisar-lhe os cabelos:

— Calma, mãe. Não precisa ficar assim.

Após algum tempo chorando, Filomena finalmente se acalmou e pediu que Mércia pegasse seu calmante no guarda-roupa. A mulher, então, ingeriu-o rapidamente com um copo d'água — que ela sempre deixava no criado-mudo antes de se recolher — e olhou para a filha, que, nervosa, a observava:

— Mércia, se Cecília desconfiar que você sabe de algo, posso lhe garantir que sua vida não valerá um centavo sequer. Mesmo com toda a amizade que ela tem por mim, a ganância e o ódio daquela mulher não possuem limites. Ela mandará matá-la sem pensar duas vezes. E se eu a perder, filha, tenho certeza de que morrerei em seguida. Não conseguiria seguir com minha vida sem você, pois é o ser que mais amo no mundo. Sei que ajudei Cecília a lhe fazer mal, e só Deus sabe o quanto me culpo e me martirizo dia e noite por isso, mas, filha, eu lhe peço por tudo que existe de mais sagrado no universo que esqueça essa história. Não tente fazer nada para atrapalhar os planos dessa mulher. Preserve sua vida e a minha.

Tocada pelas palavras sinceras da mãe, Mércia começou a ponderar. Ela dizia que não se importava em morrer, mas não era bem assim. A moça amava a vida e um dia, quando estivesse bem financeiramente, tentaria procurar o filho vendido. Além disso, desejava encontrar um homem bom, que a amasse de verdade, para com ele ser feliz. Filomena já não era mais uma mulher jovem e realmente só tinha a filha no mundo, já que sua tia estava doente e sem possibilidades de cura. Pela primeira vez, então, Mércia pensou que não podia fazer muito e decidiu não mais intervir.

Decidida, a moça disse:

— Pode dormir tranquila, mamãe. Eu não estava pensando na senhora. Só estava pensando em mim, no meu senso de justiça, contudo, não posso arriscar minha vida e deixá-la sozinha no mundo, principalmente nas mãos dessa gente tão perversa. Por mais que me doa saber o que acontecerá com Marcela, devo parar e enxergar meus limites. Amanhã mesmo, eu a procurarei e direi que tudo o que expus não passava de uma desconfiança infundada. Quero recuperar a amizade de Marcela até mesmo para ficar ao lado dela quando o pior acontecer.

Filomena chorava de emoção:

— Finalmente, você entendeu, minha filha! Infelizmente, nós, os pobres e dependentes dos ricos, nada podemos contra eles. Só nos resta, então, rezar e pedir a Deus que nos ajude!

— É isso que farei de agora em diante, mamãe. Vou estudar ainda mais o espiritismo e orar com mais frequência. Quem sabe Deus não interfira e mude tudo?

Filomena esboçou um leve sorriso e, entrando debaixo das cobertas, pediu:

— Preciso refletir. Apague a luz. Tenha uma boa-noite, filha.

Com muito carinho, Mércia beijou a mãe na testa e foi para o quarto. Estava muito frio, e ela não queria mais ficar na sala estudando. Estava esgotada. Assim como a mãe, a moça deitou-se, embrulhou-se e ficou na cama refletindo. Após se convencer de que não tinha mais o que fazer, disse em voz alta:

— Deus, querido, em Suas mãos entrego o futuro de minha amiga. Em nome de Seu filho, Jesus, não a deixe sofrer.

Aquela prece a encheu de segurança, e Mércia finalmente dormiu.

No início da tarde do dia seguinte, Mércia entrou na mansão para procurar Marcela e deparou-se com Cecília, que descia imponente as escadas. A mulher abriu os braços, como se tentasse impedir a passagem da moça, e, com cinismo, disse:

— O serviço de cama e limpeza dos quartos já foi feito. Pode voltar.

Mércia fingiu não perceber a provocação e disse calmamente:

— Vou ao quarto de Marcela, dona Cecília, pois preciso falar com ela. Dê-me licença.

Mesmo colocando o pé no primeiro degrau, Cecília endureceu ainda mais o corpo para impedir Mércia de subir e disse:

— Minha filha não tem amizade nem nada para conversar com a criadagem. Por isso, dê meia-volta e retorne ao buraco de onde nunca deveria ter saído.

Mércia descontrolou-se:

— Mas a senhora é muito cínica mesmo. Desde quando eu sou empregada aqui? E dê-me licença, ou a derrubo daí. Acredito que a senhora não queira se machucar. Na sua idade, não é fácil se recuperar de uma fratura!

Cecília deu um grito, ergueu as mãos e bradou:

— Criatura ingrata! Cobra que alimentei em meu seio, lacraia venenosa! Pensa que permitirei que novamente envenene minha filha contra mim? Antes disso, eu a assassinarei aqui e agora!

— A senhora deve ter enlouquecido de vez, dona Cecília! Não vou lhe dar mais atenção, e agora saia! Senão, eu a derrubarei!

Como Cecília não saíra do meio da escada, Mércia empurrou-a com força e passou. O empurrão foi tão forte que, se Cecília não tivesse posto as duas mãos no corrimão esquerdo, teria ido ao chão.

Cecília ia xingar Mércia, quando percebeu que a moça subira muito rápido as escadas e desaparecera de suas vistas. A mulher, então, resolveu fazer silêncio, retornar e tentar escutar o que as duas conversavam atrás da porta.

Cuidadosa, Cecília observou o corredor e viu que Marcela parecia não querer deixar Mércia entrar em seu quarto.

Mércia dizia:

— Por favor, Marcela, em nome de tudo o que vivemos em nossa amizade, abra a porta e fale comigo.

Marcela repetiu:

— Já disse que estou estudando, Mércia. Não posso conversar agora.

— Sei que deve estar com raiva de mim por algum motivo e até aceito que se distancie de mim, mas não sem antes me explicar. Também tenho algo muito importante a lhe dizer. Por favor, abra!

Marcela deixou o coração falar mais alto e abriu a porta. As duas amigas, então, deram-se um grande abraço, e Marcela pediu que Mércia sentasse em sua cama.

— Na verdade, vim aqui me desculpar — começou Mércia.

— Desculpar-se?

— Sim, não fui correta com você e acho que é por isso que está me evitando.

Marcela permaneceu calada, enquanto Mércia prosseguiu:

— Andei refletindo e percebi que o que fiz não foi certo. Não deveria ter falado mal de sua mãe nem ter colocado dúvidas e levantado suspeitas em sua cabeça. Reconheço que estava enganada.

Mércia não sabia mentir, e aquelas palavras saíam vacilantes, sem força alguma, contudo, Marcela não percebeu e deixou que um sorriso alegre tomasse conta de seu rosto. A moça pegou as mãos da amiga e disse:

— Fico feliz que tenha reconhecido isso. Estava incomodada com o fato de você estar levantando suspeitas sobre minha mãe o tempo todo, como se ela fosse um monstro ou uma pessoa muito perigosa, que quisesse meu mal. Não queria me indispor com você, por isso passei a evitá-la.

— É... — balbuciou Mércia com a voz um tanto trêmula. — Estava realmente achando estranha a súbita mudança de comportamento de dona Cecília e passei a criar fantasmas em minha mente. Conversei muito com minha mãe ontem à noite, pois ela conhece

73

dona Cecília há muitos anos, desde quando eram jovens, e isso me fez perceber o quanto eu estava sendo injusta com você e com ela.

Só Deus sabia o esforço que Mércia estava fazendo para dizer aquelas palavras. Não queria voltar atrás, mas, ao se imaginar morta pelas mãos de Cecília e reconhecer que sua mãe ficaria sozinha no mundo, à mercê de uma criatura tão diabólica, a moça viu que não tinha opção senão mentir. Além disso, de que adiantaria tentar alertar ou falar alguma coisa com Marcela? Ela estava enleada pela falsidade da mãe a tal ponto que certamente iria romper com ela.

Marcela tirou-a de seu rápido devaneio.

— Minha mãe não é uma mulher bondosa e humilde, isso eu sei, mas jamais faria algo para me prejudicar. Noto que ela tem se esforçado muito para aceitar tudo o que está acontecendo, e eu fico feliz por isso. Desde que minha mãe se casou com meu pai, mesmo contra a vontade de toda a família dele, passou a pertencer a esse mundo, em que o *status*, o dinheiro, a posição social valem mais que as virtudes de uma pessoa. Ela sonhou para mim, sua única filha, um homem que preenchesse os requisitos de nossa posição social, no entanto, meu coração escolheu Vitor, que não tem nada disso. Para ela, com a educação que teve, essa situação está sendo muito difícil.

Mércia alfinetou:

— Sei pai também nasceu em berço de ouro e não pensa como ela.

Marcela não notou a indireta.

— É que os homens são mais liberais, Mércia. Papai vê em Vitor um braço direito, conhece muito bem os pais dele, sabe que são pessoas honestas e que Vitor gosta mesmo de mim. Os homens pensam diferente.

— Sei... Bem, de qualquer forma, não quero mais falar mal de dona Cecília, lhe peço desculpas e reconheço que fui injusta.

Marcela abraçou a amiga com carinho.

— Não tenho que a desculpar, minha amiga. Não quero que pense que iria romper com você ou que a estava evitando por mal. Eu apenas não queria que brigássemos e que nossa amizade fosse seriamente abalada devido às suas suspeitas. Mas graças a Deus você caiu em si.

Mércia não disse mais nada e abraçou a amiga durante alguns segundos. Depois, pediu licença e desceu. Dessa vez, Cecília já estava no sofá folheando uma revista. Ao vê-la passar e dirigir-se à porta da frente, sibilou:

— Você é uma atrevida. Como ousa entrar e sair pela porta da frente? Pessoas como você devem entrar em casas dignas sempre e invariavelmente pelos fundos.

Mércia olhou Cecília com cinismo, dirigiu-se a um console próximo, pegou o vaso de cristal preferido da patroa e, continuando a encará-la, jogou-o no chão com toda a força. Depois, tudo o que os outros moradores da casa ouviram foi um pequeno estrondo e o grito agudo e histérico de Cecília.

Capítulo 9

Os meses foram passando rapidamente, e Marcela chegou ao oitavo mês de gestação. A barriga da moça estava enorme, de forma que ela mal podia ver os pés. Após muita insistência de Cecília, que não achava de bom-tom a filha casar-se com o barrigão à mostra, ela acabou desistindo de oficializar a união com Vitor, deixando isso para depois que as crianças tivessem pelo menos um ano de idade.

Os pais de Vitor, a princípio desconfiados, acabaram acreditando que nada de mal aconteceria ao filho e passaram a visitar a nora com frequência. Nesses momentos, era visível a contrariedade de Cecília diante do casal, que quase não percebia o desagrado da mulher.

Mércia, por sua vez, após a ameaça da patroa, resolveu calar-se em definitivo. Nunca mais voltou a tocar no assunto com Marcela, e, quando se encontravam, conversavam apenas sobre a decoração do quarto dos meninos, do enxoval, e saíam para comprar o que faltava.

Naquela tarde, Mércia ia procurar Marcela na mansão, quando viu Vitor polindo o carro do patrão com uma flanela. A moça olhou para ele, sorriu e aproximou-se:

— Você gosta mesmo de trabalhar para o doutor Afonso, não é?

Vitor sorriu:

— Sim, adoro! Ele é um excelente patrão e agora é meu sogro. Por essa razão, devo me esmerar ainda mais.

Mércia pensou um pouco e disse:

— Mas agora, já que é genro dele, não poderá mais ser o motorista da casa. Já pensou no que fará?

Vitor abriu o porta-luvas do quarto, guardou a flanela e respondeu:

— Acho que aceitarei o cargo que o doutor Afonso me arranjou na firma, Mércia. Só não comecei ainda porque só farei isso após me casar com Marcela.

Mércia sentiu um grande aperto no peito ao ver Vitor tão feliz, tão contente, sem imaginar o que estava por vir. Ela tinha certeza de que Cecília iria dar um jeito de trocar as duas crianças por duas mortas, assim como fizera com ela e que, depois disso, trataria de separar Vitor de Marcela com todos os tipos possíveis de planos diabólicos. Mércia sentia-se impotente e, embora deduzisse tudo aquilo, nada poderia dizer. Sua mãe corria risco de morte e ela também.

Vitor tirou-a de seus pensamentos confusos:

— Está distante... Algo a preocupa?

— Não, Vitor. São problemas na faculdade. Acredita que eles não sabem quando a greve vai terminar? Isso vai atrasar todo o nosso curso.

Vitor pareceu não prestar atenção no que Mércia dizia e, como se estivesse hipnotizado, encarava a moça, desviando o olhar para examinar sua pele, sua boca proeminente e seus cabelos loiros e sedosos.

Por um instante, Mércia gostou de ser observada por Vitor, e de repente seus olhos se encontraram. O coração dos jovens acelerou num ritmo frenético, parecendo que ia sair do peito.

Foi Vitor o primeiro a sair do transe:

— Preciso continuar meu serviço. Às quatorze horas, o doutor Afonso vai sair, e o carro precisa estar impecável. Você sabe a mania de limpeza que ele tem!

Envergonhada devido aos olhares trocados com Vitor e, principalmente, pelo que sentira, Mércia tornou com a voz trêmula:

— Eu também preciso voltar para casa. Embora estejamos em greve, preciso continuar estudando.

— Não ia procurar Marcela?

Ela meneou a cabeça negativamente e mentiu:

— Não. Ia dar um recado à minha mãe, mas prefiro voltar outra hora. Com licença.

Mércia saiu rapidamente, sem conseguir esconder o nervosismo que aquela situação inusitada provocara nela.

Ao chegar em casa, correu e jogou-se sobre sua cama. Começou a pensar: "Meu Deus, por que olhei o Vitor daquela maneira? Por que permiti que ele me olhasse tanto? Não posso mais deixar que isso aconteça!".

A moça levantou-se da cama, foi para a escrivaninha onde estudava e começou a ler um texto, mas logo ficou dispersa, sem conseguir manter a atenção por muito tempo. Novamente, ela pensou em Vitor: "Nunca senti tanto amor por alguém como senti por Vitor nesse breve instante. Será que isso é possível, ou tudo não passa de uma ilusão? Eu o conheço há muitos anos, nós brincamos muito quando crianças, mas nunca o olhei com desejo. Desde cedo, percebi que Marcela gostava dele e sempre a apoiei. Depois, me apaixonei por outra pessoa e amei profundamente alguém que não me mereceu. Quando aquela tragédia aconteceu, jurei que nunca mais iria amar novamente, mas agora, diante do olhar de Vitor desnudando minha alma, não posso deixar de admitir que sinto amor por ele. Meu Deus! Como isso pôde acontecer? O pior de tudo é que sei que ele sente o mesmo por mim! Mas e Marcela?".

Aqueles pensamentos tumultuaram a mente de Mércia por quase uma hora até que ela resolveu tomar um banho para relaxar.

Depois do banho, Mércia vestiu uma roupa confortável e decidiu que não iria procurar Marcela naquele dia, mesmo que ela estranhasse, pois todos os dias se falavam. Mércia decidiu que inventaria uma desculpa, diria que tivera uma indisposição e, por fim, decidiu também que abafaria aquele sentimento que brotara em seu peito para que jamais prejudicasse a amiga.

No outro dia pela manhã, já refeita, Mércia foi visitar Marcela e conversar amenidades com a amiga, enquanto viam mais uma vez o enxoval dos bebês.

Em certo ponto da conversa, Marcela olhou para Mércia, acariciou a imensa barriga e perguntou:

— É verdade que você acredita em reencarnação, minha amiga?

— Sim, acredito! Mas por que essa pergunta agora? Todas as vezes em que toquei no assunto, você se esquivou.

— É que gostaria de saber algumas coisas sobre isso — fez uma pequena pausa e prosseguiu: — Se a reencarnação for verdade, quer dizer que esses bebês que carrego já viveram outras vidas e estão voltando novamente?

— Exatamente. A reencarnação é um fato que até alguns cientistas famosos já conseguiram provar. O doutor Ian Stevenson é um deles. Os filhos que você traz no ventre são almas antigas, que estão voltando agora para prosseguirem na jornada evolutiva.

— É uma teoria bonita, mas me parece fantasiosa. Como dois espíritos velhos podem entrar novamente em minha barriga e renascer? Isso parece coisa de filme.

Mércia sorriu:

— Mas não é coisa de filme; é a realidade. Para entender como os espíritos reencarnam, é importante estudar a fundo a doutrina espírita. Só por meio desse estudo, conseguiremos entender esse processo.

— Você poderia me explicar como um espírito velho pode entrar no ventre de uma mulher?

Mércia pensou um pouco e respondeu:

— O espírito em si não possui idade, minha amiga, mas sua pergunta é bastante lógica. Seus gêmeos, por exemplo, podem ser a reencarnação de dois espíritos que, no astral, estavam com a aparência de rapazes ou até de velhos. Você quer saber como eles fazem para entrar em seu útero? É isso?

— Sim. Como isso acontece?

— Vou tentar sintetizar e explicar de uma maneira bem simples para que você possa ter uma noção. O corpo do espírito, ao qual chamamos de perispírito, tem a mesma aparência de nosso corpo físico, possui os mesmos órgãos e as mesmas funções, porém, tudo isso se dá num estado fluídico, diferente da matéria densa aqui da Terra. Por ser um corpo fluídico, ele é maleável e facilmente moldável conforme a vontade do espírito ou de outros seres superiores que o assistem.

Marcela ouvia atenta as explicações de Mércia, que prosseguiu:

— Para reencarnar, o espírito precisa ter seu corpo espiritual reduzido. E como isso acontece? Os espíritos superiores, responsáveis pela reencarnação daquele ser, vão deixando-o, aos poucos, sem consciência e, nesse processo, dão pulsos magnéticos em seu corpo astral até que ele vai se reduzindo, se reduzindo, a ponto de ficar do tamanho do zigoto, que é a primeira célula que surge na formação do corpo humano. Nessa hora, ele é introduzido no ventre da mãe, assim que ocorre a concepção. No seu caso, dois espíritos passaram por esse processo.

Marcela disse séria:

— Tudo isso é muito complexo para mim. Como você aprendeu todas essas coisas, minha amiga? Como sabe que é verdade?

— Aprendi nos meus estudos espíritas. Aprendi sobre o processo de reencarnação num livro psicografado por Chico Xavier chamado *Missionários da Luz*. Esse livro foi ditado a Chico por um espírito chamado André Luiz, que foi médico na Terra e continua seu aprendizado no mundo astral.

— Mas como você sabe que esse espírito está falando a verdade?

— Primeiro, pela idoneidade do médium. Francisco Cândido Xavier é uma pessoa acima de qualquer suspeita. Não ganha um centavo pelos trabalhos que faz, nem pelos livros que psicografa. É um ser humano bom, generoso, humilde, caridoso, que vive de acordo com as leis universais. Um médium assim jamais se engana ou se deixa enganar, pois, além de sua sabedoria, há espíritos muito evoluídos que o assistem e que impedem que obsessores e espíritos mentirosos se aproximem dele.

Marcela começava a ver lógica no que a amiga dizia e pediu que Mércia continuasse a falar:

— Continue.

— Além disso, é muito fácil comprovar na prática tudo o que os espíritos superiores dizem. O corpo do espírito, o perispírito, é conhecido como o modelo organizador biológico do novo corpo em formação. Sem ele, nenhuma gravidez vai adiante. Isso explica porque, enquanto algumas crianças nascem saudáveis e bonitas, outras nascem cheias de defeitos físicos, doenças, aleijões etc. Se o perispírito estiver com algum problema, que é fruto de ações erradas de vidas passadas, esse problema se manifestará no novo corpo, entendeu?

— Nossa, Mércia, isso é muito lógico! Quer dizer que crianças que nascem deformadas ou doentes fizeram coisas erradas em vidas passadas?

— Não podemos generalizar. Há espíritos bondosos, saudáveis, que escolhem nascer em corpos doentes e deformados para, com isso, ajudar os pais e a família a evoluírem mais rápido, buscando o conforto, a luz, o entendimento da espiritualidade. Nesse caso, são os mentores quem mexem no corpo físico em desenvolvimento, alterando o DNA e a formação das células. Tudo é perfeito e se encaixa com precisão na vida.

Enlevada com aquelas explicações, Marcela continuou:

— E por que nascem espíritos gêmeos, trigêmeos etc.?

— Cada caso é um caso, mas, geralmente, os espíritos que reencarnam juntos, numa mesma gestação, possuem grandes afinidades entre si. Em muitas situações, são espíritos irmanados desde muitas reencarnações e que pedem para prosseguirem juntos mais uma vez. É por isso que os gêmeos sentem quando o outro está alegre ou triste, preocupado ou passando por situações difíceis. É muito comum, por exemplo, que eles tenham o mesmo gosto, as mesmas vocações, provando que são almas afins e que trilham o mesmo caminho há muitos anos.

Marcela parecia beber as palavras da amiga, que continuou:

— Mas não são só espíritos afins que renascem como gêmeos. Muitas vezes, a vida usa esse processo para unir espíritos antagônicos, que nutrem muito ódio um pelo outro, que foram inimigos em vidas passadas para que, agora, com toda essa proximidade, possam se amar e se perdoar. Há também espíritos que não são propriamente inimigos, mas que são muito diferentes um do outro. É o caso de gêmeos que são iguais apenas na aparência, mas totalmente diferentes na forma de ser, na essência. Nesse caso, isso acontece para que aprendam a conviver com as diferenças.

— Aprendi muito hoje e gostaria de continuar aprendendo mais sobre o espiritismo com você.

— Posso tirar algumas dúvidas, baseando-me no que aprendi até agora, minha amiga. É muita coisa para estudar. Costumo dizer que a doutrina espírita é um curso para a vida toda.

Marcela sorriu ao olhar para a barriga e disse:

— Só espero que meus gêmeos sejam espíritos afins, que se amem e se gostem. Não quero aquela história de novela onde um é bom e o outro é mau.

As duas amigas riram e abraçaram-se. Neste momento, Filomena entrou no quarto trazendo um lanche e, enquanto as servia, agradecia intimamente a Deus por vê-las felizes.

Cinco dias depois, Mércia estava deitada no sofá da sala da edícula, aproveitando o fim de tarde para colocar a leitura em dia. A moça estava empolgada com um livro que começara a ler havia algumas semanas, mas que tivera de deixar de lado para terminar alguns trabalhos da faculdade. Tratava-se do livro *O problema do ser, do destino e da dor* do filósofo espírita Léon Denis. Mércia estava entretida com a leitura, quando viu alguém girar lentamente a maçaneta da porta de entrada.

— Quem é? — perguntou curiosa, afinal, ninguém que ia lá entrava daquela maneira.

A moça logo tomou um susto ao ver Vitor fazer um gesto para que ela silenciasse.

Diminuindo o tom de voz, Mércia perguntou:

— O que quer aqui desse jeito? Não podia entrar normalmente, sem esse ar de assustado?

— É que... bem... é que precisamos conversar. Há dias não consigo tirá-la do pensamento.

Mércia enrubesceu. A moça também queria dizer-lhe que não o tirara da cabeça desde o dia em que se olharam de forma amorosa, mas preferiu fazer-se de desentendida:

— O que você está dizendo?

— Não tente negar. Você também deve estar sentindo o mesmo que eu — disse Vitor sentando-se no sofá com o corpo colado ao de Mércia.

Mércia remexeu-se inquieta, afastou-se um pouco e disse:

— Não sei a quê está se referindo, Vitor.

Pegando no queixo de Mércia com carinho e aproximando sua boca à dela, ele disse baixinho:

— Depois daquele olhar que trocamos, não consegui mais parar de pensar em você e sei que sente o mesmo por mim. Acabei de comprovar agora.

Mércia não tinha como negar. A proximidade de Vitor, o toque de suas mãos, seu cheiro, seu hálito quente e gostoso deixavam-na extremamente perturbada. Sem conseguir mais se conter, ela abraçou o rapaz e deixou que ele a beijasse com sofreguidão. Sem pensar em mais nada, Vitor pegou-a no colo, levou-a para o quarto, e os dois se amaram com loucura.

Quando a emoção serenou, Mércia vestiu-se e pediu:

— Vista-se também, Vitor. Realmente, nós precisamos conversar. Isso jamais poderá acontecer novamente.

Não era o que olhos de Mércia diziam. Ela estava novamente perturbada ao olhar o corpo de Vitor estendido sobre sua cama.

A moça iria despir-se novamente e atirar-se nos braços de Vitor, mas conteve-se com toda força. Por fim, saindo do quarto, ela disse:

— Vista-se o mais rápido que puder e venha até a sala.

Vitor demorou quase dez minutos para aparecer, mas ela não voltou ao quarto. Sabia que a demora dele era proposital. Ele desejava fazê-la cair novamente em tentação.

Quando ele surgiu na sala, Mércia pediu:

— Sente-se aqui.

Ele obedeceu.

Mércia pegou nas mãos másculas do rapaz, mas seu toque agora não tinha nada de sensual. Era um toque fraterno.

— Vitor, não posso negar que o amo muito e eu sinto que me ama também, no entanto, o que aconteceu hoje não foi certo e jamais deverá se repetir.

O rapaz baixou a cabeça envergonhado. Mércia falava com um tom de voz grave, que o inibia. Mesmo assim, ele interrompeu-a:

— Não sei ao certo o que está acontecendo conosco nem comigo. Eu amo Marcela, tenho certeza disso, mas também sinto muito amor por você, Mércia. E a forma como você reagiu a tudo o que aconteceu me dá a certeza de que também me ama. Você vibrou de uma forma intensa em meus braços. De uma forma que nunca aconteceu com Marcela. Será justo ficarmos separados?

— Por mais que me doa lhe dizer isso, precisamos renunciar ao que sentimos em nome da amizade, da lealdade e da fidelidade que devemos a Marcela. Ela é minha melhor amiga e é a mulher que você ama. Marcela não merece passar por uma traição dessas.

— Mas a traição já aconteceu! — bradou Vitor.

— Não considerei o que fizemos como traição. Não devia ter acontecido, mas nos deixamos levar pela emoção e pelos sentimentos à flor da pele. No entanto, se a partir de agora as coisas continuarem acontecendo, aí sim, estaremos traindo Marcela.

— Mas nos amamos, Mércia!

— Sim, até pode ser, mas você teria coragem de abandonar Marcela grávida para assumir um romance comigo? O que seus pais iriam dizer? Teria coragem de enfrentá-los? Teria coragem de ouvir tudo o que Marcela lhe diria ao saber que você a trocou pela melhor amiga?

Antes que Vitor pudesse responder aos questionamentos de Mércia, ela silenciou o rapaz, posicionando seus dedos na boca de Vitor. E disse, por fim:

— Mesmo que você tivesse coragem de fazer tudo isso, eu não aceitaria. Mesmo que eu descobrisse que realmente o amo como nunca amei alguém na vida, ainda devo lealdade a Marcela. Jamais poderia feri-la. O amor é algo divino, mas ele não pode ser desculpa para cairmos nos tropeços da traição, do egoísmo e da infidelidade. A maior prova do amor está em sabermos renunciar a ele quando o exercício desse sentimento prejudicar alguém. Ninguém pode ser feliz causando a infelicidade alheia, assim como ninguém pode construir nada onde há apenas ruínas. Por isso, eu me perdoo pelo que aconteceu aqui, e você também deve se perdoar, mas jamais isso poderá acontecer de novo. Aprenda, Vitor, que a maior felicidade não está na realização de todos os nossos desejos, mas sim na sensação de paz que só o dever cumprido pode nos oferecer.

Tocado por aquelas palavras, Vitor chorava.

Mércia pegou na mão esquerda do rapaz, apertou-a com força e guiou-o até a porta. Ele virou-se, abraçou-a e deu-lhe um beijo no rosto. Mércia ia afastar o rosto para se despedir, quando Vitor, sem se conter, beijou-a longamente nos lábios. Ela deixou que o beijo acontecesse, afinal, para ela, aquele seria o último beijo que trocariam. O beijo de despedida...

O que Mércia não sabia era que a força do destino seria maior que todos e que muitas provações e dores ainda estavam por vir.

Capítulo 10

Os dias foram passando rapidamente, e Marcela chegou ao nono mês de gestação. A moça esperava a hora dos sinais do parto aparecerem, pois optara pelo parto natural para ter os gêmeos.

Era alta madrugada, e, apesar do silêncio da noite, Mércia não conseguia dormir. Uma insônia inexplicável a acometera, e, cansada de rolar na cama, a moça resolveu levantar-se e passear pelo jardim. Qual não foi sua surpresa ao ver a mãe também acordada, sentada no sofá, de olhos fechados, rezando o terço com profunda concentração.

— Mãe? O que faz aí a essa hora?

A voz de Mércia tirou Filomena da concentração, e ela levou um susto:

— Você me assustou aparecendo assim do nada! Era pra estar dormindo, filha! Amanhã, você tem aula cedo.

— A senhora também deveria estar dormindo. Aliás, é a primeira vez na vida que a vejo acordada uma hora dessas. O que está acontecendo?

Filomena puxou a mão de Mércia e fez a filha sentar-se ao seu lado:

— Não sei o que aconteceu comigo, mas hoje passei o dia inteiro sentindo uma angústia muito forte e uma opressão no peito. A sensação que tenho é de que algo muito ruim vai acontecer.

Mércia sentiu-se gelar. Ocorrera o mesmo com ela durante aquele dia. Embora não tivesse demonstrado e tivesse feito tudo como sempre, a sensação de angústia e o medo a acompanharam durante todo o tempo, e ela nem sequer conseguira prestar atenção às aulas. À noite, aquelas sensações pioraram bastante, de tal forma que a moça não conseguiu pregar o olho até aquele momento. Mércia pensou por alguns instantes, tentando decidir se contaria ou não aquilo a Filomena, afinal, a mãe já estava muito preocupada e poderia ficar ainda mais impressionada. Por fim, resolveu:

— Espero que as coisas que tenho a lhe dizer não a assustem. Mãe, eu também passei o dia inteiro assim. Além de estar sentindo uma angústia muito forte, vez por outra um pavor muito grande toma conta de meu coração. Como a senhora sabe, tenho estudado o espiritismo e cheguei a pensar que estivesse sendo acompanhada por algum espírito perturbado, contudo, cheguei à conclusão de que não... A angústia e o medo que sinto vêm de dentro, como se fosse uma espécie de pressentimento. Quando as sensações ruins são de um desencarnado, experimentamos uma confusão de pensamentos, e, embora seja mais forte, quem se observa sabe discernir quando algo vem de si ou de um agente externo. Em nosso caso, acredito que estejamos tendo pressentimentos. — Mércia fez uma pequena pausa, suspirou colocando a mão no peito e disse: — Espero que não seja nada com o parto de Marcela.

— Por que se refere à Marcela? Está sabendo de algo que não sei?

— Não, mamãe. Não sei de nada, mas já faz três noites que venho sonhando com Marcela morta em cima de uma pedra. Não sei bem em que lugar esse sonho se passa, mas, em seguida, surge uma mulher negra e velha que olha para mim com profundidade, aponta para o corpo de Marcela e diz: "Ela morreu de parto".

— Cruz credo, Mércia! Por que não me contou isso antes?

— Não lhe contei, porque a senhora é muito impressionável. Não queria deixá-la preocupada. Essa angústia, no entanto, tem me acompanhado desde esse primeiro sonho, contudo, ela ficou insuportável hoje.

Filomena encheu os olhos de lágrimas, e Mércia, percebendo que a angústia da mãe aumentara, propôs:

— Vamos dar uma volta no jardim? Precisamos tomar um ar fresco. A noite está quente, e esse passeio nos fará bem.

— Mas eu não terminei de rezar meu terço, filha.

— Nossa Senhora há de entender. Depois, a senhora termina — Mércia puxou o terço das mãos da mãe e colocou-o sobre a mesa. Em seguida, pegou as mãos de Filomena e conduziu-a para fora da edícula.

Mãe e filha começaram a andar nos caminhos de pedra lindamente iluminados pelas luzes dos pequenos postes ornamentais que enfeitavam o jardim. O perfume das rosas, das tílias, das begônias e, principalmente das várias damas da noite espalhadas pelo jardim da mansão, proporcionaram a Filomena e a Mércia um alívio grande. De braços dados, as duas mulheres apreciaram a noite e, sem se darem conta, acabaram parando em frente à mansão.

Mércia riu:

— Olhe só, mãe! Demos tantas voltas no jardim que acabamos parando aqui sem nos darmos conta.

— Foi mesmo, filha, mas agora precisamos voltar.

Filomena já ia dando as costas para voltar à edícula, quando notou algo estranho:

— A luz do *hall* de entrada está ligada, mas tenho certeza de que a desliguei antes de ir para casa. Todas as noites, eu sempre me certifico disso. Quem será que ligou essa luz?

Mércia já ia dizer que a mãe poderia ter se atrapalhado, quando ouviram os latidos insistentes do cão Sultão no portão de entrada. Sultão era um cão de guarda, que raramente latia. Ele só o fazia quando alguém estranho aparecia ou quando notava algo diferente do que ele estava acostumado. Os latidos do cão fizeram Mércia e Filomena sentirem um calafrio percorrer-lhes o corpo. O instinto de preservação de Mércia provocou nela uma forte sensação de perigo, então, a moça pegou no braço da mãe e começou a arrastá-la pedindo:

— Vamos sair daqui imediatamente. Chegando em casa, ligarei para um dos seguranças e pedirei que verifiquem o que está ocorrendo.

As duas mulheres mal tiveram tempo de dar dois passos. De repente, Sultão apareceu trazendo na boca um blazer preto que Filomena logo identificou:

— É um dos blazers dos seguranças. Será que alguém entrou aqui e atirou num deles?

Mesmo apavorada, Mércia respondeu:

87

— Não acho que tenha alguém aqui. Se tivesse, já teria invadido a casa. Observe melhor o Sultão.

O cachorro ia e voltava à alameda que dava no portão principal. Mércia, então, captou sua mensagem:

— O Sultão está querendo nos mostrar algo. Tem algo errado no portão. Vamos até lá.

— Tenho medo! Vou acordar os patrões e ligar para a polícia.

— Pois eu verei o que está acontecendo.

Mércia seguiu Sultão, que, feliz por ter sido compreendido, balançou a cauda com mais velocidade.

Quando chegou ao portão, Mércia teve uma grande surpresa. A moça encontrou-os abertos e os dois seguranças da casa caídos no chão. Ela teve ímpetos de gritar, mas resolveu verificar se estavam vivos. Aliviada, notou que estavam apenas desacordados.

Uma sensação de pavor acometeu Mércia, que correu para o interior da casa. Lá chegando, encontrou Filomena presa por um homem encapuzado, que mantinha a arma apontada para sua cabeça. Não houve tempo de Mércia gritar. O outro homem agarrou-a, prendeu-a pelas mãos e pelo pescoço e disse:

— Vamos! Digam onde é o quarto dos patrões! Agora!

Filomena recusava-se a dizer alguma coisa, e Mércia respondeu nervosa:

— Eu os levo até lá.

O outro homem jogou Filomena violentamente no chão e já ia subindo as escadarias junto com o companheiro, quando Afonso e Cecília surgiram no topo da escada. Assustados com o barulho em baixo, eles haviam acordado e foram verificar o que estava acontecendo.

Quando o homem que segurava Mércia viu Afonso, ele jogou-a no chão e disse com ódio:

— Você destruiu minha vida e a vida de minha família, e agora pagará no inferno por tudo o que sofri.

Muito assustado, Afonso ia retrucar, quando recebeu dois tiros certeiros no peito e soltou um grito alto e agudo. Prevendo o que aconteceria com ela, Cecília tentou fugir para o quarto correndo, mas também não teve tempo. O homem que estava mais perto dela mirou e disparou contra a mulher três tiros, que perfuraram seus pulmões.

Os corpos de Cecília e Afonso rolaram escada abaixo sob os gritos desesperados de Mércia e Filomena e, então, o pior aconteceu. Marcela, que também acordara com o barulho, surgiu no topo da escada e deu um grito ao ver os pais caídos. Nesse momento, um dos homens, insano, gritou atirando:

— Cale-se, cadela!

O homem disparou apenas um tiro, que foi suficiente para atingir em cheio o peito de Marcela, que, apavorada e gritando, rolou escada abaixo.

Atônita e aflita, Mércia viu os dois homens saírem da casa e serem interceptados por Sultão, que latia feroz. Mais tiros foram disparados, e logo Sultão tombou igualmente morto.

Tanto Mércia quanto Filomena não sabiam o que fazer. Estavam paralisadas pelo medo, pela angústia e pela impotência.

As duas mulheres estavam imóveis, sofrendo, quando Mércia lembrou em desespero:

— Precisamos chamar uma ambulância! Temos de salvar os filhos de Marcela!

Só aí que Filomena reagiu:

— Rápido, senão eles morrerão também! Marcela já deu o último suspiro. Meu Deus, que tragédia!

Ainda trêmula, Mércia ligou para o hospital, contou rapidamente o que havia acontecido e pediu que enviassem uma ambulância. Quando desligou o telefone e olhou a cena deprimente à sua frente, sentiu que ia desmaiar. Filomena aproximou-se da filha e fê-la sentar-se no sofá. Assim que Mércia se acalmou, a mãe da moça pediu:

— Você precisa ligar para a polícia e relatar o que houve, filha.

— Foi uma tragédia tão grande que até me esqueci da polícia — Mércia pareceu lembrar-se de algo e soltou um pequeno grito, quando disse: — Mãe, a polícia descobrirá toda a verdade! Que eles foram assassinados por vingança. Tenho certeza de que alguém que foi vítima da organização do doutor foi o responsável por isso. Ficou muito claro.

Filomena estremeceu, pois temia ser presa como cúmplice:

— E agora? O que será de mim? O que será de você?

— A senhora era cúmplice deles, mãe! Não posso vê-la presa. Não vamos denunciar nada.

— Mas isso não é possível, Mércia. Um crime desses jamais passa em branco. Ligue logo e chame a polícia.

Antes de ir ao telefone, Mércia perguntou:

— Quais as chances reais de a senhora ser presa?

— Acredito que sejam mínimas. Tudo o que fiz foi sob outra identidade. A organização é muito competente. Dificilmente, se descobre quem está por trás dos crimes. Agora, com a morte de doutor Afonso e de dona Cecília, tenho certeza de que o comando passará para as mãos dos sócios. Acredito que a polícia jamais chegará a eles.

— E se chegar e seu nome aparecer?

— Daí, não terei o que fazer. Mas agora precisamos ligar, senão, também seremos acusadas de algo.

Mércia telefonou e contou rapidamente o que havia acontecido na casa. Quando colocou o fone no gancho, percebeu que Marcela ainda se mexia lentamente. Ela ainda estava viva. Mércia aproximou-se e viu quando a amiga abriu os olhos.

— Marcela, você vai sobreviver! Tenha força! Lute.

Marcela pareceu tirar todo o resto de vida que tinha dentro de si para dizer:

— Cuide de meus filhos, amiga. Cuide com o amor de mãe que sei que você possui.

Mércia chorou quando viu um grosso filete de sangue sair do canto da boca de Marcela, enquanto ela pronunciava aquelas últimas palavras.

— Eu não vou cuidar deles, porque você vai sobreviver. Tenho certeza disso.

— Não, eu não vou viver. Por favor, diga ao Vitor que o amo muito e que o esperarei na eternidade. Peça a ele que não abandone os filhos, que viva para eles e por eles. Adeus! Amo você, amiga!

Enquanto Marcela soltava seu último suspiro, entre o choro entrecortado e convulsivo de Mércia, as duas mulheres ouviram a sirene da ambulância, que entrava veloz pela alameda principal.

Após examinar os corpos, os médicos constataram os óbitos, mas garantiram que as crianças ainda viviam. Doutor Jaime disse enérgico:

— É preciso levá-la o quanto antes. Se demorarmos muito, os bebês também morrerão. A outra ambulância está chegando, porém, não há muito o que fazer. Os corpos de doutor Afonso e da senhora Cecília só poderão ser removidos daí pela polícia técnica.

O corpo de Marcela foi removido rapidamente, e Mércia pediu:

— Quero ir com ela.

— Não pode. Terá que ficar aqui junto com sua mãe para esperar a polícia. Onde estão os serviçais da casa?

— Nenhum apareceu. É estranho.

— Provavelmente, devem estar dopados como os seguranças.

Mércia estremeceu:

— Dopados?

— Sim. Provavelmente, alguém da casa colocou doses altas de sedativos nas bebidas deles — respondeu uma enfermeira que tinha examinado os seguranças no portão.

— Provavelmente, havia alguém daqui que queria a morte dos dois e da mocinha.

O médico olhava para Mércia com desconfiança.

— De qualquer forma, só a polícia conseguirá desvendar esse caso — fez uma pequena pausa e, olhando para os corpos, disse balançando a cabeça: — Lastimável! Eram ótimas pessoas.

Dizendo isso, doutor Jaime entrou na ambulância com os enfermeiros e partiu, mas não sem antes deixar o endereço do hospital ao qual Marcela fora levada.

Filomena tremia muito e chorava:

— O médico está achando que uma de nós colocou um sedativo nos cafés dos empregados.

Mércia abraçou Filomena e disse:

— Calma, mãe. A polícia investigará o caso e descobrirá quem os assassinou. Nós não tínhamos nenhum motivo para matá-los.

— Não sei, filha... Somos pobres, não temos dinheiro nem poder. A corda sempre arrebenta para o lado mais fraco.

— Não nesse caso. Eu confio em Deus e sei que tudo será solucionado. O que devemos fazer agora é orar para que os meninos possam nascer com vida. Vamos fazer isso?

Mãe e filha nem conseguiram começar a orar, pois, naquele momento, a polícia acabara de entrar na casa.

Capítulo 11

O delegado anotou todas as informações fornecidas por Mércia e Filomena. Os quartos dos empregados foram averiguados, e os policiais comprovaram que eles também haviam sido dopados.

Enquanto os corpos eram removidos da casa, doutor Monteiro disse:

— Vocês duas estão intimadas para depor amanhã às dez. Depois, gostaria de conversar com todos os empregados, com todos que moram na casa. Precisamos descobrir quem foi o autor dessa crueldade.

— Estamos disponíveis, doutor. Amanhã, às dez, estaremos lá.

— Gostaria também de conversar com o noivo de Marcela e com os pais dele. Por favor, me passem o endereço deles.

Filomena foi até uma gaveta próxima, pegou uma caneta e um bloco de anotações e entregou o endereço ao delegado, que, sorrindo satisfeito, relembrou:

— Amanhã às dez.

Quando finalmente os policiais se foram, Mércia quedou-se pensativa no sofá. Parecia que estava vivenciando um pesadelo sinistro. A moça não tinha mais forças para chorar.

Filomena relembrou:

— Não fique assim. Precisamos orar para que os filhos de Marcela nasçam com vida e fiquem bem.

— Estou sem forças, mãe. Não desejo orar.

— Está revoltada com Deus? Logo você, minha filha, que tem tanta fé.

— Nessas horas parece que tudo cai, mãe, inclusive nossa fé. Neste momento, a única coisa que quero é ir para o hospital e esperar por notícias. Agora que a polícia já foi, podemos ir.

— Eu quero ficar aqui. Não suporto o clima de hospital. E acho melhor que você também fique em casa. Vai sair sozinha uma hora dessas?

Só aí que Mércia se lembrou de Vitor e sentiu o rosto corar.

— Mãe, o Vitor precisa saber o que aconteceu. Precisamos ligar para a casa dele.

— Como não pensamos nisso antes? Ligue logo! E veja como dará essa notícia para que ele não se desespere e tudo fique pior.

— Vitor é forte, mas é difícil para qualquer um superar uma tragédia como esta. Que Deus me ajude.

Mércia discou o número da casa de Vitor, e o telefone tocou até cair a ligação.

— Estão todos dormindo e não ouviram o toque do telefone.

— Insista! — pediu Filomena agoniada. — Insista até que alguém acorde e atenda.

Só na terceira tentativa Mércia ouviu a voz sonolenta de Valdemar:

— Alô? Quem se atreve a ligar uma hora dessas? Se for trote, eu...

Mércia interrompeu com a voz entrecortada de choro:

— Sou eu, seu Valdemar, a Mércia.

Valdemar pareceu não ter entendido:

— Quem?

— Mércia, aqui da casa do doutor Afonso.

Valdemar despertou de vez:

— O que houve? Por que está chorando?

Mércia desabou de vez e não conseguiu continuar a falar. Filomena, então, tomou o telefone das mãos da filha e prosseguiu:

— Aconteceu uma coisa horrível aqui, seu Valdemar. Uma verdadeira tragédia. O doutor Afonso, a dona Cecília e a menina Marcela estão mortos.

Valdemar empalideceu. O que Afonso previra e lhe contara um mês antes acontecera. Mas por que Marcela também estava morta? Por que a haviam assassinado?

O ex-motorista da família teve de se conter ao máximo para que Filomena não percebesse que ele sabia de algo, contudo, não precisou fingir tanto. Mesmo sabendo o que iria acontecer, aquela notícia trágica e, principalmente a morte de Marcela, causou-lhe um profundo desgosto. Com a voz rouca, Valdemar pediu:

— Como isso aconteceu? Que desgraça, meu Deus!

Filomena contou tudo o que acontecera em detalhes, e Valdemar fingiu surpresa a cada fala dela. Só não conseguia entender a morte da jovem.

Valdemar estava falando tão alto e com a emoção aflorada que logo Vitor e Conceição entraram na sala, com os olhos assustados, esperando a ligação terminar.

Assim que colocou o fone no gancho, Valdemar olhou para a mulher e para o filho com muito pesar.

— Sinto muito, Vitor. Marcela está morta!

Vitor empalideceu:

— Que história é essa, papai? Morta? Está brincando comigo?

— Queria mesmo que isso fosse uma brincadeira, mas é verdade.

— Não pode ser, não pode ser! — Vitor entrou em desespero e jogou-se no sofá simples com força.

Dona Conceição tentava acalmar o filho, sem sucesso. Valdemar aproximou-se do filho e tentou acalmá-lo:

— Você precisa ser muito forte, Vitor. Seus filhos estão nascendo agora no hospital. Precisamos ir pra lá.

Vitor nem se recordara dos filhos. Só a imagem de Marcela morta pairava em sua mente.

— Meus filhos! — exclamou! — O que será deles sem a mãe?

— Não é hora para pensarmos nisso. Precisamos nos vestir e seguir para o hospital. No caminho, pegaremos Mércia. Ela também quer ir para lá.

— Mas como tudo isso aconteceu? Quem matou Marcela?

— Não foi só Marcela quem morreu, filho. Doutor Afonso e dona Cecília também foram brutalmente assassinados.

— Como?! Conte-me o que aconteceu, por favor!

Vitor estava novamente nervoso e desesperado.

— Acalme-se — pediu Valdemar ponderado. — Vistam-se primeiro. No caminho, lhes contarei tudo.

Conceição seguiu para o quarto com o filho e, lá chegando, notou que Vitor olhava as roupas no armário sem saber qual deveria usar.

— Pegue essa calça jeans, essa camiseta e ponha aquele casaco preto. Está fazendo frio.

Vitor obedeceu às orientações da mãe e vestiu-se mecanicamente. Sua mente fervilhava: "Por que a vida me tirou a felicidade de viver com a mulher que eu amo e com meus filhos? Será que isso aconteceu porque a traí com Mércia?".

Dona Conceição pareceu captar os pensamentos do filho e disse:

— Não foi culpa sua, filho. As coisas aconteceram porque cada um dos envolvidos atraiu esse fato. Cada um apenas responde por si.

Vitor assustou-se:

— Por que está dizendo isso, mãe?

— Porque sinto que está se culpando por algo que fez. Você está achando que foi castigado por ter feito algo que julga ruim, contudo, a vida não funciona assim, filho. As pessoas envolvidas nessa tragédia atraíram essa experiência, pois precisavam passar por isso.

Vitor sentou-se na cama simples e abraçou a mãe, que, por sua vez, passou a alisar-lhe os cabelos lisos.

— Não sei se acredito nisso. É muito conformismo.

— Não é, filho. É simplesmente aceitar o que cada um escolheu para si. Um dia, a verdade virá à tona, e você compreenderá melhor. Agora, termine de se vestir pois seu pai já está nos chamando. Serei rápida. Vê se não demora.

Pouco depois, todos já estavam no carro. No trajeto, Valdemar contou tudo o que Mércia lhe relatara ao filho e à esposa, que, espantados e tristes, não sabiam o que dizer.

Antes de seguirem para o hospital, os três passaram na mansão, e, quando Mércia surgiu no portão acompanhada de Filomena, Vitor não resistiu, saiu do carro e correu a abraçá-la. Valdemar pediu que os dois jovens se apressassem pois desejava chegar o quanto antes ao hospital.

Assim que chegaram ao hospital, receberam a boa notícia:

— Os bebês nasceram com saúde e estão bem. Felizmente, o cérebro de Marcela resistiu o tempo suficiente para que os meninos nascessem com tranquilidade — explicou o médico com alegria. — Eles estão no berçário. Se quiserem, poderão vê-los agora.

O momento foi de grande emoção. Abraçado a Mércia, Vitor chorava baixinho, enquanto Conceição e Valdemar deixavam que lágrimas emocionadas de alegria rolassem por suas faces. Os gêmeos estavam bem dispostos, e um deles acordou, como se tivesse notado a presença daquelas pessoas.

Mércia observou:

— Vejam só! Um deles está nos olhando e sorriu.

Mais uma vez, a emoção tomou conta dos presentes, que foram surpreendidos com a presença do diretor do hospital:

— Precisava vê-los o quanto antes. O corpo de Marcela já foi liberado para a perícia. Em breve, a polícia técnica virá buscá-lo. Se desejarem vê-la antes disso, peço-lhes que sejam rápidos.

Mércia tornou:

— Eu quero ver minha amiga. Por favor, leve-me até lá.

— Eu também quero vê-la — disse Vitor com a voz trêmula.

— Não os aconselho a ir — ponderou Valdemar. — O corpo ainda não está arrumado para o velório. Vocês podem acabar ficando impressionados.

— Deixe que vão, Valdemar. Eles precisam disso — disse Conceição com olhos enigmáticos. — Vão, meus filhos. Despeçam-se de Marcela e digam tudo o que têm para lhe dizer. Tenho certeza de que o espírito dessa moça os escutará e compreenderá.

Mércia pressentiu que Conceição sabia de algo. Será que Vitor lhe contara o que ocorrera entre eles? Com esse pensamento, o coração da moça descompassou. Não queria ser vista como a traidora infame de sua melhor amiga. Depois que aquele pesadelo passasse, conversaria com Vitor e colocaria tudo em pratos limpos.

O diretor do hospital designou um enfermeiro para conduzir Mércia e Vitor ao necrotério. Os dois, então, seguiram pelos corredores frios e brancos cheio de portas fechadas até que, diante de uma porta maior, pararam. O enfermeiro disse-lhes:

— Estão realmente preparados? Se quiserem recuar, este é o momento.

Vitor olhou para Mércia e, diante de seu olhar de firmeza, disse:

— Pode abrir a porta.

Quando o enfermeiro abriu a porta, Vitor e Mércia depararam-se com fileiras de cadáveres cobertos com lençóis brancos. O homem trafegava por ali como se estivesse andando sobre a grama de um lindo jardim. Tal era sua descontração que ele até mesmo cantava baixinho.

De repente, ele parou e disse:

— Aqui está: Marcela Munhoz. Triste fim. Muito nova.

Após conferir novamente o nome e a idade do cadáver no pequeno papel amarelo preso por uma fita branca no tornozelo esquerdo do corpo, o enfermeiro fez um gesto e chamou Vitor e Mércia para perto. De supetão, ele retirou o lençol, e os dois jovens viram algo que os fez estacarem de horror. Marcela estava praticamente irreconhecível. O rosto da moça estava pálido e com pontos violáceos, e seus ombros e braços pareciam mumificados. A impressão que aquela imagem causara em Vitor e Mércia era de que Marcela não morrera em decorrência de um tiro no peito, mas de uma doença muito penosa que a devorara durante anos.

Mércia não conteve um grito de horror. Vitor, por sua vez, fechou os olhos rapidamente, mas logo os abriu. Notando o espanto dos dois jovens, o enfermeiro comentou:

— Ela está assim porque perdeu muito sangue durante a cirurgia. Os bebês quase morreram.

Vitor pediu:

— Pode nos deixar a sós com ela por alguns minutos?

— Ninguém pode ficar sozinho aqui no necrotério. O máximo que posso fazer é me afastar. Com licença.

Quando viu que o enfermeiro estava a uma distância considerável, Mércia, chorando, olhou para o rosto de Marcela e disse com emoção:

— Vá em paz, minha amiga. Perdoe-me pela traição, mas irei compensar meu erro cuidando de seus filhos como me pediu. Fui fraca e não resisti à tentação, mas prometo me redimir fazendo de seus filhos homens de bem. Te amo!

Vitor, por sua vez, apenas disse:

— Marcela, aonde você for que carregue consigo a certeza de que em nenhum momento deixei de te amar — dizendo isso, ele pegou a ponta do lençol e cobriu-a novamente.

Abraçada a Vitor, Mércia perguntou:

— Será que ela irá nos perdoar?

— Talvez, talvez...

Vitor e Mércia saíram do necrotério sem notarem que, a um canto e ainda ligada ao seu corpo físico por laços fluídicos, Marcela chorava pela dor da traição e por sua morte repentina.

Capítulo 12

Mércia acordou com os solavancos de Filomena chamando-a. Já passava das oito da manhã, e elas deveriam estar na delegacia às dez horas, conforme a intimação do delegado.

Profundamente cansada, Mércia remexia-se na cama sem vontade de se levantar. A moça conciliara o sono após as quatro da manhã, sono este povoado de pesadelos, em que Marcela aparecia toda desfigurada, com o abdômen aberto de onde escorria sangue em abundância e de dedo em riste, acusando-a de traidora. Mércia tentava fugir, mas estava numa espécie de labirinto. Independentemente do caminho que pegava, lá estava Marcela sangrando e acusando-a.

Esse sinistro pesadelo finalmente chegou ao fim quando, após muito insistir, Filomena acordou de vez a filha. A mulher deu um suspiro de alívio e balbuciou:

— Devo ter passado da hora.

— Sim, filha. Já são mais de oito horas. Se você não se apressar, nos atrasaremos. Vitor já está aí para nos levar à delegacia.

A menção do nome de Vitor fez Mércia estremecer levemente, contudo, Filomena não percebeu a mudança na filha. A moça, então, levantou-se e dirigiu-se ao banheiro dizendo:

— Não vou comer nada. Essa tragédia e essa ida à delegacia para sermos interrogadas como me tiraram todo o apetite.

— Você precisa comer alguma coisa, filha, senão pode passar mal. É preciso ser forte. O delegado não nos poupará.

Mércia tomava uma chuveirada com a porta aberta e ouvia o que a mãe dizia:

— Não temos nada a dizer além do que já foi dito. Cabe a eles descobrirem o autor desses crimes e puni-los.

— Será que você não entende que somos as principais suspeitas?

Mércia desligou o chuveiro, colocou o rosto para fora e perguntou revoltada:

— Principais suspeitas? Era só o que me faltava! De onde a senhora tirou isso, mãe?! Que motivo teríamos para matar nossos patrões e assassinar Marcela, que era minha melhor amiga?

— Não temos nenhum motivo, mas o delegado praticamente deixou clara a suspeita dele ao nos intimar com ironia. Vai saber o que se passa na mente dessas pessoas, filha! Eles veem suspeitos em tudo e em todos.

Mércia voltou a ligar o chuveiro, mas, desta vez, mostrou-se preocupada:

— Tenho medo de que eles forjem algo para colocarem a culpa em nós. A polícia é capaz de tudo.

— Por isso, filha, desde que acordei tenho orado a Deus para pedir-Lhe proteção. Tenho algo que vai nos ajudar. Se alguma acusação séria pesar sobre nós, usarei um trunfo que trago comigo.

Mércia pareceu não ouvir Filomena, que, intimamente, agradeceu a Deus. Ainda não sabia se usaria ou não o envelope que Afonso lhe entregara naquela noite. Ela também não conseguira dormir direito. Sempre que a mulher cochilava, acordava assustada lembrando-se de tudo o que presenciara e, principalmente, da noite em que o patrão lhe entregara o envelope pardo pedindo-lhe que, caso algo lhe acontecesse, Filomena entregasse aqueles papéis à polícia. "Com certeza, doutor Afonso sabia que iria morrer", ela pensou, e um estranho medo apoderou-se de seu coração ao pensar em entregar aquilo à polícia. Não sabia por quê, mas era como se alguém lhe pedisse que não fizesse aquilo. Filomena pusera o envelope na bolsa, mas ainda não se decidira se disporia dele.

Assim que Mércia saiu do banho e vestiu-se, Filomena fez a filha comer um brioche a contragosto. Nervosa e trêmula, Mércia não via a hora de aquele pesadelo passar.

99

Quando Vitor chegou à mansão para buscar as duas mulheres, elas o cumprimentaram e entraram no carro. Mércia tentou falar sobre Marcela e o que acontecera, mas parecia que o rapaz não estava disposto a conversar, então ela decidiu calar-se e prosseguir o resto do trajeto orando com a mãe.

Ao entrarem na delegacia, o doutor Monteiro as acalmou:

— Esses repórteres estão aí desde que amanheceu. É normal. Afonso, Cecília e Marcela pertenciam à alta sociedade, eram pessoas de bem, e ninguém entende o que aconteceu, já que a casa não foi roubada. Sentem-se.

As duas mulheres obedeceram-no, e o delegado continuou:

— Este será um depoimento informal. Se necessário, faremos outros para nos ajudar a solucionar o caso — ele virou-se para Filomena e perguntou: — Onde a senhora estava antes de entrar na casa e tornar-se refém?

Filomena contou tudo o que acontecera antes de entrar na casa e por fim esclareceu:

— Tenho certeza de que eles queriam apenas matar a família. Não foi um assalto. Quando eles me capturaram, a única coisa que queriam saber era onde ficava o quarto dos patrões.

— A senhora notou algum comportamento estranho por parte do doutor Afonso e de dona Cecília naquele dia?

— Não! Absolutamente! Tudo aconteceu como sempre — Filomena falava torcendo as mãos de nervoso. A mulher fez uma pequena pausa, abriu um pouco mais os olhos, como se tivesse tomado um susto, e exclamou: — Lembrei! Algo estranho aconteceu naquele dia, no fim da tarde.

O delegado fez sinal para que ela continuasse:

— O doutor Afonso chegou em casa mais cedo que o habitual e, embora estivesse calmo, fez algo estranho. Ele entrou na cozinha e pediu que Elvira, Leontina e Margarida saíssem e o deixassem sozinho. Doutor Afonso disse que queria preparar seu lanche sem interferência ou sem a presença de ninguém. Eu mesma estranhei essa atitude, porque ele nunca fez isso. Depois, no entanto, acabei esquecendo esse ocorrido.

Doutor Monteiro franziu o cenho:

— Ele nunca teve esse hábito?

— Nunca! Ele nem gostava de entrar na cozinha.

— O que estava sendo preparado na cozinha naquele momento?

Filomena pensou um pouco e, de repente, estremeceu de susto. Não! Não podia ser o que ela estava pensando.

— Vamos, senhora Filomena, responda-me: o que estava sendo preparado naquele momento?

Trêmula, ela respondeu:

— O café dos seguranças.

Um breve silêncio tomou conta do ambiente. Depois de refletir, doutor Monteiro disse com tranquilidade:

— Seu nervosismo só me leva a crer que está pensando o mesmo que eu. Se naquele momento o café dos empregados estava sendo preparado, só pode ter sido o doutor Afonso quem colocou, pessoalmente, a alta dose de sedativo que levou todos a dormirem profundamente... ou seja, ele facilitou a ação dos assassinos.

— Isso mesmo, doutor! Mas por que ele faria isso? Doutor Afonso era jovem, bonito, rico, dava-se bem com a esposa e com a filha, que lhe daria netos em breve. Embora os fatos apontem para a possibilidade de que ele tenha feito isso, eu não acredito. Pode ter sido algum empregado da casa.

— Ou a senhora mesma — disse o delegado à queima-roupa.

— Eu?! — perguntou Filomena angustiada. — Que interesse eu teria na morte de meus patrões, doutor? O senhor é experiente. Pode saber, olhando pra mim, que não sou uma assassina.

— Daqui desta cadeira ninguém conhece ninguém, minha senhora.

Filomena começou a chorar, e Mércia, angustiada, levantou-se e dirigiu-se ao delegado:

— O senhor está torturando minha mãe inutilmente, doutor. Não tínhamos nenhum interesse em matar doutor Afonso, sua esposa e muito menos Marcela. Nós não teríamos nada a ganhar com isso.

O delegado fixou-a por alguns instantes e tornou:

— Vocês estão liberadas por enquanto, porém, estão proibidas de sair da cidade sem ordem da polícia. Podem ir.

Mércia ajudou a mãe a levantar-se com dificuldade, e as duas mulheres foram para o saguão da delegacia, onde Vitor as esperava impaciente:

— Como foi? — perguntou assim que as viu sair.

— Terrível, Vitor. Estão suspeitando de mamãe. Não consigo acreditar nisso.

— Acalme-se. Enquanto o caso não for solucionado, todos continuarão a ser suspeitos perante a polícia. Vamos! Entrem no carro.

As duas mulheres obedeceram e partiram dali o mais rápido que puderam, pois o delegado falaria com Vitor em outra oportunidade.

Na delegacia, Monteiro dizia para seu assistente:

— O caso é muito estranho. Fiz um breve levantamento sobre a família. Eram pessoas de bem, acima de qualquer suspeita. Doutor Afonso, a esposa e a filha não tinham inimigos. Eram muito queridos não apenas aqui em São Paulo, mas em vários estados onde a empresa da família tinha filiais.

Fernando tornou:

— Contudo, ninguém mata à toa, não é, doutor? Além disso, nada foi levado da casa. Estamos diante de um crime planejado e muito bem executado. Está claro que alguém colocou sonífero na bebida dos empregados. Se não foi doutor Afonso, com certeza essa ação partiu de um dos serviçais da casa.

Monteiro coçou a cabeça, enquanto retirava de uma garrafa térmica uma grande quantidade de café:

— Fiz a pressão costumeira, mas tenho quase certeza de que dona Filomena e Mércia são inocentes. Além de não terem motivos aparentes, está na cara de que não matam nem uma mosca.

Fernando riu irônico ao perguntar:

— E assassino tem cara, doutor?

— Não tem, é verdade, mas meus quase trinta anos de profissão tornaram meu faro extremamente afiado. Sinto de longe cheiro de culpado. Posso estar enganado, mas nenhuma dessas duas tem algo a ver com o crime — ele fez uma pequena pausa e perguntou: — A investigadora já chegou? Precisamos voltar à mansão e que ela nos acompanhe.

— Sim. Ela está aguardando o senhor na antessala.

— Mande-a entrar.

Fernando obedeceu, e pouco depois o delegado e a investigadora já estavam conversando sobre que atitude tomar para tentarem solucionar o caso.

Quando Mércia e Filomena entraram na casa, Zuleide informou:

— O delegado Monteiro e uma tal investigadora Suzana ligaram dizendo que estão vindo pra cá. Ele pediu que ninguém saísse da casa sob pena de se tornar suspeito do crime e se complicar com a justiça.

Filomena sentou-se no sofá e colocou a mão no peito:

— De novo? Eles não nos vão deixar em paz nem para enterrar nossos patrões?

Foi Vitor quem respondeu:

— Até tudo ser solucionado, dona Filomena, eles ficarão de olho em todos nós. É o trabalho deles, por isso é bom que se acalme. O nervosismo da senhora pode provocar neles a impressão de que tem algo a ver com o caso.

— É mesmo, mamãe. A senhora precisa se acalmar. É papel deles averiguar tudo, afinal, nós devemos ser os primeiros interessados de que tudo isso se resolva.

Filomena suspirou sem saber se dizia ou não e por fim decidiu:

— Filha, tenho algo que pode solucionar de vez este caso.

Mércia estremeceu e sentou-se com ela na poltrona. Vitor imitou-a.

— E por que não disse isso antes?

— Eu estava e ainda estou com medo.

— Medo? Medo de quê? A senhora está me assustando.

— Preciso contar tudo a vocês. Ouçam com atenção.

Filomena contou tudo o que acontecera naquela madrugada estranha e, por fim, tirando o envelope da bolsa, disse:

— Aqui está. Doutor Afonso parecia saber que isso iria acontecer e me pediu para guardar esse envelope.

Vitor sentiu medo:

— O que será que tem aí dentro?

— Não sei e estou igualmente com medo. Algo me diz que esse envelope jamais deveria ser aberto.

Mércia puxou-o das mãos da mãe e disse:

— Já eu acho que deve ser feito como o doutor Afonso mandou. Assim que o delegado chegar, entregaremos esses papéis a ele. A senhora deveria ter feito isso na delegacia, pois isso certamente a pouparia de tanta pressão.

— Mas é que... — sem completar a frase, Filomena dirigiu um olhar significativo para a filha, que, num átimo de segundo, compreendeu tudo. Dentro daquele envelope provavelmente deveria haver provas de que Afonso e Cecília eram contrabandistas de órgãos e de seres humanos e certamente alguém da quadrilha, querendo tomar-lhes o poder, os havia assassinado. Naquele envelope deveria haver uma confissão e muitas provas. O coração de Mércia acelerou ainda mais quando a moça se lembrou de que, muitas vezes, sua mãe fora cúmplice do casal, inclusive na ocasião em que seu filho fora vendido. Mércia compreendeu o pavor da mãe e ficou igualmente temerosa do que poderia acontecer.

— De repente, entrei no medo de vocês! Vamos queimar isso.

A moça já estava se dirigindo à cozinha, quando Vitor a seguiu e pegou o envelope de suas mãos:

— Pelo olhar que trocaram e pela sua súbita mudança de atitude, percebo que sabem mais do que falaram. Não adianta! Agora, temos de entregar esse envelope. Não adianta mais fugir, até porque, mesmo que vocês escondam algo grave, logo isso será descoberto.

Mércia sentou-se novamente no sofá e abraçou a mãe. Imersas no turbilhão de emoções, as duas mulheres nem notaram que Zuleide continuara na sala, observando-as.

Vitor dirigiu-se à empregada:

— Vá buscar um copo de água com açúcar para Mércia e um calmante leve para dona Filomena. Elas estão precisando.

Zuleide saiu, e Vitor observou:

— Essa empregada é estranha. Quando dei por conta que ela ainda estava aqui na sala, percebi que tomou um susto e ficou pálida. De onde é essa moça?

— Ela veio do Nordeste faz tempo. Trabalha nesta casa há mais de quatro anos. Chegou com apenas vinte anos.

— Não sei, não... — retrucou Vitor desconfiado. — Parecia que ela estava nos observando.

— Deixe disso, Vitor — pediu Mércia. — O que Zuleide pode fazer contra nós? E, se fosse culpada de algo, já não teria fugido a essa hora?

Os três pararam de conversar quando notaram novamente a presença de Zuleide na sala. A mulher trazia uma bandeja nas mãos e serviu a água a Mércia e o comprimido a Filomena. Depois, ela retirou-se.

Ninguém ousou dizer mais uma palavra. Mércia e Filomena estavam ruminando os próprios pensamentos. E se naquele envelope houvesse um papel dizendo que mãe e filha eram cúmplices da quadrilha? Os crimes por tráfico humano e de órgãos, considerados hediondos pela justiça brasileira, as fariam penar muitos anos numa prisão.

O tempo custava a passar, mas logo ouviram o som de um automóvel chegando à mansão. Minutos depois, entraram na casa o doutor Monteiro, Fernando, o assistente do delegado, e a investigadora Suzana, uma mulher alta, jovem, de olhos claros e penetrantes e cabelos loiros cortados bem curtos, pouco abaixo das orelhas.

Suzana falou com altivez:

— Vamos revistar toda a casa e conversar com os empregados. Alguém mexeu em algum móvel enquanto vocês saíram?

Filomena respondeu:

— Não. Conforme combinei com o delegado, ninguém mexeu em nada.

— E na cozinha?

— Os empregados não vieram mais. A mansão está isolada.

— Muito bem — tornou Suzana, com superioridade. — Está facilitando nosso trabalho. Além da cozinha, investigaremos também todos os outros cômodos da casa, inclusive os da edícula.

Vitor tomou a palavra:

— Creio que não precisará de nada disso, investigadora. Aqui pode estar a chave de tudo. Pegue.

Vitor estendeu o envelope pardo para Suzana que, admirada, perguntou:

— O que é isso? Não é nenhuma tentativa de atrapalhar nosso trabalho, não é? O tempo, num caso desses, é precioso, e eu não sei...

Vitor cortou a investigadora:

— Doutor Afonso sabia que corria risco de morte e entregou esse envelope à dona Filomena. Ele disse que, se algo lhe acontecesse, dona Filomena deveria entregar imediatamente esses papéis à polícia.

— Como? — Monteiro inquiriu.

Filomena contou tudo o que acontecera naquela noite e pediu:

— Por favor, desculpe-me por não ter entregado esse envelope na delegacia. É que eu estava com muito medo.

Suzana sorriu:

— Medo? Medo de que algo aí dentro a incriminasse?

— Não, senhora. É um medo estranho, algo que não consigo explicar. Eu sinto.

— Ora, minha senhora! Estamos precisando de pessoas práticas e não de gente mística. Vejamos se seu medo é realmente intuitivo, ou se a senhora tem culpa nisso tudo. Abrirei o envelope.

Suzana pegou uma espátula e abriu o envelope, no qual havia um documento grande, grampeado, e uma folha de papel solta, que, mesmo a uma distância considerável, Filomena reconheceu ter algo escrito por seu patrão. A letra era dele.

Suzana leu atentamente o que parecia ser uma carta, e o rosto da investigadora contraiu-se. Ela passou o papel para Monteiro dizendo:

— Leia com atenção. Creio que não tenhamos mais nada a fazer aqui...

Capítulo 13

À medida que lia a carta, o rosto do delegado começou a transformar-se, ficando ainda mais sério e compungido. Ao terminar a leitura do documento, ele olhou para Suzana e para Filomena que, assustada e nervosa, esperava o que ele iria dizer:

— A senhora tem certeza de que não sabe o que está escrito aqui?

— Não, senhor — disse com convicção. — Naquela noite, doutor Afonso nada me disse sobre o conteúdo do envelope. Ele apenas me entregou esses papéis e me pediu para apresentar à polícia caso algo acontecesse.

Monteiro não disse nada, dobrou o papel, colocou-o dentro do envelope junto com os outros e chamou Suzana:

— Precisamos nos retirar. Realmente, não há mais nada a ser feito aqui. Pelo menos, por enquanto. Entraremos em contato com o advogado do doutor Afonso para nos inteirarmos mais dos fatos e, assim que possível, faremos contato. Só reitero que ninguém desta casa poderá sair da cidade até que possamos revelar o que soubemos agora.

Com um gesto, o delegado convidou a investigadora a acompanhá-lo e logo desapareceu no jardim da alameda principal.

Dentro da mansão, Filomena continuava nervosa:

— Algo me diz que não vem coisa boa aí. Tenho certeza.

— Acalme-se, mãe. Se fosse algo ruim contra nós ou alguma coisa que nos incriminasse, com certeza o delegado teria nos dado voz de prisão.

— Também acho — disse Vitor, tentando acalmar Filomena. — Só nos resta aguardar o desenrolar dos fatos.

— Até mesmo porque temos ainda de providenciar o velório e o enterro de dona Cecília, de doutor Afonso e de Marcela — complementou Mércia, com a voz embargada.

Filomena franziu o cenho ao lembrar-se de que teria que passar por tão constrangedora situação, mas tinha de reagir. Ela levantou-se do sofá e perguntou:

— Alguém ligou para falar sobre a liberação dos corpos?

— Não. Já perguntei a Zuleide.

— Então, sugiro que descansemos, comamos alguma coisa e esperemos. Só nos resta fazer isso.

Vitor trocou um olhar significativo com Mércia, que fingiu não perceber o gesto do rapaz e seguiu com a mãe para a edícula. Ao ver-se sozinho naquela magnífica sala, Vitor sentiu algo estranho que não soube dizer o que era. Era uma sensação boa, como se algo muito bom fosse lhe acontecer, mesmo em meio àquela intempérie que tomara conta de todos.

O rapaz lembrou-se de Marcela e deixou que lágrimas de frustração e saudade rolassem por sua face. Ele olhou para a imensa escadaria que ficava no meio da sala e subiu em direção ao quarto da amada.

Quando abriu a porta do quarto, a emoção aflorou em Vitor com mais intensidade, e ele deixou-se levar por ela. O quarto de Marcela era lindo e traduzia a personalidade da moça. As paredes eram decoradas com um belíssimo papel de parede, que representava um imenso jardim florido, onde azaleias, tílias, rosas de várias matizes e muitas tulipas vermelhas — a flor preferida de Marcela — pareciam saltar aos olhos do gramado verde molhado com gotículas de orvalho.

Várias vezes, enquanto faziam sexo naquele quarto, Vitor dizia a Marcela que estavam se amando no paraíso. A moça ria e sentia-se a mulher mais feliz do mundo. "Por que essa tragédia aconteceu?", Vitor perguntou-se, enquanto rolava na cama, enroscando-se nos lençóis que ainda guardavam o cheiro de Marcela.

De repente, Vitor lembrou-se de Mércia e de que traíra Marcela com sua melhor amiga. O remorso invadiu-o com força, e, sentindo um arrepio estranho, ele parou de chorar. O que será que Marcela estaria pensando se estivesse viva em espírito? Conceição afirmava que a vida continuava depois da morte, então, se isso fosse realmente verdade, a moça já deveria ter descoberto a traição e jamais o perdoaria.

Uma estranha sensação de sufocamento começou a tomar conta de Vitor, que foi até a janela para abri-la. O rapaz pareceu ver Marcela entre as flores do jardim admirando-as e escolhendo as que colocaria no vaso de sua escrivaninha. A moça sempre fora apaixonada por flores, pela natureza, por plantas e animais. Enquanto faziam planos para o futuro, ela sempre dizia que gostaria de continuar morando naquela casa, pois o jardim que a circundava era o mais bonito e grande que ela já pudera ver numa residência em São Paulo. Marcela adorava viver em meio à natureza, e Vitor concordara em viver ali para agradá-la.

As sensações estranhas continuaram, e Vitor, sem aguentar mais e sentindo-se completamente sufocado, saiu do quarto e desceu as escadas praticamente correndo.

Ao chegar do lado de fora da casa, abriu o carro e ligou o ar.

"Devo estar impressionado", pensou.

Aos poucos, Vitor foi organizando o pensamento e equilibrando-se até que conseguiu ficar bem. Ele não podia ver, mas o espírito de Marcela estava ao seu lado, sofrendo pela dor da traição, guardando muita raiva e sentindo dores fortíssimas no abdômen aberto de onde um grosso filete de sangue não parava de jorrar, sumindo chão adentro.

Sem que Vitor se desse conta, passara-se mais de uma hora. De repente, ele viu Mércia batendo no vidro do carro e gritando para que ele a ouvisse. Ele desligou o som e abriu a porta.

— O que houve?

— Quero que vá almoçar conosco. Eu e mamãe preparamos um almoço rápido para nós e para os empregados. Vamos?

— Não quero comer. Meu corpo está doendo, e meu estômago está embrulhado. Além disso, estou sentindo muita angústia.

— É normal. Todos nós estamos sofrendo muito, mas não podemos nos deixar abater. Seu estômago está embrulhado porque está vazio. Você não come nada desde que acordou.

— Deve ser. Aceitarei seu convite, então.

Vitor entrou na edícula e começou a comer com Filomena e Mércia. Aos poucos, o enjoo do rapaz foi passando, mas a sensação de angústia e de medo não passavam.

Filomena notou que Vitor estava diferente e comentou:

— Vitor, você não está bem. O que está acontecendo?

— Não sei, dona Filomena, mas estou sentindo uma forte angústia no peito, como se ele fosse explodir. Além disso, fui tomado de uma sensação de medo que não sei explicar. Não sei de onde isso vem. Só pode ser por todo esse clima de tragédia que nos acometeu.

Mércia sentiu que havia algo estranho no ar e intuiu que aquele mal-estar de Vitor não era normal. Ele captara energias pesadas de algum espírito ou até mesmo da casa, que fora impregnada com todas as vibrações de tragédia e com fluidos pesados. Ela olhou para o rapaz com carinho e propôs:

— Você precisa tomar um passe. Seu mal-estar provavelmente tem origem espiritual.

— Será? Como pode isso?

— Nós vivemos rodeados por muitos espíritos que ainda estão apegados a este mundo. Espíritos que não aceitaram a morte e acreditam que têm de ficar aqui para resolver os problemas que deixaram. Eles exalam energias negativas, e as pessoas mais sensíveis sentem como se fossem delas e são tomadas de uma angústia sem explicação, de ansiedade sem motivo plausível, de taquicardia, medo, suor excessivo e pensamentos estranhos que não conseguem controlar.

— Mas, neste caso, tenho motivos para ficar assim. Estamos imersos numa tragédia que nunca mais esqueceremos — justificou-se.

— Sei disso, Vitor. Em momentos de real sofrimento, todos nós ficamos tocados e sensíveis, mas algo me diz que sua angústia e seu medo não são normais. Não são sentimentos naturais diante da perda de alguém.

Vitor exclamou admirado:

— É isso mesmo! Sinto que essa tristeza excessiva e esse medo irreal não estão ligados à morte de Marcela.

— Isso só prova que você captou a energia de espíritos desequilibrados ou até de pessoas vivas, encarnadas.

— De pessoas vivas? Isso é possível?

— Aí você já está exagerando, Mércia! — tornou Filomena que, sentada à mesa, acompanhava o diálogo dos dois jovens.

— Pois eu posso lhes afirmar que a energia dos encarnados é tão forte quanto a dos espíritos e, algumas vezes, é até mais pesada que a deles. Nunca se sentiu mal sem motivo quando alguém simplesmente se sentou perto de você? Ou quando alguém entrou num ambiente?

— Já... — disse Filomena, sem muita convicção.

— Isso acontece porque ocorre uma transmissão de energias. As pessoas que se aproximaram estavam depressivas, tristes, ansiosas ou com medo, por isso experimentamos o que elas estão sentindo. Essas sensações, contudo, variam de pessoa para pessoa, tanto de quem está passando a energia quanto de quem a está recebendo. Quanto mais frágil emocionalmente a pessoa for, mais intensamente ela captará a energia.

— Minha mãe já comentou algo sobre isso, mas nunca pensei que pudesse ir tão longe — tornou Vitor.

— Mas vai. Um dia, se quiser, podemos estudar mais a fundo as energias, mas no momento sinto que você precisa de um passe.

Mércia posicionou-se diante de Vitor e, com as mãos para o alto, pediu:

— Feche os olhos e pense em Jesus. Peça a ele que o ajude a melhorar e que afaste qualquer energia ruim que o esteja prejudicando. Lembre-se de que Jesus é o grande médico das almas e está aqui para nos curar.

Vitor fechou os olhos e, de repente, sentiu uma brisa suave envolvê-lo.

Enquanto Mércia movimentava as mãos em volta do corpo do rapaz, sem que ninguém pudesse ver, duas jovens vestidas à indiana entraram no recinto e, com os corpos espirituais iluminados, também começaram a movimentar as mãos ao redor do corpo de Vitor.

Neste momento, Marcela começou a sentir-se mal e encolheu-se em um canto. Enquanto Mércia terminava o passe, uma das jovens aproximou-se e perguntou:

— Não quer vir conosco? Permanecer ao lado deles só aumentará seu sofrimento.

A voz da moça era tão carinhosa e meiga que fez Marcela chorar de tristeza e de pena de si mesma. O ódio fora deixado de lado momentaneamente.

— Não posso deixá-los. Eles me traíram, e eu estou morta. Agora, os dois ficarão juntos, enquanto estou aqui, sem poder fazer nada.

— Você está enganada — disse a moça abaixando-se, sentando-se junto à parede e alisando os cabelos de Marcela. — Ninguém trai ninguém nesta vida. Cada um só trai a si mesmo. Quando se amaram, enquanto você ainda estava viva, Vitor e Mércia não a traíram, mas sim a eles mesmos, ao que acreditavam ser fidelidade e ao conceito de justiça que já conheciam como espíritos maduros. Um dia, eles terão de lidar com a própria consciência.

— Você diz isso porque não está dentro de mim, sofrendo o que sofro. Vitor foi a pessoa que mais amei na vida, e Mércia talvez seja a segunda. Por que fizeram isso comigo?

— Se vier comigo, você poderá obter todas as respostas aos seus questionamentos.

— Como você se chama?

— Radija. E então? Vamos?

O carinho de Radija era tão grande que Marcela, envolvida por uma onda intensa de amor, se deixou levar por aquela desconhecida que lhe inspirava tanta confiança. A outra moça, de nome Sarah, fez Marcela adormecer, e pouco depois alguns homens, também trajados à indiana, com túnicas diáfanas e turbantes na cabeça, entraram no ambiente trazendo uma maca.

O espírito de Marcela foi colocado adormecido sobre a maca até que um dos rapazes disse:

— Podemos ir. Raymond nos espera.

Eles, então, concentraram-se e, entoando um mantra, desapareceram.

Quando Mércia terminou o passe, Vitor estava leve como uma pluma, pois tudo o que estava sentindo desaparecera como por encanto.

Capítulo 14

Mércia, Vitor e Filomena estavam na sala da mansão esperando ansiosamente a chegada do delegado e do advogado da família. Meia hora antes, Filomena recebera um telefonema do doutor Sampaio avisando que o delegado, de posse de todas as informações e comprovações do conteúdo do envelope, pedira uma reunião urgente com eles. Vitor insistiu para que os pais também participassem, mas o advogado não cedeu. Queria apenas a presença dos três.

O grande relógio, elegantemente posicionado do lado esquerdo da grande porta de entrada, bateu as três badaladas e, com seu som grave e profundo, fez Filomena sair de seus pensamentos profundos e quebrou o inquietante silêncio que se abatera sobre a sala:

— Três horas, e ninguém apareceu. A reunião estava marcada para as duas e meia. O que terá acontecido? — perguntou nervosa.

— Provavelmente, foi o trânsito. Sugiro que mantenhamos a calma — sugeriu Vitor.

— Para mim, é muito difícil. Tenho medo de que o conteúdo daquele documento nos prejudique de alguma maneira.

— Por que tanto medo? A senhora não tem nada a ver com o que aconteceu aqui.

Filomena engoliu em seco. Ela fora cúmplice dos patrões por muitos anos e não sabia se naqueles papéis havia algo que a incriminasse. Temia ser presa e deixar Mércia sozinha no mundo, contudo, não podia dizer nada na frente de Vitor. Ela tentou contemporizar:

— Tenho medo de que nos acusem de algo. Não somos apenas empregados, fazemos parte da família. Vitor, você iria se casar com Marcela, e eu e Mércia praticamente fomos adotadas por dona Cecília e pelo doutor Afonso. A corda sempre arrebenta para o lado mais fraco. Além disso, estou muito intrigada como alguns papéis podem resolver um crime tão terrível como este.

— A senhora precisa se acalmar, dona Filomena. Tenho certeza de que, se eles tivessem de nos acusar, já o teriam feito assim que terminaram de ler aquela carta — disse Mércia, não tão certa de suas palavras.

Vitor não disse nada, e logo um novo silêncio perturbador se fez entre eles.

Com os olhos embaciados, Filomena levantou-se da poltrona e aproximou-se de um grande console de madeira trabalhada e com tampo de vidro e, à medida que olhava para os porta-retratos com as imagens de Cecília, Afonso e Marcela sorrindo felizes, sentia-se ainda mais angustiada. Ela parecia estar num pesadelo sem fim, dentro de um denso nevoeiro sem saber em que direção seguir. Os corpos ainda não haviam sido enterrados, e eles teriam de enfrentar o tormento do velório e do sepultamento. Mas o pior viria depois. "O que faremos? Para onde iremos?", Filomena questionou-se intimamente. Só se sentira assim uma vez na vida, quando estava grávida de Mércia, e Cecília a acolhera com carinho, tratando-a com dedicação. A mulher refletiu que Cecília tinha sido uma grande criminosa enquanto viva, mas lhe fizera um grande bem, e disso ela jamais poderia esquecer.

Filomena estava imersa em seus pensamentos, quando Zuleide apareceu para informá-los de que a polícia chegara. Um grande choque tomou conta do peito da governanta, mas ela pediu que entrassem e se sentassem.

Após os cumprimentos, doutor Monteiro, o delegado, foi direto:

— Antes de qualquer coisa, pedirei que não mintam. Alguém aqui sabia algo sobre o conteúdo deste envelope?

— Não, doutor! Em absoluto! — respondeu Filomena, rápida.

— Quando este envelope lhe foi entregue, a senhora não teve curiosidade de abri-lo?

— Não, senhor! Não possuo o defeito da curiosidade. Não abri o envelope e nem sequer imagino o que haja aí dentro.

Monteiro sentiu que Filomena estava sendo sincera até porque ela não teria como saber daquele plano macabro que em nada iria recompensá-la.

O delegado olhou para o advogado e depois para Filomena e continuou:

— Doutor Sampaio, o senhor também me garantiu que não sabia de nada, e eu sei que é verdade. Assim como vocês são inocentes, o advogado da família também é — o delegado fez uma pequena pausa e, com a voz grave, tornou: — O doutor Afonso tramou a própria morte e a da esposa. Infelizmente, Marcela surgiu no momento errado e também foi assassinada. Ela não deveria ter sido morta.

O susto tomou conta dos três. Pálida, Filomena perguntou:

— O senhor está nos dizendo que o doutor Afonso tramou a própria morte e a de dona Cecília? Como assim? Por que ele faria isso?!

— Doutor Afonso e dona Cecília eram integrantes de uma das maiores quadrilhas de tráfico de órgãos e de seres humanos do Brasil. A empresa que ele mantinha era apenas de fachada. Tudo o que ele construiu, toda a fortuna que possuíam, exceto esta casa e um dinheiro guardado numa poupança, foram adquiridos por meio do crime. Eles eram traficantes perigosos, e a polícia internacional estava de olho neles. Sabendo que logo seriam descobertos e presos, Afonso, com receio do que iria passar na cadeia e da vergonha que sentiria perante a sociedade e a filha, preferiu morrer antes. Para isso, ele contratou matadores profissionais para que os executassem naquela noite.

Filomena tentou abafar o choro com as mãos, mas não conseguiu. Mércia perguntou:

— Então, a dona Cecília também concordou em morrer?

— Não. Dona Cecília não sabia o que o marido estava planejando. Ela nem sabia que a Interpol estava tão perto deles. Afonso agiu sozinho.

115

Mércia respirava fundo tentando acalmar-se diante de tão grave revelação, e Vitor, igualmente nervoso, não ousava dizer nada.

Doutor Sampaio pronunciou-se:

— Doutor Afonso deixou tudo muito bem explicado nesta carta. Eu ignorava suas atividades ilícitas. Apenas cuidava da parte jurídica da empresa e dos processos mais simples, já que, para todos da sociedade, ele era um homem de bem, acima de qualquer suspeita. Não havia nenhum processo grave correndo contra ele ou contra alguém da família.

Mércia tornou:

— Não dá pra entender como alguém possa fazer isso consigo mesmo!

Doutor Monteiro respondeu:

— Segundo o que doutor Afonso diz na carta, ele sabia que, diante dos crimes hediondos que cometia, jamais sairia da prisão. Ele preferiu morrer a ter de enfrentar a vergonha, o desrespeito, o escárnio da sociedade e a prisão — o delegado fez uma pequena pausa e tornou: — Os corpos já estão liberados para o enterro. Eu sinto muito, mas terei de falar a verdade para a impressa, que a todo momento nos cobra uma posição. Espero que isso não interfira na vida dos netos dele futuramente. São crianças inocentes e não têm culpa dos crimes dos avós.

Filomena parara de chorar e sentia um grande alívio em saber que o nome dela não aparecera no documento, mas, só em imaginar que Afonso tivera a coragem de cometer mais aquele absurdo, de destruir a própria vida, a da esposa e a da filha, ela sentiu uma tristeza e uma revolta profundas tomarem conta de seu peito.

Refeita, ela perguntou:

— O senhor disse que esta casa e um dinheiro no banco não foram adquiridos de forma ilícita, e então, suponho que esta casa agora pertença às crianças.

— Não apenas às crianças. Esta casa e todo o dinheiro pertencem também a uma pessoa.

Todos se entreolharam curiosos.

Monteiro prosseguiu:

— Doutor Afonso fez um pequeno testamento deixando esta casa e o dinheiro que lhe restou para suas duas filhas. Ele não imaginava que Marcela fosse morrer, por isso, pensou que, após sua morte, a única coisa que poderia fazer de bom pelas filhas era deixar-lhes esta herança.

Mércia não conseguiu entender:

— Mas doutor Afonso não tinha outra filha. Marcela era filha única.

Neste momento, Filomena levantou-se rapidamente do sofá, pálida como cera, correu até o delegado e implorou:

— Não diga mais nada, doutor! Pelo amor de Deus!

Sampaio interveio:

— Não adianta mais esconder, dona Filomena. Mércia precisa saber a verdade.

— Não diga nada, por favor! — Filomena implorava.

— Infelizmente, a lei me obriga a dizer a verdade. Verdade esta que a senhora deveria ter contado há muito tempo para sua filha.

Todos silenciaram, e Mércia, pálida, já intuíra o que o delegado iria dizer.

Olhando com profundidade para Mércia, Monteiro disse:

— Mércia, você também é filha do doutor Afonso e, por isso, é a única herdeira de tudo. Sinto ter de fazer essa revelação agora, dessa maneira. Sua mãe deveria ter feito isso há muito tempo, mas não tenho outra saída. Você precisa tomar conhecimento desse fato para, assim que terminar o sepultamento, tomar posse de tudo.

Filomena olhava para Mércia pedindo-lhe perdão. Não era preciso dizer nenhuma palavra. O olhar da mãe mostrava todo o seu sofrimento e arrependimento por ter lhe ocultado tudo.

Mércia caminhou até a mãe e a abraçou:

— Não se preocupe, mamãe. Nem precisa me pedir perdão. Posso imaginar os motivos que a levaram a essa decisão. No íntimo, nunca acreditei que meu pai tivesse morrido quando eu ainda era bebê. Sempre pensei que eu fosse fruto de uma relação proibida, com um homem comprometido, ou de uma relação com alguém que, por algum motivo, não pôde ou não quis me assumir.

Filomena nada disse. A mulher apenas chorava mansinho abraçada à Mércia.

Vendo que as duas estavam muito emocionadas, Vitor perguntou:

— E quanto aos outros bens do doutor Afonso? Como fica a empresa?

— A maioria dos bens de doutor Afonso está nas mãos da justiça, no entanto, tenho certeza de que não voltarão para as mãos de Mércia. Felizmente, o doutor Afonso conseguiu resguardar a empresa e deixá-la fora de suas atividades ilícitas, bem como a mansão e toda a fortuna que amealhou e que escapou da fiscalização. Não há como provar nada contra isso.

— Se você quiser, posso ajudá-la a tocar o negócio. A empresa vai muito bem, e creio que você e sua mãe precisarão de dinheiro para viver. Por mais que tenham uma boa quantia disponível no banco, ela não durará indefinidamente.

Monteiro disse despedindo-se:

— Mais uma vez, digo que sinto muito por tudo, mas faz parte de meu trabalho investigar. O doutor Sampaio ficará com vocês a partir de agora, auxiliando-os em tudo. Tenham uma boa-noite.

Monteiro saiu deixando os três a sós com o advogado que, por sua vez, também se despediu:

— Acredito que vocês precisam ficar sozinhos. Têm muito para conversar e ainda precisam preparar o sepultamento dos três.

Mércia tornou:

— Acho melhor fazer um sepultamento fechado, sem mais ninguém. A história de que o doutor Afonso e dona Cecília eram criminosos atrairá muita gente curiosa, pessoas que farão perguntas o tempo inteiro. Além disso, haverá a imprensa, que não nos deixará em paz. É melhor que ninguém saiba o dia e a hora do enterro.

— Concordo com você — disse Sampaio. — O melhor é manter a discrição e evitar mais dissabores. Contem comigo para tudo.

Sampaio apertou a mão de todos e saiu.

Mércia olhou para a mãe, que ainda chorava em um canto do sofá, e pediu:

— Vá descansar, mãe. Tome um banho, coma alguma coisa, e depois nós nos falamos.

Filomena levantou o rosto e disse com firmeza:

— Não farei nada disso antes de contar toda a verdade. O que eu mais temia era que você soubesse disso, filha. Mas agora que sabe, quero lhes contar como tudo aconteceu. Não conseguirei nem mesmo comer se não desabafar.

Mércia insistiu:

118

— Já lhe disse que não precisa se apressar nem ficar preocupada. Não estou com raiva da senhora, ao contrário. Consigo compreender seus motivos, mesmo sem conhecê-los.

— Você é uma alma boa, minha filha, por isso é justo que saiba de toda a verdade. Muitas vezes, eu não conseguia dormir de remorso por não ter lhe contado isso desde o começo.

Vitor apoiou Filomena:

— Escute sua mãe, Mércia. Vai fazer bem a ela desabafar. Além disso, acredito que, depois de todas essas revelações, ninguém está com fome. Sugiro que ouçamos o que dona Filomena tem para nos contar.

Mércia, por fim, cedeu, e todos se sentaram mais uma vez. Finalmente, Filomena começou a narrar sua história.

Capítulo 15

Foi doloroso para Filomena recordar o passado, mas era necessário:

— Eu tinha dezesseis anos quando saí de Presidente Prudente para tentar uma vida melhor aqui em São Paulo. Sou a caçula de quatro irmãos, meus pais eram pobres, e naquela época a situação estava muito difícil. Nós praticamente passávamos fome. Foi quando meu pai olhou para mim e disse: "Você é a mais nova, é jovem, e não é justo que fique aqui passando por tantas privações. Vou lhe dar dinheiro para a passagem, e você ficará alguns meses em São Paulo com minha cunhada Cláudia. Ela casou-se com um homem rico, é bem relacionada e pode encontrar um emprego de doméstica para você. Prepare suas coisas, pois partirá amanhã bem cedo". Filomena fez uma breve pausa e continuou: — Senti muita raiva e disse que não queria ser doméstica; queria ser advogada ou médica e me recusei a ir. Meu pai, então, olhando-me com severidade, bradou que eu era uma pobre orgulhosa e não sabia qual era meu lugar. Ele disse que quem nascia pobre morria pobre e que não adiantava sonhar em ser advogada ou médica, pois jamais iria conseguir. "Contente-se em ser uma doméstica e já será de grande valia. Agora saia daqui antes que eu perca a paciência e lhe dê a surra que não lhe dei quando era criança", ele me disse.

"Saí da pequena sala e fui chorando para o quarto. Revoltada, coloquei na mala as poucas coisas que eu tinha e quase não dormi direito naquela noite, pois embora estivesse ofendida com as palavras de meu pai, ir para São Paulo era uma aventura para mim, afinal, eu acreditava que ele estava errado e que eu poderia ser alguém na vida, além de uma simples empregada doméstica.

"No outro dia, tomei o ônibus, e, assim que cheguei a São Paulo, um dos empregados de minha tia foi me buscar de carro. Olhei admirada para aquele homem uniformizado e pensei que, se minha tia Cláudia, que era tão pobre quanto minha mãe, havia conhecido um homem rico e tinha conseguido se casar, eu também poderia ter essa sorte.

"Minha surpresa aumentou quando cheguei à casa de minha tia na Avenida Angélica, uma mansão rodeada de jardins e cheia de empregados para todos os lados. Desde que tia Cláudia foi embora, eu nunca mais a vi e me surpreendi ainda mais quando a encontrei. Ela em nada lembrava aquela mulher magra, desajeitada e de cabelos maltratados de antes. Minha tia havia se tornado uma verdadeira dama, muito bem vestida, com cabelos cortados à moda da época, reinando soberana naquela mansão. O marido dela, doutor Honório Bittencourt, parecia até lhe adivinhar os pensamentos, pois não deixava que ela fizesse nada em casa. O tempo todo ela era servida por empregados fiéis e dedicados.

"Quando pus minha humilde mala na entrada da grande sala de estar, tia Cláudia dispensou o mordomo e me disse que eu ficaria na casa e não precisaria arrumar trabalho. Ela disse que o marido era um homem muito bom e me providenciaria roupas boas. 'Vou lhe dar um verdadeiro banho de loja, e você será minha dama de companhia!', ela me disse.

"Eu não sabia o que era aquilo, e tia Cláudia explicou-me que se tratava de uma função, de um trabalho. Caberia a mim acompanhá-la a lugares sofisticados, da moda, e a saraus em casas de pessoas ricas e famosas. Fiquei muito animada, pois também desejava encontrar um homem rico como o marido de minha tia e me casar. Não havia deixado para trás o sonho de ser advogada ou médica, mas pensava que, depois que me casasse com um ricaço, ele me deixaria estudar. Contei isso à tia Cláudia que me disse na ocasião: 'Você não sabe como as coisas funcionam na alta sociedade, Filomena. Eu também queria estudar, cursar Letras e ser professora, mas, assim que conheci Honório e nos casamos, ele me proibiu de estudar. Disse que trabalhar fora não combinava com a rotina de uma mulher casada com um homem rico. Eu bem que tentei convencê-lo, mas, mesmo com o correr dos anos, ele não me deixou trabalhar nem estudar. Logo percebi, então, que era assim que as coisas funcionavam. As mulheres, embora tenham conquistado direito ao voto e a trabalhar, são malvistas e mal faladas na sociedade. Dizem que a mulher que deseja trabalhar fora quer trair o marido, é leviana e imoral. A sociedade só aprova as que ficam cuidando do lar, pois acredita que a mulher deve ficar em casa e que o homem assuma o papel de provedor'".

Filomena fez uma nova pausa e continuou:

— Neste momento, eu repliquei dizendo: "Credo, tia! Pensei que as coisas na capital fossem diferentes", e ela me respondeu que não eram e que, se eu tivesse a sorte de conquistar um homem rico, deveria esquecer o sonho de estudar e trabalhar.

"Resolvi, então, não pensar mais naquilo por um bom tempo. Tia Cláudia levou-me a salões de beleza, clínicas, onde fiz alguns tratamentos estéticos, e a várias lojas nas quais compramos as melhores e mais bonitas roupas. Pouco depois, estávamos desfilando pela sociedade paulistana, e muitas pessoas ficaram admiradas com minha beleza.

"Uma vez, fomos convidados para um casamento, e minha tia me mandou usar meu melhor vestido, pois aquele casamento seria badaladíssimo. Afonso Munhoz desposaria Cecília Costa, empregada de sua casa. Lembro-me de ter ficado espantada e de minha tia, percebendo meu assombro, me dizer: 'É isso mesmo que você ouviu, Filomena. Afonso é filho de uma das famílias mais ricas de São Paulo e apaixonou-se por uma das arrumadeiras de sua casa. No início, a família foi radicalmente contra o relacionamento, expulsou Cecília da casa e providenciou uma viagem para Afonso para que ele esquecesse a empregada. Afonso, contudo, foi forte, bateu o pé, engrossou com os pais e afirmou que de nada tudo aquilo adiantaria. Ele chegou a dizer que por Cecília até aceitaria ser deserdado, mas que jamais a abandonaria. O velho Valfrido chegou a acreditar que se tratasse de um arroubo da juventude, mas Afonso saiu de casa e passou a morar numa pensão simples, próxima à favela onde Cecília morava. Ele ia vê-la todos os dias, e a paixão continuou'".

Filomena pediu um copo de água e continuou a contar a história:

— Tia Cláudia me contou que, percebendo que Afonso não iria ceder e que aquele relacionamento não se tratava de um simples capricho do filho, Valfrido o procurou e disse que aceitaria que ele se casasse com Cecília, desde que a família dela, que era muito, muito pobre, não aparecesse no casamento nem jamais entrasse na mansão. Cecília, então, aceitou as condições impostas por Valfrido, abandonou a família na miséria e se casou com o filho de um milionário.

"Quando tia Cláudia encerrou a história, fiquei pensando em como Cecília havia sido cruel abandonando a todos, mas fiquei em dúvida se não faria o mesmo. Naquele dia, me arrumei com esmero e acompanhei minha tia e o marido à solenidade. A rica igreja estava deslumbrante com a decoração do casamento. Logo depois, as portas do Clube Náutico foram abertas para a recepção. Estava tudo muito bonito e caprichado.

"Quando minha tia e o marido foram cumprimentar o casal, eu os acompanhei e, assim que olhei para Afonso, percebi que ele me devolveu o olhar com desejo. Repudiei aquele gesto e fiquei indignada com o fato de um homem demonstrar desejo por outra mulher no dia do próprio casamento. Essa situação se repetiu ao longo da noite até o fim da recepção. Sempre que podia, Afonso passava perto de nossa mesa e me olhava.

"Já em casa, enquanto ajudava minha tia a se trocar, comentei o ocorrido com ela, que me respondeu: 'Isso não me espanta. Embora seja apaixonado por Cecília, Afonso tem fama de Don Juan. É um homem venal, que adora aventuras, já se relacionou com muitas empregadas da casa e até com certas damas casadas, o que rendeu muita dor de cabeça ao velho Valfrido. Por isso, quando Afonso disse estar apaixonado por Cecília, o pai, acreditando que se tratasse de mais uma aventura do filho, não levou muito a sério toda aquela história'.

"Depois de algum tempo em silêncio, tia Cláudia olhou-me com malícia e disse que, se eu soubesse aproveitar a oportunidade, tudo aquilo poderia ser bom para mim. 'Se ele a quiser como amante, você pode sair no lucro', foi o que ela me disse. Nem acreditei no que minha tia estava me propondo e retruquei perguntando se ela julgava que eu iria ceder a um homem casado.

"Minha tia insistiu e completou dizendo: 'Sei que, assim como eu, você é ambiciosa e deve pensar que não estará apenas cedendo a um homem casado, mas garantindo seu futuro financeiro ao lado dele. Você irá se relacionar com Afonso, mas, em troca, ele deverá cobri-la de presentes, especialmente de muitas joias'.

"Continuei indignada com tudo aquilo e saí do quarto com raiva, contudo, minha fortaleza moral ruiu em poucos dias, e eu resolvi aceitar o plano de minha tia. A ideia era: nós passaríamos a frequentar os saraus na casa de Afonso e Cecília, e eu começaria a correspondê-lo nos olhares até nos tornarmos amantes.

"Minha decisão ficou mais firme quando tia Cláudia me contou sobre como havia conquistado Honório. Ela tinha sido doméstica na casa do marido e logo se tornou a amante dele, quando dona Marieta, a esposa de Honório, adoeceu gravemente, sem chances de cura. Ele apaixonou-se a tal ponto por minha tia que, dois meses após a morte de Marieta, casou-se com minha tia, mesmo a contragosto dos filhos. Sem aceitar a nova união do pai, Heloísa, por exemplo, brigou com Honório e foi embora para a Itália.

"Ingenuamente, pensei que o mesmo ocorreria comigo. Seis meses após o casamento de Afonso com Cecília, tornei-me a amante dele. Ele me pegava de carro num local discreto e levava-me a motéis de luxo. Eu estava encantada com tudo aquilo e sonhava com o dia em que ele, cansado da esposa, a deixaria para se casar comigo.

"Um ano depois de nos tornarmos amantes, Afonso me propôs trabalhar em sua casa para que ficássemos mais próximos, e eu, incentivada por minha tia, acabei indo. Nós nos encontrávamos quase todos os dias na edícula onde passei a morar. Afonso colocava um sedativo na bebida de Cecília, que dormia sem nada perceber. Um dia, contudo, aconteceu, e ela nos flagrou em pleno ato sexual.

"Meu medo, no entanto, logo deu lugar à surpresa. Em vez de brigar conosco e de me mandar embora, Cecília ficou nos observando nus, foi tirando sua roupa e, em poucos minutos, estava na cama conosco. Afonso e eu descobrimos que ela era bissexual e passamos a nos relacionar a três. Hoje, sinto vergonha de dizer que fiz isso, mas na época eu gostava da situação e sentia muito prazer em fazer sexo com Cecília, enquanto Afonso nos observava inebriado.

"Um dia, contudo, mudei completamente. Descobri que estava grávida, chamei os dois na edícula e disse que iria embora. Sem entender minha decisão repentina, Cecília me perguntou por que eu estava querendo deixar a casa, já que vivíamos muito felizes os três. Naquele momento, respondi que não poderia permanecer mais naquela devassidão, pois estava grávida e me sentiria a pior das criaturas se continuasse fazendo aquilo, carregando uma criança inocente dentro de meu ventre."

Filomena respirou fundo e continuou:

— Afonso ficou enternecido e me perguntou se eu realmente estava grávida. Ele me disse: "Custo a crer! Que coincidência!", e eu, mesmo sabendo o que já iria ouvir em seguida, perguntei o porquê de ele ter falado em coincidência. Naquele momento, Cecília, então, revelou que estava grávida. "Acho que engravidamos praticamente no mesmo dia", ela disse.

"Senti-me desarmada com aquela revelação, mas, mesmo assim, insisti que não poderia continuar lá, a não ser que parássemos com as orgias. Jamais me sentiria bem fazendo aquilo com um filho na barriga.

"Cecília concordou que eu ficasse na casa e disse que me apoiariam em tudo. 'Seu filho terá tudo do bom e do melhor e será criado junto com o meu sem nenhuma diferença. E não vamos mais importuná-la, Filomena. Contrataremos uma mulher da noite para nos servir', ela concluiu.

"Quando ouvi aquilo, perguntei se ela não sentia remorso em fazer aquilo mesmo grávida, e, naquele momento, os dois riram. Cecília disse: 'Nós não acreditamos em moral. Moral é a que nós fazemos. Mas, se você acredita, tudo bem. Nós a respeitaremos'.

"Naquele momento, Cecília me abraçou, e eu senti que uma grande amizade se consolidaria entre nós. Nossas barrigas foram crescendo, e os empregados da casa sabiam que meu filho era do doutor Afonso, mas nada diziam. Nossas filhas nasceram, e decidimos colocar nomes parecidos nos bebês: Mércia e Marcela, uma homenagem uma para a outra.

"Conforme haviam prometido, Cecília e Afonso deram tudo a mim e a Mércia. As duas meninas foram criadas juntas, frequentaram

125

as mesmas escolas, iam aos mesmos lugares, e Cecília era feroz quando notava olhares, gestos ou palavras preconceituosas dirigidas a Mércia. Logo, então, todos passaram a respeitar minha filha como alguém que havia sido criada em meio a pessoas da alta sociedade.

"Três meses depois do nascimento das crianças, numa noite em que Afonso estava viajando, Cecília me chamou a seu quarto e me seduziu novamente. Ela me revelou que só havia se casado com Afonso para sair da miséria em que vivia. Disse que não me amava como mulher, que me adorava como amiga e me adorava ainda mais por fazer sexo com ela e lhe satisfazer os desejos. E foi assim que nos tornamos amantes. Sempre que era possível, nós nos encontrávamos e até viajávamos juntas para dar vazão aos nossos instintos e à nossa sede de sexo... e foi assim até o dia em que ela morreu. Fomos amantes a vida toda. Hoje, posso lhes dizer que amei Cecília com todo ardor de meu coração e foi por isso que desisti de dar o golpe do baú em outro homem, de estudar e de ter uma profissão. Para mim, viver servindo Cecília tanto no dia a dia como na cama era tudo que preenchia minha alma."

Filomena terminou aquela narrativa cheia de revelações chorando sentidamente e concluiu:

— Hoje, Mércia, você certamente consegue entender por que sempre fui tão servil a Cecília, pois agora conhece toda a minha história. Espero que me perdoe, filha, e consiga me compreender. Esta mansão agora é sua. Você está milionária. Caso não me aceite aqui, posso ir embora e voltar a viver no interior. Parte de minha vida morreu com Cecília.

Mércia e Vitor estavam perplexos com tudo o que ouviram, mas a jovem, num gesto nobre, abraçou a mãe e disse com carinho:

— Não posso julgá-la, mãe. Não tenho condições para isso. Jamais sentirei raiva ou mágoa por ter me escondido esses fatos. Compreendo que teve suas razões e saiba que eu a amo. Jamais seria feliz longe da senhora. Dona Cecília morreu, mas sua vida não acabou por isso. Eu estou aqui e agora tenho os filhos de Marcela para criar, pois esse foi seu último pedido. Sei como está triste pela morte de sua companheira de tantos anos, mas agora a senhora tem uma nova razão para viver: ajudar a mim e a Vitor a criar esses meninos.

Emocionada, Filomena disse:

— Obrigada por ser tão justa e amorosa, filha. Nunca pensei que fosse me compreender com tanta rapidez.

— Nunca fui de julgar ou condenar as pessoas, mãe. Não aprovava muitas atitudes de dona Cecília e fiquei com muito ódio dela quando tudo aquilo aconteceu, mas o espiritismo me ensinou a perdoar e me mostrou que o perdão sincero e verdadeiro é a chave para a libertação espiritual. Por essa razão, não guardo nenhum rancor de ninguém. É claro que vou demorar um tempo para me acostumar a essas revelações e não só a isso. Agora, tenho muito dinheiro e duas crianças para cuidar. É muita coisa para mim.

Só naquele instante, Filomena lembrou:

— Filha, você fala como se fosse criar os meninos sem levar em conta o que Vitor decidiu e o que os pais deles, que são os avós, irão decidir.

Mércia sentiu um frio na espinha, pois, inconscientemente, a moça acreditava que, após Marcela ser enterrada, Vitor cairia em seus braços, a pediria em casamento e criaria os meninos junto com ela. Nada disso iria, contudo, acontecer se Vitor tomasse outra decisão. Não tinha dúvidas de que o amava e aceitaria criar as crianças como Marcela pedira, mas não estava pensando na opinião do pai.

A moça olhou para Vitor esperando uma resposta, e ele disse:

— Gostaria que Mércia fosse a mãe de meus filhos e cuidasse deles e tenho certeza de que meus pais não irão se opor a isso. E, já que a senhora fez tantas revelações, chegou a minha hora de fazer algumas também. Há muito tempo estou apaixonado por Mércia e ela por mim.

Filomena colocou a mão na boca num gesto de total surpresa, e Vitor convidou-a a sentar-se novamente. O rapaz disse:

— Agora, chegou a sua a vez de ouvir nossa história, nos compreender e nos ajudar, dona Filomena.

Completamente surpresa, Filomena sentou-se e começou a ouvir o que Vitor tinha a dizer.

Capítulo 16

À medida que Filomena ouvia o relato dos jovens, compreendia melhor a situação. Quando Vitor finalizou a narrativa, ela opinou:

— Não foi certo o que fizeram, mas consigo compreender o que aconteceu. E que bom que tiveram a dignidade de não continuarem com a traição — Filomena fez uma breve pausa, em que pareceu meditar profundamente, e finalizou: — Quem sou eu para julgá-los? Só lhes peço que não cometam nenhum ato por impulso. Caso queiram se casar, esperem no mínimo um ano.

Vitor retorquiu:

— Mas nós nos amamos, dona Filomena. Não há mais razão para esconder esse sentimento.

Mércia concordou com a mãe:

— Mamãe está certa. Se assumirmos nosso romance logo, o que as pessoas pensarão, Vitor? Dirão que sou uma traidora e que você é um interesseiro, afinal saiu de uma rica para pular no colo de outra.

— Que horror, Mércia! — disse Vitor assombrado. — As pessoas que me conhecem de verdade sabem que eu jamais faria isso. Jamais estive com Marcela por interesse, muito menos com você agora. Aliás, quando nosso relacionamento começou, ninguém sabia da existência do testamento e muito menos que você era filha do doutor Afonso.

— Ainda assim, concordo que devamos esperar — continuou Mércia, firme em sua posição. — Eu mesma não me sentiria bem em me unir a você agora, sabendo que minha querida Marcela possa estar sofrendo muito com a própria morte e com nossa união intempestiva.

— Marcela está morta, Mércia. Não creio que os mortos possam estar vivos e vendo nossa vida aqui na Terra.

— Mesmo depois da experiência pela qual passou?

Vitor calou-se. A experiência da captação energética fora muito forte, e ele não tinha como negar os fatos, no entanto, não conseguia acreditar que os mortos pudessem voltar ou soubessem das coisas que aconteciam na vida terrena. Conceição, mãe do rapaz, também tinha aquela crença, ensinara-lhe muitas coisas, mas, ainda assim, ele duvidava. Vitor, no entanto, resolveu calar-se, pois não queria discutir com Mércia naquele momento.

Vendo-o calado, Mércia perguntou:

— Concorda, então, com o que mamãe nos propôs? De nosso casamento só se realizar daqui a um ano?

— Sim, concordo... mas não deixemos de nos amar por causa disso. Gostaria de vê-la todos os dias e, a pretexto de cuidar melhor de meus filhos e de vê-los com frequência, passarei a residir aqui com vocês.

Filomena não gostou:

— Isso também não é correto. As pessoas são maldosas e dirão que...

Vitor não esperou que ela terminasse:

— Está decidido, dona Filomena. Virei morar aqui e que se danem aqueles que gostam de mexericos. Não deixarei de estar com quem amo por causa da opinião das pessoas. Já acho demais esperar um ano para me casar com Mércia, imagine se vou aceitar ficar longe dela e de meus filhos. Vou morar aqui e ponto final.

Filomena não disse mais nada, afinal, Mércia era a dona da fortuna e daquela casa. Além disso, se ela afirmava que o amava, só tinha que lhe dar apoio. Lembrou-se do quanto Mércia sofrera ao apaixonar-se por Felipe, sobrinho do doutor Afonso, e do quanto aquela paixão fizera a todos sofrer, principalmente quando a jovem se descobriu grávida, e Cecília as forçou a vender a criança para um casal de estrangeiros. Não. Ela não poderia permitir que Mércia sofresse mais. Vitor era um bom rapaz. Conhecia a índole daquele moço e tinha certeza de que ele e Mércia não traíram Marcela tendo essa intenção. Além de tudo, o remorso que carregava por tudo o que fizera na vida não a permitia julgar a quem quer que fosse, muito menos julgar as decisões da filha.

Após ficar calada por alguns minutos, Filomena olhou para os dois e disse:

— Muito bem! Façam como quiser. Confesso que admiro a coragem de vocês e farei tudo para ajudá-los a ser felizes.

Os três se uniram num abraço fraterno e deixaram a emoção tomar conta do coração de cada um deles. Quando a comoção serenou, Mércia lembrou:

— Precisamos nos preparar para o velório e o enterro. Tudo será muito desgastante.

Filomena tornou:

— Em nenhum momento me esqueci disso. Tenho certeza de que quase ninguém irá. A essa altura, a mídia já revelou os fatos, e a sociedade desprezará a todos nós. Queira Deus que vocês e principalmente as crianças não sejam vítimas do escárnio social.

Mércia ponderou:

— Não temos nada a ver com isso, mãe. Fomos sempre os empregados da família, doutor Afonso nunca me registrou como filha, e os meninos e Marcela também nada têm a ver com as atividades criminosas. Não é justo que sejamos vítimas de algo de que não temos nenhuma culpa. Farei de tudo para que os meninos jamais passem por qualquer situação de discriminação, julgamento ou preconceito.

— Além do mais, essas coisas em sociedade logo são esquecidas — disse Vitor. — As pessoas logo se esquecem de um escândalo quando outro surge. E como a sociedade é pobre e doente, logo surgirão outros escândalos que farão com que esse caia no esquecimento.

— Assim espero — disse Filomena preocupada. — A sociedade é muito cruel, Vitor. Podem até esquecer com facilidade, mas sempre haverá alguém para lembrar. Tenho medo.

— Não alimentemos sentimentos negativos, principalmente o medo, mãe. Um espírito de luz escreveu em um livro que o medo é o maior inimigo do homem, pois paralisa as pessoas e atrasa sua caminhada evolutiva. Confiemos no bem, pois o bem é a linguagem de Deus e por isso sempre vence — Mércia fez uma pequena pausa e pediu: — Agora, demos as mãos e façamos uma prece pela memória de Marcela, doutor Afonso e dona Cecília. Com certeza, eles estão precisando.

Todos deram as mãos e, com profundo sentimento, oraram por todos eles. Sem que percebessem, uma intensa luz azul envolveu-os, trazendo paz para o grupo.

Conforme Filomena previra, quase ninguém fora ao velório e ao sepultamento de Afonso, Cecília e Marcela. Apenas os amigos mais chegados compareceram à cerimônia e, mesmo assim, estavam inquietos e esquivavam-se de conversas, ansiosos para que tudo aquilo acabasse.

Observando-os, Filomena pensou em como a maioria das pessoas é conveniente e interesseira. Enquanto os negócios escusos da família ainda estavam sob sigilo, toda a alta sociedade paulistana aparecia sorrindo e com muito prazer às festas na mansão. Agora, naquele momento de dor, todos fugiam por não mais poderem obter o fruto dos prazeres momentâneos e ilusórios, e os que ali estavam o faziam mais por obrigação do que por qualquer outro sentimento positivo. Naquele momento, Filomena odiou a sociedade como nunca odiara na vida.

Na saída do cemitério, repórteres surgiram como urubus na carniça, tentando falar com a "nova rica". Faziam várias perguntas inoportunas, e alguns repórteres chegaram até a sugerir que Filomena e Mércia sabiam do conteúdo do envelope e por isso poderiam estar envolvidas no crime. Outros, ninguém sabe como, perguntaram sobre o romance entre Mércia e Vitor com requintes de crueldade e leviandade.

Foi com muita dificuldade que chegaram ao carro e que Vitor conseguiu as levar para casa. Uma vez na mansão, outro problema surgiu: Valdemar queria levar Vitor à força para casa e ficou furioso ao saber o que estava acontecendo entre o rapaz e Mércia.

Valdemar gritava:

— Você não é um homem; é um rato! Foi capaz de trair Marcela com essa biscate dentro da casa de sua noiva! Que decepção! Não criei um filho para isso. Não permitirei que vocês, que possuem baixa moral, criem meus netos! Entrarei na justiça e pedirei a guarda das crianças. Conceição e eu devemos criá-los dentro das lições morais que só uma família honrada pode passar.

Mércia revidou:

— O senhor está se esquecendo de que Vitor é o pai das crianças, seu Valdemar, e que por isso tem todos os direitos. Não queria usar esse argumento, mas sou rica e serei a futura esposa de seu filho. Temos condições melhores que as suas para educá--los e criá-los. Qual juiz dará ganho de causa ao senhor diante de nossa situação?

Valdemar enraiveceu-se ainda mais diante da ousadia de Mércia:

— Cale-se, sua libertina! O juiz me dará ganho de causa assim que souber que foi você quem seduziu meu filho para a traição. Você é imoral e por isso não tem condições de criar ninguém. Se Vitor quer se casar com você, tudo bem! Ele que se case, mas não terá meu apoio nem minha bênção! Os meninos, no entanto, ficarão comigo e com minha mulher.

Filomena, que até aquele momento ouvia a tudo calada e sentindo a indignação aumentar a cada frase dita por Valdemar, levantou-se do sofá como que movida por uma mola e, olhando-o profundamente, pediu:

— Valdemar, cale-se e venha comigo até o escritório. Precisamos conversar a sós. Você não impedirá a felicidade do seu filho nem de minha filha, muito menos dos seus netos.

— Você não sabe o que diz. Não irei com você a lugar algum.

— Irá sim. Ou quer que eu diga o que tenho para dizer aqui na frente de todos, inclusive de sua mulher, que é uma santa e não merece o marido que tem?

Valdemar começou a ficar com medo, pois sabia que Filomena tinha conhecimento de muitas coisas e por isso resolveu obedecer.

— Com licença. Vou ao escritório ouvir o que essa senhora tem a me dizer.

Os dois seguiram para o escritório, e Filomena apertou o braço de Valdemar dizendo:

— Quem é você para falar de moral com seu filho e com minha filha?

Valdemar ia replicar, mas Filomena não permitiu que ele continuasse:

— Dê graças a Deus que o doutor Afonso teve a bondade de ocultar seu nome como cúmplice e integrante da quadrilha. Pensa que não sei o quanto você o ajudou? Mais parecia um cão servil do que um ser humano.

— E você mais parecia uma cadela! Ora, faça-me o favor! A vida é do meu filho e os netos são meus, então, farei como quero.

— Pois experimente, e eu não terei nenhum escrúpulo em revelar para todos, inclusive para sua mulher, quem você é na realidade. Tenho como provar boa parte de seus crimes e, inclusive, tenho comigo cópias de extratos de suas contas fora do país. Que vergonha! Um homem velho como você, milionário graças aos crimes que cometeu, e nem tem coragem de dar uma vida melhor para sua esposa e para seu filho.

Valdemar sentiu-se acuado, pois Filomena estava falando a verdade. Diante da situação em que se via impotente, ele sentiu uma grande revolta consumi-lo. Valdemar não estava fazendo aquilo por mal. Poderia ser um criminoso, já ceifara muitas vidas, ajudara o patrão a traficar crianças, adolescentes e até alguns órgãos, mas jamais fora infiel à sua esposa. Considerava a fidelidade conjugal algo sagrado e realmente estava decepcionado com o filho, que fora capaz de trair Marcela com Mércia, sua melhor amiga. Em sua opinião, pessoas assim não tinham nenhuma condição de criar e educar crianças inocentes.

Valdemar tentou argumentar:

— Você sabe que não estou fazendo isso por mal. Quero o melhor para meus netos, e a infidelidade de Vitor me deixou profundamente decepcionado.

Filomena tornou enérgica:

— Essa decepção não é nada perto da que ele teria se soubesse o tamanho do criminoso que você foi e é, por isso, engula sua moral distorcida, volte agora para a sala e diga que aceitará a união dos dois e permitirá que os meninos sejam criados por eles. E faça mais: diga que lhes dará sua bênção! Vamos! Estou esperando.

Valdemar não tinha alternativa, então baixou a cabeça e retornou à sala onde todos estavam sentados. Todos se levantaram, e ele disse:

— Filomena me fez ver o quanto eu estava enganado. Perdoem-me pela minha intransigência. Os meninos serão criados por vocês, que também terão minha bênção para se casarem.

Ninguém entendeu a súbita mudança de Valdemar, exceto Conceição, que questionou:

— O que ela lhe disse para que mudasse assim, de repente, Valdemar? Eu o conheço suficientemente para saber que, quando coloca uma ideia na cabeça, não tira de forma alguma. Algo muito grave Filomena sabe de você, e ela certamente o está chantageando para que tenha mudado dessa forma. Vamos, quero saber.

Valdemar estava acuado. Se Conceição soubesse de toda a verdade, jamais o perdoaria. Ele tinha certeza de que a esposa o deixaria para sempre. Com olhos úmidos de medo, olhou súplice para Filomena como se pedisse socorro. A mulher entendeu e, aproximando-se de Conceição, pegou em seu braço com carinho e fê-la sentar-se novamente na poltrona.

— Não sei nada de mais sobre seu marido, Conceição. Eu apenas lembrei a Valdemar o quanto doutor Afonso lhe tinha consideração e como sofreria se soubesse que ele tomou uma atitude tão mesquinha.

Conceição não acreditou:

— Não sou idiota, Filomena. Por favor, me diga a verdade.

— Mas a verdade é essa, acredite. Você mesma sabe o quanto seu marido era fiel ao patrão. Eu só fiz Valdemar relembrar algumas coisas, alguns favores especiais que ele recebeu de doutor Afonso, e, em nome de tudo o que recebeu, pedi que ele voltasse atrás, afinal, Vitor é o pai das crianças, e elas são netas do homem que ele serviu por tanto tempo. Acredite em mim, Conceição. Não há nada de mais nessa história.

Filomena falou com tanta firmeza que Conceição acabou acreditando em sua versão. A mulher deu um suspiro e disse:

— Ainda bem que Valdemar mudou de ideia. Era uma loucura tentar separar o pai dos filhos. Além disso, nós somos pobres e vivemos da aposentadoria dele, que mal dá para o básico. Como iríamos criar dois meninos?

Filomena sentiu pena da ingenuidade daquela mulher, contudo, foi firme:

— Fique tranquila. Chamei Valdemar à razão, e ele percebeu o quanto estava errado e magoaria o doutor Afonso com essa atitude.

Valdemar abraçou a mulher, e ninguém mais disse nada até que Mércia quebrou o silêncio:

— Amanhã, nós buscaremos as crianças na maternidade.

Conceição tomou um susto:

— Já? Mas quem vai amamentá-las?

— A maternidade tem banco de leite e nos fornecerá inicialmente. Também contratarei uma babá para me ajudar a cuidar deles.

— E por que não duas babás? Afinal, são duas crianças — tornou Valdemar, agora já animado em ver os netos em casa.

— Não precisa, seu Valdemar. Tenho minha mãe comigo e ainda contarei com a ajuda dos empregados da casa. Com o dinheiro que tenho, poderei não só manter a casa como também pagá-los. Ademais, eu mesma quero cuidar dessas crianças que já considero meus verdadeiros filhos. Se duas babás fizerem todo o trabalho, isso me distanciará mais deles. Para crescer saudável e feliz, qualquer criança precisa da presença dos pais, por isso nem vou me dedicar à empresa até eles crescerem.

— E quem vai cuidar de tudo?

— Vitor cuidará. Vou pedir que o advogado da empresa ensine tudo o que ele precisa saber para tocar a empresa adiante e fazê-la continuar dando lucro.

Valdemar estava orgulhoso, afinal, o filho teria uma vida digna e honesta, muito diferente do que fora a sua. Ele perguntou:

— Conceição e eu podemos ir com vocês amanhã buscar os meninos?

— Claro que sim — disse Mércia alegre. — Será mais um motivo de alegria para nós.

Com os olhos úmidos, Valdemar aproximou-se de Mércia e deu-lhe a mão, que ela apertou com força:

— Desculpe-me por tê-la ofendido. Estava fora de mim.

— Não se preocupe, seu Valdemar. Eu consigo entender o que aconteceu. Apesar de toda essa tragédia, da morte de minha melhor amiga, precisamos fazer desta casa um ambiente de paz e alegria para que as crianças vivam bem, e para isso conto com a ajuda de todos.

Naquele instante, todos já estavam envolvidos num doce clima de harmonia e mais uma vez se abraçaram, exceto Valdemar, que se mantinha a distância, pois ainda estava magoado.

Dali por diante, começaria uma nova etapa na vida de todos.

Capítulo 17

Naquela noite, Vitor resolveu não voltar para casa com os pais para fazer companhia a Mércia.

Assim que a noite caiu, Filomena pediu licença e retirou-se para a edícula. Mércia e Vitor não quiseram jantar, mas pediram que Margarida fizesse um lanche reforçado. Depois que comeram, foram passear no jardim.

Olhando a grama verde bem aparada, os canteiros floridos e iluminados pelos pequenos postes ornamentais, as belas fontes luminosas salpicando suas águas em catadupas de cascatas, Mércia foi relembrando toda a vida que tivera ali junto com Marcela. Elas brincaram muito de pique-esconde entre as flores dos jardins, escondendo-se atrás das plantas maiores e subindo nas árvores frondosas.

— Você está chorando — observou Vitor, limpando delicadamente com as mãos as lágrimas que vertiam dos olhos de Mércia. — Está com saudades de Marcela, não é isso? Posso imaginar. Também sinto saudades dela. Foi muito trágico o que aconteceu.

— Por mais que eu tenha conhecimento do espiritismo, estou sofrendo demais. A passagem de Marcela foi tão trágica... — Mércia baixou a cabeça e confessou: — Além disso, sinto remorso por estar com você, Vitor. Seu pai está certo... nós somos dois traidores.

— Não diga isso, Mércia, pelo amor de Deus! Nós não programamos nada do que aconteceu. Foi espontâneo. E, como dona Filomena disse, nós tivemos a dignidade de não continuarmos a trair Marcela. Aliás, foi você mesma quem me ensinou a importância da fidelidade.

O semblante de Mércia distendeu-se um pouco:

— É isso que me fortalece e evita que a culpa me domine. Não tive como segurar o amor que senti e sinto por você.

Os dois jovens pararam diante de um tapete de grama extenso, e Vitor convidou:

— Vamos deitar aqui. Olhe! — Apontou para cima. — Dá para ver o céu. Hoje, podemos ver as estrelas. Olhe lá as três Marias.

Mércia riu, e Vitor explicou:

— Minha mãe diz que o povo do interior chama de Três Marias aquelas três estrelas, pois estão sempre juntas em vertical. Vamos nos sentar?

Mércia aquiesceu com a cabeça, e Vitor sentou-se, fez a moça deitar-se na grama e acomodou a cabeça dela em seu colo.

Os dois jovens ficaram em silêncio observando o brilho dos astros no firmamento e aspirando com delicadeza o perfume das inúmeras damas da noite que circundavam o jardim. Depois de algum tempo, Mércia disse:

— Desde que você se declarou e que passamos a nos amar, uma pergunta não me sai do pensamento.

Calado, Vitor esperou que ela continuasse:

— Como você pode me amar tanto se também dizia amar Marcela mais que tudo na vida?

Vitor corou, pois não estava pronto para aquela pergunta.

— Também me fiz essa pergunta inúmeras vezes e não sei a resposta. Posso apenas lhe dizer que as amava ao mesmo tempo. São amores diferentes, mas ambos são verdadeiros. Não sei se uma pessoa pode amar mais de uma. Fico confuso e não sei o que responder.

Mércia sentiu que Vitor estava sendo sincero. Ele continuou:

— Amei Marcela com todas as forças de meu coração e tenho certeza de que o que vivemos não foi uma paixão de juventude. Era amor. Ao lado dela, eu me sentia o homem mais feliz do mundo. Meu sentimento era repleto de brandura, calma, quietude e serenidade, e tenho certeza de que a paixão não é assim. Antes de Marcela, eu já havia me apaixonado duas vezes e sofri muito. A paixão nos faz sofrer, e sou a prova disso. Quando estamos apaixonados, só conseguimos enxergar a pessoa que é o alvo dessa paixão. Parece que nada mais no mundo nos interessa, só esse alguém. Além disso, a paixão nos inquieta, provoca ciúme, ansiedade... parece que só estamos realmente bem ao lado da pessoa escolhida. Quando a relação sofre um abalo, a impressão que temos é de que perdemos todo o equilíbrio e até a vontade de viver e, enquanto tudo não voltar ao normal, nós não comemos direito, não dormimos; só enxergamos nossa dor. Ao passo que a paixão nos faz mal, o amor nos faz bem, traz serenidade, alegria e bem-estar, por isso sei diferenciar e posso afirmar com certeza que eu amava e ainda amo Marcela.

Vitor falava com a voz entrecortada de emoção, e Mércia não o interrompeu:

— Mas naquele dia, quando nossos olhos se encontraram, senti um amor tão grande e profundo quanto o que eu sentia por Marcela. Não pense que foi fácil para mim administrar esse sentimento, pois me senti culpado, com remorso, acreditando que era o ser mais errado do universo. Mesmo assim, fui procurá-la e, quando nos amamos, tive a certeza de que também a amava, tanto e com a mesma profundidade que amava Marcela. Como isso pode acontecer? Será que temos um envolvimento de vidas passadas? Será que podemos amar duas pessoas ao mesmo tempo?

Acariciando levemente o rosto de Vitor, Mércia tornou:

— Acredito que seja possível amar duas ou até mais pessoas ao mesmo tempo. Nosso coração é grande, e nossa alma nasceu para amar. Quisera Deus que as pessoas amassem mais as outras como amam aquela única a que se dedicam. Creio que o mundo seria muito mais belo e feliz. Acredito até que estejamos caminhando para isso, para a comunhão do amor universal. Tenho certeza de que você ama Marcela e a mim, e isso não me causa nenhum constrangimento ou ciúme. O coração é livre para amar, e não há ninguém neste mundo que tenha o domínio sobre ele.

— Mas se todos amassem mais de uma pessoa como eu amo, o mundo seria um caos. Nenhuma mulher ou homem aceitaria a traição. Você mesma me ensinou o quanto a fidelidade é importante.

— Amar mais de uma pessoa não significa que devamos viver uma relação com ambas. Isso até pode acontecer, desde que todos os envolvidos consintam e vivam em harmonia com ela. Quando isso não ocorre, é preciso renunciar e, embora amando, escolher apenas uma pessoa a quem dedicar a vida.

— Mas ninguém aceitaria uma situação como essa — replicou Vitor admirado com as palavras de Mércia. — E mesmo que aceitasse, haveria a infidelidade. Você não está se contradizendo?

— Não! Quando os envolvidos aceitam o processo com naturalidade, não há infidelidade. A infidelidade verdadeira acontece quando envolve situações dúbias, em que as pessoas são sendo enganadas, iludidas, traídas, sem que o companheiro ou a companheira lhes fale a verdade e assuma o que faz.

— Acha que Marcela, se estivesse viva, aceitaria que eu me relacionasse com ela e com você ao mesmo tempo? Acredito que não.

— As pessoas são livres para aceitar ou não, Vitor. Geralmente, quem não aceita algo assim é uma pessoa egoísta, que acha que, por amar, é dona exclusiva do outro, como se o outro fosse sua propriedade. Essas pessoas só demonstram o quanto estão iludidas com a vida, pois, na verdade, ninguém pertence a ninguém. Cada um é espírito livre e nasceu para ser feliz. Quanto mais livres deixarmos as pessoas, mas provamos para nós mesmos o quanto estamos desapegados e evoluídos — Mércia fez uma pequena pausa e prosseguiu: — Você diz que quase ninguém aceita algo assim, contudo, eu conheço muita gente que vive dessa forma e está muito bem, sem problemas, sem ciúmes, compreendendo que a liberdade do outro é tão importante quanto a sua.

Vitor estava confuso:

— Você deu voltas em minha cabeça. Você está dizendo que todo mundo deve viver relacionamentos poligâmicos?

— Não me entenda dessa forma. Não foi isso o que eu quis dizer.

— Para você, qual seria a melhor maneira de viver? Na monogamia ou na poligamia?

— Em nenhum desses arranjos. Cada um deve viver a vida que seu espírito pede, sem culpas, sem remorsos e sem a ideia de que está em pecado. Nada é pecado, tudo é experiência. Algumas levam ao fracasso, ao sofrimento e à dor; outras levam à alegria, ao prazer e à evolução, no entanto, tudo depende das intenções de cada um.

Percebendo que Vitor a escutava com atenção, Mércia prosseguiu inspirada por sua mentora de luz:

— Atualmente, a Terra é um mundo de pessoas ainda muito primitivas, egoístas, que desejam tudo para si. Homens e mulheres desejam ter novas pessoas, não pelo sentimento nobre do amor, mas para satisfazer às necessidades sexuais desgovernadas, aos impulsos sensuais desenfreados, sem nenhum limite. Essa experiência só lhes traz dor e sofrimento, e não é a ela que me refiro. Por estarmos ainda nessa faixa tão baixa de evolução, o homem, em sua maioria, ainda precisa viver na monogamia, lutando para encontrar a si mesmo e conquistar o próprio equilíbrio. Nesse caso, a religião e o Estado têm um poder muito grande e positivo, pois, acenando com o castigo e a punição, conseguem conter os abusos, mas no futuro, quando o amor guiar todas as relações, não haverá regras como temos agora. Ninguém precisará viver apenas relacionamentos monogâmicos ou poligâmicos. As pessoas viverão de acordo com seu nível de compreensão da realidade e das necessidades espirituais. No futuro, ainda que distante, esse exclusivismo acabará totalmente, pois todas as almas se amarão igualmente dentro da fraternidade universal.

Vitor estava cada vez mais admirado com a sabedoria de Mércia.

— Mas isso não será um retrocesso? Minha mãe, que é estudiosa do espiritismo, afirma que a doutrina diz que, se viverem em poligamia, as pessoas voltarão ao nível dos animais.

— Sua mãe está certa, mas o espiritismo se refere à poligamia dos tempos antigos, da Antiguidade e das épocas primitivas. Se hoje abolirmos a monogamia e a poligamia instauradas na Terra, nós, devido ao baixo nível que ainda estagiamos, voltaríamos à época da barbárie, em que o sexo era usado da maneira mais torpe possível. Não é a isso que me refiro. Refiro-me ao amor, ao sentimento, às relações baseadas no gostar, no respeito, e, mesmo que houvesse sexo envolvido, ele aconteceria de maneira natural, sem abusos. Isso ainda não é possível nos dias atuais, contudo, será no futuro. O que precisamos fazer é esperar. Um dia chegaremos lá. Segundo informam os espíritos superiores, nos mundos mais avançados a sociedade já vive assim, e tudo está em perfeita harmonia. Lá ninguém briga, discute, violenta e mata pela posse do outro nem se encoleriza ou se adoece por ciúme. Tudo é visto e tratado de maneira natural e compreensível.

— Deus queira que você esteja certa, pois o que mais vemos são notícias de crimes passionais, que são cometidos em nome do amor, da paixão, do respeito e da posse.

Mércia salientou:

— Quando as pessoas entenderem que ninguém é dono de ninguém e passarem a respeitar a liberdade de cada um, isso acabará. Quase todo o sofrimento que existe nas relações humanas tem origem no fato de as pessoas não aceitarem umas às outras do jeito que são.

Refletindo profundamente sobre aquelas palavras, Vitor calou-se e depois questionou:

— E como ficará nossa situação? Eu amo Marcela, mesmo ela estando morta, e eu a amo também. Qual será nosso futuro?

— Também já pensei bastante nisso, mas concluí que não devemos nos preocupar ou sofrer por antecipação. Felicidade é viver o presente, já disse o sábio Salomão. Aproveitemos o agora e sejamos felizes o máximo que pudermos. Temos dois filhos para criar e uma vida inteira pela frente.

O coração de Vitor palpitou de alegria quando ele se lembrou dos meninos.

— Será uma felicidade tê-los aqui amanhã. Mas e você? Vai deixar a faculdade tão perto de se formar para se dedicar exclusivamente a eles? Não acho que isso seja justo.

— Vou trancar a matrícula e retornarei quando as crianças estiverem mais crescidas. Vale a pena fazer essa renúncia.

— E a empresa? Estou inseguro, pois não sei nada sobre ela.

— Você é inteligente e aprenderá fácil. Tenho muito dinheiro, mas não podemos ficar apenas nos valendo dele, pois um dia acabará e não teremos do que viver. É preciso que alguém toque a empresa para frente para que ela continue a gerar lucro, não só para nosso sustento, mas para ajudar no progresso do meio social em que vivemos, empregando com dignidade centenas de pessoas que necessitam de seus salários para viver.

Cada vez mais, Vitor impressionava-se com a bondade e a sabedoria de Mércia. Emocionado, ele beijou-a repetidas vezes nos lábios. Depois, cerrou o cenho e disse:

— Se a vida continua mesmo do outro lado, fico pensando em onde estará Marcela agora.

— Você é engraçado — tornou Mércia sorrindo. — Diz que acredita em reencarnação, em vidas passadas, mas custa a acreditar que a alma continua viva depois da morte e que os espíritos se comunicam conosco. Se a reencarnação existe, por que essas outras coisas não existiriam?

— Não sei ao certo. Uma vez, li numa revista que os budistas não acreditam que a alma fique no mundo espiritual depois da morte nem que ela possa se comunicar. Os budistas acreditam que a alma reencarna imediatamente após a morte do corpo físico. Sou um pouco como eles. Creio em reencarnação, mas ainda não consigo admitir a vida após a morte e a comunicação com os espíritos. Isso é apenas uma questão de fé.

— Ao contrário, não é só uma questão de fé — esclareceu Mércia. — Admiro muito a filosofia budista, mas temos provas concretas de que a alma sobrevive à morte do corpo, que habita o mundo espiritual e pode se comunicar com os encarnados.

— Sim, mas ninguém nunca conseguiu provar essa teoria. As pessoas falam que veem espíritos, que escutam vozes, que incorporam, mas não sei se estão sendo sinceras. Acredito que muitas delas estão mentindo para chamar atenção ou sendo vítimas de uma reação do próprio inconsciente.

Mércia levantou-se, olhou nos olhos de Vitor e esclareceu:

— Embora existam muitas pessoas mentirosas, dispostas a explorar a boa fé alheia, o fenômeno mediúnico é verdadeiro e já foi, inclusive, comprovado cientificamente.

Vitor ficou intrigado, pois não sabia aquilo. Mércia continuou:

— Muitos cientistas sérios pesquisaram o assunto e chegaram à realidade alentadora de que a vida continua e de que é possível se comunicar com quem já se foi. O doutor William Crookes, sumidade científica inglesa e curioso com o fenômeno mediúnico, resolveu pesquisar sua veracidade com todo o rigor que a ciência requer. Durante meses, ele fez experimentos com uma médium e conseguiu provar a existência da alma e de sua comunicação com os vivos. Tempos depois, ele publicou o resultado dessa pesquisa em um livro intitulado *Fatos Espíritas*, em que Crookes reuniu, dentre outras coisas interessantes, até fotos de um espírito materializado.

Vitor continuava curioso, e Mércia prosseguia muito firme:

— Nos Estados Unidos, outra sumidade científica, o doutor Ian Stevenson, dedicou-se a estudar o espiritismo e conseguiu provar a reencarnação através de pesquisas longas e sérias. O resultado dessas pesquisas saiu em forma de livro intitulado *20 Casos Sugestivos de Reencarnação* e há outro trabalho dele mais recente que torço para que venha a ser publicado também aqui no Brasil. Trata-se de uma pesquisa que ele fez com crianças que lembram de suas vidas passadas.

Vitor suspirou:

— Não sabia nada disso.

— Eu também não, mas fui pesquisar e encontrei todas essas informações. Aqui no Brasil, temos o renomado cientista doutor Hernani Guimarães de Andrade, que estuda a física quântica e os fenômenos espíritas. É um pesquisador sério e muito respeitado, que já lançou livros importantes sobre o tema, dentre eles *A Reencarnação no Brasil* e *Você e a reencarnação*. Por isso, posso lhe afirmar que as verdades espíritas não são apenas questões de fé. Todas elas podem ser comprovadas, não só pela ciência, quanto pela observação atenta dos fenômenos do dia a dia, aos quais não damos muita importância, mas que revelam a interferência direta dos espíritos desencarnados.

O assunto dava voltas na cabeça de Vitor, que não queria mais pensar naquilo:

— Vejo que estou diante de uma enciclopédia espírita — riu. — Mas vamos mudar de assunto e pensar em nosso amor...

A voz melosa e sensual de Vitor sugeriu que eles fossem se amar, no entanto, Mércia respondeu:

— Hoje não, Vitor. Não tenho cabeça para isso. Estamos lidando com a perda de três pessoas queridas, quer dizer, uma não tão querida assim... Ainda não tenho cabeça para sexo. Penso que devemos fazer orações para que eles possam ficar bem. Tenho certeza de que doutor Afonso está em um péssimo estado neste momento, afinal, ele tramou a própria morte, é um suicida, e os suicidas sofrem demais depois de desencarnarem. Além disso, ele era um criminoso, e sua consciência não o deixará seguir para planos de luz, nem ser socorrido rapidamente pelos amigos espirituais. Já dona Cecília deve estar numa situação igualmente penosa, pois era má, mesquinha, cruel e capaz de fazer as piores coisas. Não sei como minha mãe conseguiu amá-la tanto. Já Marcela era uma pessoa maravilhosa, no entanto, pode estar chocada com o desencarne prematuro, com a perda dos filhos e por tê-lo perdido, Vitor. Ela o amava muito.

Vitor ouvia a tudo em silêncio, enquanto Mércia se sentava novamente na grama. A moça ficou de frente a ele, pegou em suas mãos e pediu que ele fechasse os olhos:

— Vamos pensar em Deus e fazer uma prece para os entes queridos.

Emocionada e envolvida por sua mentora, Mércia fez uma sentida prece, rogando a Jesus e aos espíritos missionários, socorristas do além, que auxiliassem todos os envolvidos naquela tragédia, dando-lhes paz e despertando-lhes a consciência para que se arrependessem dos próprios erros e pudessem repará-los para recomeçarem a vida.

Nem Vitor nem Mércia viram, mas inúmeros amigos de luz cercaram-nos, salpicando-lhes energias coloridas. Um deles, que parecia ser o dirigente do grupo, disse aos outros:

— Jesus atendeu a esta prece. Vamos visitá-los. Estão prontos?

Todos do grupo aquiesceram com a cabeça e desapareceram rumo às regiões mais densas do umbral.

Capítulo 18

Em pouco tempo, o grupo de espíritos socorristas começou a trilhar uma longa estrada coberta de nevoeiro. Uma espécie de fumaça parecia envolvê-los com o objetivo de tirar-lhes a respiração, e o espírito Raymond, que era o líder do grupo, fez os outros pararem de andar e pediu:

— A partir de agora, mantenham o pensamento em um nível mais elevado possível, sem se esquecerem da prece um minuto sequer. Estamos entrando em uma das mais densas e primitivas zonas umbralinas, e vocês, mesmo bastante preparados, podem sofrer algum tipo de dano emocional por causa do que verão e, principalmente, pelas baixas energias que circulam por esse ambiente — dizendo isso, ele fechou os olhos, fez uma ligeira prece e continuou: — Agora, podemos prosseguir. Chegou-me a informação de que Cecília não está longe daqui. Ela será a primeira a ser atendida.

O grupo seguiu fortalecido pelas palavras de Raymond, mas teve de intensificar os pensamentos elevados e as preces à medida que caminhavam.

A estrada parecia se afunilar à medida que eles seguiam por ela. O chão, antes cheios de pedregulhos e terra firme, gradualmente parecia transformar-se num imenso lamaçal, e foi preciso muito treino mental para que nenhum dos socorristas afundasse naquela espécie de areia movediça, que certamente os sugaria para o fundo diante de qualquer deslize ou fraqueza moral.

Durante o caminho, eles viram animais de porte avantajado, muitos dos quais já não existiam na Terra. Ana, uma das integrantes do grupo, começou a ficar impressionada ao ver passar perto deles, indiferentes e mudas, várias tarântulas gigantes de pés enormes e unhas afiadas, cujos olhos faiscavam como se fossem lâmpadas elétricas. A moça também ficou impressionada com as inúmeras cobras gigantes, que passavam indiferentes por eles, como se não os estivessem vendo. Ana, contudo, assustou-se quando uma das cobras parou para observá-la atentamente. Ela não sabia explicar, mas aquele olhar lhe pareceu bastante familiar.

Notando a ansiedade e as indagações íntimas de Ana, bem como do resto do grupo, Raymond parou mais uma vez para explicar:

— Esses animais gigantes que vocês estão vendo andar naturalmente por aqui não são propriamente animais; são seres humanos que desencarnaram cheios de ódio, culpa, orgulho e vaidade. Ao chegarem aqui, sem conseguir conter esses sentimentos, eles acabaram transformando seus perispíritos em animais. Cada uma das espécies animalescas tem a ver com o psiquismo do espírito. Aqueles que se transformaram em aranhas peludas e gigantes foram pessoas que, quando encarnadas, eram hábeis na tarefa de mentir, manipular, armar situações de queda, fracasso e ruína para seus semelhantes. Já aqueles que se transformaram em cobras foram pessoas que, na Terra, usaram a mente para espalhar o ódio, o rancor e a discórdia entre as pessoas. Quando encarnadas, essas pessoas levavam o veneno do ciúme, da desconfiança, da dúvida e da maledicência por onde passavam. Não foram poucas as pessoas que tiveram suas vidas destruídas por causa desses seres, que, hoje, se apresentam como cobras, aranhas, insetos gigantes e até animais pré-históricos. Só depois de muito tempo nesse estado, quando esgotarem boa parte do mal que neles habita, esses espíritos poderão ser socorridos pelos espíritos superiores. Então, serão adormecidos e terão seus perispíritos transformados novamente na forma humana para depois reencarnarem. Nem todos, contudo, conseguem recuperar totalmente a forma humana, então, ao se ligarem ao feto em desenvolvimento no útero materno, imprimem naquele corpo aleijões irreversíveis, mãos e pés que mais se assemelham aos membros de animais. Há casos, por exemplo, em que apresentam excesso de pelos em partes inusitadas do corpo. Só com o tempo e por meio de outras encarnações, em que se dediquem à causa do bem e se modifiquem interiormente, conseguirão recuperar a forma humana completa.

Tanto Ana quanto os demais entenderam a explicação e se dispuseram a seguir Raymond, que voltara a caminhar. O grupo, então, chegou próximo a uma árvore estranha de troncos e galhos retorcidos e sem nenhuma folhagem. Amarrada a essa árvore estava Cecília, vestindo roupas aos farrapos, com os cabelos desgrenhados e os olhos grandes, abertos e assustados. Ela gritava sem parar.

Ana observou melhor e percebeu que Cecília não estava amarrada com uma corda comum; ela estava amarrada por uma cobra de corpo fino e esguio, que prendia todo o corpo da mulher na árvore e o apertava fortemente vez ou outra, fazendo os órgãos internos de Cecília apresentarem hemorragia. E o sangue, que saía pela boca, pela narina e pelos ouvidos da mulher, não parava de jorrar. A cena causava piedade à mais dura das criaturas.

Raymond olhou para Cecília que, enxergando com dificuldade, gritou:

— Finalmente, finalmente alguém veio me salvar! Estou neste inferno sem saber o porquê e nem como cheguei aqui. Por favor, senhor, me salve. Tenho negócios para cuidar, um marido que precisa de mim e uma filha grávida, perto de dar à luz.

— Estamos aqui a pedido de Mércia. Lembra-se dela?

Pelo semblante de Cecília, a sombra do rancor pareceu aumentar.

— O que Mércia tem a ver com isso? Por acaso, foi ela quem mandou me prender aqui?

— Ao contrário, foi pela bondade de Mércia que Deus e Jesus, ouvindo suas preces, nos enviaram até aqui para que tentássemos tirá-la deste lugar. — As palavras de Raymond saíam cheias de carinho e amor, de forma que Cecília não duvidou do que ele dizia.

— Então, se vieram me libertar, sejam rápidos. Não posso permanecer aqui, presa a essa cobra horrível, sofrendo sem parar. Sou uma pessoa muito boa e não mereço estar aqui — com um ar autoritário, Cecília encarou Raymond e os outros e soltou um grito agudo: — Andem! Soltem-me logo! Assim que chegar em casa, vou procurar Mércia para saber o que aconteceu, afinal, se vocês vieram aqui a mando dela é porque, provavelmente, foi aquela serpente quem me enviou a este lugar — Cecília continuava falando sem parar: — Que lugar é este? Por mais que tenha viajado, nunca

147

vi algo semelhante. Sempre desconfiei de que aquela moleca sem vergonha estava metida com algum grupo satânico, porque isto aqui parece mais o inferno.

Impedindo que Cecília continuasse aquela conversa sem objetivo, Raymond tornou:

— É preciso que você pare de falar e me ouça. Sua casa foi invadida por malfeitores, e você, seu marido e sua filha morreram baleados. Você diz que foi muito boa, mas aqui, do outro lado da vida, não há enganos nem mentiras, Cecília. Cada um é atraído para um local no mundo espiritual de acordo com sua moral e seus atos na Terra. Estar neste lugar só prova que você, além de não ter sido boa, ainda não se arrependeu do que fez.

A princípio, devido à superioridade moral de Raymond, Cecília até pensou que fosse verdade o que ele estava dizendo, mas, aos poucos, começou a julgar que aquele homem estivesse louco e começou a rir sem parar. A mulher só parou de gargalhar quando a cobra a apertou novamente com força, fazendo-a urrar de dor.

Raymond continuou:

— Não adianta pensar que estou mentindo. No fundo, sua alma sabe que é verdade. Mas se quer uma prova, veja.

Raymond aproximou-se de Cecília e abriu a mão direita posicionando-a próximo à testa da mulher. De repente, a mão do homem iluminou-se e transformou-se numa pequena tela, em que Cecília viu com riqueza de detalhes tudo o que tinha acontecido na noite em que morrera assassinada. A certeza do que lhe tinha acontecido bateu tão forte que ela chorou, contudo, seu pranto não era de tristeza ou remorso, mas sim de muito ódio, muito ódio.

Depois de ver Cecília chorando por alguns minutos, Raymond com piedade explicou:

— Você atraiu essa morte violenta, porque acreditava na violência como solução para os problemas, não só seus, mas do mundo inteiro. Cecília, você traficava seres humanos e órgãos e para isso não titubeou em corromper, aliciar, ameaçar e coagir inúmeras pessoas. Sua fortuna, que já era grande, tornou-se ainda maior devido aos crimes hediondos que praticava. Por isso, você morreu assassinada e veio parar neste lugar.

Cecília ouvia a tudo e começou a sentir uma grande vergonha apossar-se de seu espírito. Ela, que sempre fora altiva e jamais permitira que alguém a desafiasse ou falasse com ela daquele jeito, simplesmente emudeceu diante daquele homem que ela nunca conhecera na vida. Tinha tudo para discutir com ele, para chamá-lo de mentiroso, mas, sem saber por que, aquele homem tinha o poder de calar sua voz e de fazê-la, pela primeira vez em toda a sua existência, começar a sentir vergonha das coisas que fizera.

O que estava acontecendo com Cecília era algo que se dava com todas as pessoas que se viam diante de outras de moral mais elevada. Diante de pessoas da mesma moral ou de moral inferior, desejamos brigar, provar o contrário, fazer valer nossa palavra, desmentir o outro, ainda que o que ele esteja falando seja verdade. No entanto, quando estamos diante de pessoas de nível espiritual superior, não conseguimos fazer nada a não ser nos calar. Indivíduos evoluídos, mesmo quando encarnados, exercem um poder de domínio bastante forte sobre os outros, que não são tão evoluídos quanto eles. Todos os grandes líderes do mundo, que arrastaram multidões e cumpriram sua missão em favor do bem, só o conseguiram pelo grau elevado de seus espíritos. Temos como o maior exemplo Jesus, que fazia calar até a mais importante e poderosa das criaturas humanas, segundo a importância e o poder que a sociedade lhes conferia.

Raymond deixou que Cecília refletisse um pouco até que ela recomeçou a chorar, dessa vez de vergonha e remorso. Assim que a mulher se acalmou, ele disse:

— Você terá de fazer uma escolha, Cecília. Ou se arrepende de tudo o que fez e trabalha incessantemente por todos aqueles a quem você prejudicou ou continua com as mesmas crenças e permanecerá aqui. Se vier conosco, encontrará um local de paz, onde poderá se refazer, rever suas atitudes e trabalhar, mas deve prometer seguir a disciplina do ambiente em que viverá e que jamais tentará fazer o mal contra Mércia, Vitor ou Filomena. Se escolher ficar aqui, alguém logo virá buscá-la. Há uma pessoa esperando sua escolha para levá-la com ela. A decisão é sua.

Cecília pensou em tudo o que Raymond dissera e quase cedeu, no entanto, quando pensou que teria de obedecer a regras e, principalmente, que não poderia fazer nenhum mal a Mércia e Vitor, seu coração endureceu-se, e ela respondeu:

— Prefiro ficar aqui. Sua presença me imprimiu um pouco de remorso, mas odeio Mércia e Vitor com todas as forças de meu coração e não posso deixar de prejudicá-los. Eles merecem sofrer, principalmente agora que minha filha morreu. Afinal, onde ela está?

— Marcela aceitou sua morte e seguiu com os espíritos amigos para uma colônia de refazimento e recuperação. Se seguir conosco, poderá ver sua filha.

— E os filhos dela? Aqueles bebês seriam vendidos. Que fim tiveram?

— Os gêmeos estão por conta de Mércia e Vitor, que cuidarão muito bem das crianças e as educarão com amor.

Ao ouvir aquilo, um ódio descomunal tomou conta de Cecília, que gritou descontroladamente.

— Vejo que não quer seguir conosco, mas podemos lhe fazer um bem, Cecília — ele olhou para Ana e Renato e pediu: — Retirem a cobra que prende o corpo de Cecília a esta árvore. Vamos deixá-la livre para que encontre o próprio destino.

Ana e Renato obedeceram e tocaram na cobra, que pareceu levar um grande choque e adormeceu. Os dois desenrolaram o gigantesco animal e jogaram-no num pântano próximo. Enquanto faziam isso, Raymond e os outros permaneciam de olhos fechados e em prece.

Quando Ana e Renato voltaram, Raymond aproximou-se novamente de Cecília, afagou com carinho os cabelos desgrenhados da mulher e disse:

— Fique com Deus.

Cecília não respondeu nada; apenas ficou observando o grupo desaparecer pelo mesmo local em que surgira.

Vendo que estava realmente livre, Cecília começou a andar por aquele estranho local. A princípio, sem equilíbrio, afundava nas poças de lama ou furava os pés descalços nos grandes espinhos espalhados ou os feria em pedras pontiagudas e quentes. Quem a visse jamais reconheceria a Cecília rica, sofisticada, bonita e elegante que um dia ela fora. Havia se transformado num verdadeiro farrapo humano.

Ao chegar perto de uma clareira, Cecília notou que três mulheres a observavam com atenção. Pareciam médicas, devido às roupas brancas que usavam, os jalecos e alguns instrumentos que os médicos da Terra utilizavam.

Cecília fez um gesto de que iria chamar por elas, quando a que estava na frente se apresentou:

— Sou a doutora Virgínia e vim buscá-la. Você deve vir conosco agora, Cecília.

Mesmo notando que Virgínia falara com ela num tom nada amistoso, Cecília alegrou-se e disse:

— Então, você é a outra pessoa que está me esperando?

Virgínia respondeu:

— Sim, eu mesma. Por um momento, pensei que iria perdê-la para Raymond, mas, felizmente, você está aqui bem na minha frente — Virgínia disse, enquanto sorria diabolicamente. Em seguida, a mulher ordenou às outras que a acompanhavam: — Andem logo! Amarrem essa criminosa, antes que ela tente fugir e nos dê mais trabalho.

Percebendo que um grande perigo se aproximava, Cecília ainda tentou correr, mas as duas mulheres foram mais rápidas e prenderam-na com algo que se assemelhava a ataduras, mas dez vezes mais fortes que as da Terra. Em pouco tempo, Cecília já estava completamente imobilizada.

Chorando de medo, ela perguntou:

— Para onde vocês vão me levar?

Virgínia respondeu com prazer:

— Você será mais uma cobaia no laboratório de Cérbero. Ele precisa de uma alguém com seu perfil para testar novas drogas e intervenções cirúrgicas invasivas para que, futuramente, consiga inspirar os médicos da Terra a reproduzi-las.

— Pelo amor de Deus, não façam isso comigo! — Cecília pediu aterrorizada pelo medo.

Virgínia riu:

— Quem é você para falar de Deus, Cecília? Deveria ter pensado nele antes de vender pessoas e matar tantas outras para traficar órgãos. Agora não tem mais jeito! Você será mais uma cobaia do nosso laboratório e sentirá na pele tudo o que fez com os outros. Agora, cale essa boca imunda, pois não suporto mais ouvir sua voz.

Virgínia e as outras mulheres andaram poucos passos até que, sem que Cecília entendesse como isso acontecera, uma porta apareceu. Virgínia girou a maçaneta e entrou, e Cecília viu-se em um grande corredor branco, cheio de portas de metal. Um ser diferente de tudo o que ela já vira aproximou-se a passos lentos e apresentou-se:

— Seja bem-vinda. Sou Cérbero.

Cecília desmaiou.

Capítulo 19

Foi com grande emoção que, no dia seguinte, Vitor e Mércia foram à maternidade buscar os bebês. Junto com Valdemar e Conceição, Filomena preparou uma simples recepção para a chegada deles.

Mesmo tendo duas crianças para cuidar, Mércia decidiu contratar apenas uma babá, alegando que queria ser uma mãe presente e dedicar o máximo de seu tempo a elas. Para isso, além de trancar a faculdade, delegou todo o comando da empresa a Vitor, que, mesmo inseguro, acabou aceitando a incumbência.

Quando os dois entraram na enorme sala da mansão trazendo os bebês no colo, a emoção tomou conta de todos. Comovidos, Valdemar e Conceição procuravam traços do filho nos gêmeos, e Filomena percebeu de imediato que eles se pareciam muito com a mãe. Quando a mulher se lembrou de Marcela e da morte trágica da moça, o coração de Filomena descompassou-se de tristeza, mas ela resolveu não cultivar aquele sentimento devido à alegria do momento.

O quarto das crianças era contíguo ao quarto que seria de Vitor e Mércia, pois assim seria mais fácil cuidar dos dois. Mércia pretendia abrir uma porta para ligar os dois cômodos, mas, enquanto não providenciasse isso, dormiria numa cama de solteiro ao lado dos berços.

Não houve tempo para providenciarem uma decoração mais caprichada para o quarto dos bebês. Marcela queria terminar os preparativos no dia seguinte à noite em que foi morta. Sempre que pensava nisso, Mércia enchia-se de tristeza. Uma tristeza com a qual ela lutava para vencer, afinal, os meninos precisariam de muita alegria para crescerem saudáveis e equilibrados emocionalmente.

Quando Filomena, Valdemar e Conceição finalmente desceram para esperar a hora do almoço, Vitor ficou sozinho com Mércia. Ele olhou para uma das crianças que lhe sorria e disse emocionado:

— Não sei o porquê, mas este aqui me trouxe um encanto especial. Olha só como ele sorri para mim.

Mércia riu beliscando-o levemente:

— Desde já fazendo diferença entre os filhos? Que tipo de pai é você, hein?

— Não estou fazendo distinção entre eles, mas, mesmo que sejam tão iguais, sinto que, desde que os vi pela primeira vez no berçário, este aqui — apontou o dedo para o menino que estava no berço esquerdo — tem algo especial ligado a meu espírito. Não é você mesma quem diz que vivemos muitas vidas e que partilhamos muitas encarnações com as mesmas pessoas? Vai ver que este foi um grande companheiro de aventuras — riu.

Mércia não queria potencializar aquele sentimento em Vitor, mas sentia o mesmo que ele. Era incrível como aquele bebê também exercia sobre ela um magnetismo tão forte e inexplicável. O outro bebê parecia dormir e despertava nela um forte sentimento de amor, mas o outro parecia um ser especial. A moça sacudiu a cabeça e resolveu não pensar mais naquilo. Por alguns instantes, refletiu que, se aquela predileção tivesse origem em outra vida, eles deveriam fazer o possível para amá-los igualmente sem fazer distinção.

Mércia foi tirada de seus pensamentos íntimos pela voz forte de Vitor:

— Este aqui... — continuou apontando para o mesmo bebê. — Sou eu quem lhe dará o nome. Ele se chamará Henrique.

Ela estranhou:

— Mas por que logo esse nome?

Vitor parecia envolvido por uma força maior ao dizer:

— Não sei explicar, Mércia. Apenas sinto que ele deva se chamar Henrique.

Mércia e Vitor não podiam ver, mas, perto dos dois, estava uma linda senhora envolta em uma intensa luz prateada. Ela

153

aproximara-se de Vitor e dissera a palavra "Henri", o nome que aquele espírito, agora encarnado, tivera em sua última e marcante experiência na França.

O mesmo espírito radioso aproximou-se de Mércia, envolveu--lhe com suas energias e soprou-lhe o nome Tarsilo. Captando a inspiração dentro dos limites de sua mediunidade, Mércia sorriu e disse:

— Bem, já que você batizou este bebê com o nome de Henrique, o nome do outro ficará por minha conta. Ele se chamará Tarcísio.

O espírito da senhora sorriu feliz. Não eram os nomes exatos que os dois tiveram na última encarnação, mas eram os mais próximos. Sem saberem o porquê, Mércia e Vitor sentiram um arrepio agradável e uma leve brisa envolvendo-os. Tomados pelo sentimento de amor, os dois beijaram-se com emoção.

A senhora de nome Helena fechou os olhos e fez uma singela prece:

— Deus, pai de bondade e amor, entrego a esse casal abençoado e unido pelo amor verdadeiro meus dois filhos, que nem eu nem Marcela pudemos criar devido aos nossos compromissos do passado, que nos impõem a culpa e a sensação de não merecer a dádiva de conviver com eles e ajudá-los no progresso. Feliz e confiante em Sua bondade, entrego-os a Mércia e Vitor, na certeza de que saberão lidar com seus problemas e lhes ensinarão o caminho do bem para que possam vencer seus vícios, suas más tendências e, principalmente, para que possam se perdoar mutuamente. E que o Senhor dos mundos possa ajudar a todos na hora da suprema renúncia que Tarcísio terá de fazer em favor do irmão. Obrigada, Deus, por Sua bondade e misericórdia infinitas.

Ao terminar a prece, Helena, emocionada e certa de que, sempre que pudesse, ajudaria aqueles espíritos que, na verdade, eram filhos de sua alma, desapareceu em meio ao clarão em que estava imersa e retornou à colônia onde trabalhava e residia.

Depois de se beijarem, Vitor e Mércia, notando que as crianças dormiam, deixaram-nos com a babá e desceram para o almoço, que transcorreu com muita alegria. Valdemar, Conceição e Filomena adoraram os nomes dos bebês.

Já passava das três da tarde quando, depois de paparicarem muito os netos, Conceição e Valdemar voltaram para casa. Horas depois, quando já entardecia, Vitor e Mércia sentaram-se no grande sofá da sala para conversar. Ele deitou-se e acomodou a cabeça no colo de Mércia, que começou a afagar-lhe os cabelos lisos e negros e dizer:

— Parece que estamos vivendo um sonho encantado dentro de um pesadelo terrível. Nunca pensei que poderia amá-lo tanto. Logo você, que era o amor de minha melhor amiga Marcela. De minha melhor amiga e irmã. Eu e ela fomos criadas juntas, estudamos na mesma escola, dividimos nossos segredos mais íntimos. Eu nunca poderia imaginar que o homem que ela mais amou na vida seria também o homem que eu mais amaria. Não sei as verdadeiras causas da tragédia que ceifou a vida de Marcela, mas foi por causa dessa morte que podemos estar juntos, unidos e criando nossos filhos.

— Quando penso nisso, sinto uma ponta de remorso, afinal, se Marcela não tivesse sido assassinada, mesmo amando você, eu teria de me casar com ela e ser infeliz para o resto da vida. Você não sente remorso?

— Não, eu não sinto. Aprendi que a vida sempre faz tudo certo. É lógico que eu não fiquei feliz ou jamais desejaria a morte de Marcela, mas sei que nada nesta vida acontece sem justa causa e de forma errada. A mesma lei que mantém os grandiosos astros do universo em harmonia, a mesma lei que sustenta as nossas vidas é a que rege todos os acontecimentos pelos quais passamos. Essa lei é regida por Deus, que é perfeito, eterno, imutável e jamais erra. Se Marcela morreu daquela forma, e nós pudemos ficar livres para nos amar e criar essas crianças, é porque é assim que tinha de ser. Acreditar que um fato tão grande como esse é obra do acaso é desacreditar no próprio Deus. Sinto muito que Marcela tenha morrido, contudo, preciso aproveitar a chance que Deus me deu de ser feliz ao seu lado e ao lado dos nossos filhos.

Cada vez mais, Vitor impressionava-se com a filosofia de vida da amada. Ele perguntou:

— Mas será que tudo tinha de acontecer dessa forma? Se for assim, quer dizer que Marcela nasceu para ser assassinada às vésperas de dar à luz e que os assassinos tinham um papel determinado para fazer com que tudo acontecesse? Quer dizer que há pessoas que nasceram para morrer por meio do crime e outras que nasceram para matar?

— De forma alguma, Vitor. Ninguém nasceu para ser assassinado e ninguém vem ao mundo para se tornar assassino. O que acontece é que, devido às nossas culpas de vidas passadas, culpas não trabalhadas, à nossa maneira de acreditar, encarar a vida e, principalmente, devido à nossa forma de pensar, atraímos acontecimentos de acordo com o teor de nossa energia. Não tenho certeza, contudo, penso que Marcela, embora tivesse a minha idade, era muito imatura, não entendia como a vida funcionava e era pouco ligada ao mundo espiritual. Talvez o fato de ela ter morrido em dias tão próximos ao nascimento dos filhos e de se casar com o homem amado seja para ela um motivo de reflexão, aprendizagem e evolução. Certamente, o espírito de Marcela está aprendendo muito com essa experiência. Quem morre de forma repentina e vítima de um crime acaba compreendendo, caso não se rebele e aceite a ajuda dos espíritos superiores, por que atraiu tão dolorosa prova. A escala de valores dessa pessoa muda e, provavelmente, ela nunca mais seja a mesma. Mudando para melhor, terá a oportunidade de, numa próxima encarnação, não morrer mais pela violência, porque aprendeu a valorizar a vida, tornou-se madura e útil o suficiente para ter uma longa existência na Terra.

— E os assassinos? De acordo com o que você disse, eles teriam sido atraídos para matar Marcela. É isso? Quer dizer que eles não têm culpa do que fizeram?

— Os assassinos não nasceram para escolher esse caminho; eles tornaram-se criminosos e ceifadores de vidas por causa do materialismo e da forma errada como encaram a vida. Geralmente, um assassino é um espírito mais primitivo e, mesmo que tenha grande intelectualidade, ele tem pouco desenvolvimento moral. Para um assassino, matar é algo até mesmo natural. Deus, em sua sabedoria infinita, usa os seres mais inferiores, que escolheram livremente o caminho do mal, para servirem de prova àqueles que precisam de uma lição dura para evoluir. É claro que essas pessoas, iludidas pela maldade e pelo ódio, também se verão, um dia, frente a frente com a violência e com a dor para que possam evoluir. Essa forma de compreender os mecanismos da vida, no entanto, só prova que não existem vítimas ou culpados, mas espíritos que se atraem mutuamente para vivenciarem uma experiência redentora. Nenhuma pessoa má entra na vida de outra e a destrói por acaso. Esses indivíduos se atraem de acordo com suas necessidades espirituais de aprendizagem, e é por isso que o espiritismo nos ensina que jamais devemos culpar os outros pelos nossos problemas. Em vez de jogar no outro a culpa por nossa infelicidade, devemos procurar dentro de nós a causa que atraiu essas pessoas a nossos caminhos. Isso é libertador, pois nos mostra que somos os únicos responsáveis por nossa vida e por nosso destino.

Por alguns momentos, Vitor ficou refletindo sobre aquelas palavras. Mércia tinha razão. Se a vida fez tudo aquilo e os deixou numa situação boa tanto para eles mesmos quanto para o próximo, não havia por que se culpar ou procurar desculpas para fugir do compromisso. Vitor refletiu que, para muitos, a riqueza material é algo que apenas traz prazeres e realizações, mas, junto com ela, também vêm sérias responsabilidades para com o bem de quem a adquire e, principalmente, para a promoção e o progresso do meio social em que essa pessoa esteja inserida. A riqueza é uma prova maior e mais difícil do que a pobreza, pois, se por um lado traz benefícios, bem-estar e prazeres, por outro traz consigo um compromisso muito difícil de ser rigorosamente cumprido. Ele, contudo, tinha certeza de que, ao lado de Mércia, saberia como agir não só com a fortuna que receberam, mas também como educar os filhos.

Vitor e Mércia permaneceram no sofá trocando carinho e tecendo planos para o futuro até que Filomena os convidou para o jantar. Apesar de a refeição transcorrer amena e girando em torno de conversas saudáveis, Mércia percebeu que Filomena não estava bem. A mulher tentava parecer natural, mas estava claro que algo a incomodava.

Quando o jantar terminou, e Vitor subiu para o quarto para ficar com os filhos, Mércia sentou-se no sofá e começou a folhear uma revista, esperando que Filomena acabasse de dar as ordens na cozinha para falar com a mãe. Ela precisava saber o que estava acontecendo. Sabia que Filomena estava triste pela morte dos patrões, principalmente de Cecília, mas algo em seu íntimo dizia que naquela tristeza havia algo mais.

Filomena entrou na sala e disse para a filha:

— Vou para casa dormir. Estou exausta.

— Antes de ir, sente-se aqui. Precisamos conversar.

O rosto de Filomena esboçou seu desagrado, mas a mulher sentou-se ao lado da filha, que disse:

— Hoje será a última noite que a senhora dormirá na edícula. Não é justo que eu seja dona desta casa enorme e a senhora continue dormindo sozinha na edícula. Pode escolher o quarto que quiser e decorá-lo ao seu gosto, mas quero que venha morar definitivamente conosco.

Filomena meneou a cabeça negativamente.

— Não posso aceitar isso. Passei minha vida inteira morando naquela edícula. Ela é minha verdadeira casa.

Mércia discordou:

— Em outro tempo, mãe. Não tivemos culpa do que aconteceu, a senhora não teve culpa de ter engravidado do doutor Afonso, e eu não tenho culpa de ter herdado esta casa e a fortuna legal que ele possuía. Não é justo que a senhora, que sofreu a vida inteira, continue penando. A vida nos presenteou com essa chance de progresso, mãe.

Lágrimas brotaram dos olhos de Filomena, quando ela disse:

— Nos presenteou! A que custo, filha?!

— A senhora precisa superar isso. Não tivemos culpa de nada, muito menos de o doutor Afonso ter cometido o ato insano de encomendar a própria morte e a morte da esposa, culminando ainda no assassinato da própria filha. Sei que foi horrível, que é uma tragédia difícil de esquecer, principalmente para nós duas, que presenciamos tudo, no entanto, sei também que precisamos aprender a superar as dores às quais a vida nos submete a cada dia. Tudo ainda está muito recente, mas não adianta nada continuarmos chorando e lamentando um fato que não podemos mudar. Os espíritos de luz nos dizem que aceitar o que não podemos mudar é a melhor forma de encontrarmos a paz de espírito, e a senhora precisa fazer um esforço pra isso.

— Tudo bem, Mércia. Aceito morar aqui, até porque acho que não saberia viver sozinha naquela edícula, afinal, moramos juntas lá desde que você nasceu.

Feliz, Mércia abraçou a mãe com carinho. Filomena fez menção de levantar-se, mas a filha fez um gesto para que continuasse sentada. Mesmo sem saber como, começou:

— Mãe, sei que algo a está incomodando e a fazendo sofrer, além dos últimos acontecimentos. Durante o jantar, notei que a senhora fez tudo para parecer normal, mas tenho certeza de que está com algum problema. Sou sua filha e lhe peço que confie em mim. Me diga o que está acontecendo.

Filomena não ia dizer nada, mas, ouvindo as palavras bondosas da filha, acabou se rendendo:

— Sabe o que é, filha? Queria lhe pedir algo, mas tenho receio. Não quero que pense que estou abusando de você agora que sua situação melhorou. Não sei se aceitaria, pois está começando sua família e terá de criar os filhos de Marcela... enfim, não sei se meu pedido será bom para nós, mesmo que o acate.

Mércia estava curiosa. O que poderia ser? Apertando as mãos da mãe e a encorajando a continuar, a moça aguardou Filomena prosseguir:

— Você sabe que sempre tive muita pena de sua tia Maria, que vive praticamente só em Presidente Prudente. O dinheiro da aposentadoria de minha irmã e da pensão do marido, que era um militar reformado, mal tem dado para os remédios e para pagar Rosângela, a moça que cuida dela. Maria ficou viúva, não teve filhos, e a doença dela é penosa. Sei que é lhe pedir muito, mas gostaria de trazê-la para cá para que more conosco. Esta casa é grande, há muitos quartos vazios, e tenho certeza de que, discreta como é, Maria não atrapalhará sua vida familiar. Será que estou lhe pedindo muito? Será que Vitor concordaria com isso?

Mércia sorriu:

— Então, esse era o motivo de tanta preocupação? Pois não precisa preocupar-se mais. Eu não havia me lembrado de tia Maria, mãe, mas será um prazer ajudá-la e tê-la conosco. Tenho certeza de que Vitor não se oporá à vinda dela. Além disso, pelo que lembro de tia Maria, ela é uma pessoa bastante alegre, otimista e pra cima. Nem parece essa mulher sofredora à qual a senhora se refere. Não será nenhum incômodo viver com ela, ao contrário. Será um prazer.

Sorridente, Filomena concordou:

— Não sei como Maria pode ser tão feliz convivendo com sua terrível condição de saúde. Filha, só posso lhe agradecer por mais esse gesto de bondade.

Mércia observou:

— Estou notando que a senhora está usando um tom muito formal comigo desde que tudo aconteceu, mãe. Pare com isso. Não mudarei, porque me tornei rica de repente. Sou e serei a mesma Mércia de sempre. Não precisa me tratar como sua mais nova patroa. Aliás, a partir de agora, a senhora não trabalhará mais como governanta aqui. Quero que se dedique a outras coisas na vida. A coisas que lhe deem prazer.

— Não! Pelo amor de Deus, não! Quero continuar trabalhando aqui como sempre. Para mim, o trabalho não é uma obrigação, mas uma fonte de prazer que preenche minha alma e me faz sentir útil. Adoro deixar a casa em ordem, bem arrumada, sem que nada falte. Se eu fazia isso com amor para Afonso e Cecília, farei com mais amor ainda para você e Vitor. Uma vez, você me disse que o espiritismo afirma que o trabalho é uma lei da vida. Pois bem! Mesmo que não concorde com muita coisa que essa doutrina prega, tenho certeza de que ela está certa sobre o trabalho, pois é ele que mantém o espírito ocupado, preenche a mente e os vazios interiores e nos faz nos sentirmos úteis. Eu jamais me sentiria bem sem fazer nada. Noto que as pessoas que não têm uma ocupação que lhes dê prazer e as torne úteis logo desenvolvem problemas psicológicos e psiquiátricos. Por isso, lhe peço que me deixe trabalhar aqui como sempre. O trabalho é minha vida.

Emocionada, Mércia disse:

— Muito bem, mãe. O trabalho é tudo isso mesmo e muito mais. Decidi dedicar boa parte dos meus anos à criação de Henrique e Tarcísio, mas, assim que puder, retomarei meus estudos, me formarei e exercerei minha profissão. E já que a senhora deseja continuar trabalhando, considere-se empregada! — Mércia riu com meiguice ao dizer aquilo.

Filomena levantou-se feliz:

— Vou ligar para Maria e pedir a ela que prepare a mudança! No próximo fim de semana, irei buscá-la.

Mércia perguntou:

— Qual é a doença da Tia Maria? Apesar de falarmos sobre ela por todos esses anos, nunca procurei saber do que ela sofre.

Os olhos de Filomena entristeceram-se por alguns segundos, e ela ao respondeu:

— Diferente de mim, Maria não tem receio de falar sobre o que lhe aconteceu. Quando ela chegar, lhe pergunte. Você saberá o que aconteceu com Maria e como ela superou tudo isso.

Mãe e filha abraçaram-se mais uma vez, e, enquanto Filomena ia para a edícula buscar seus pertences, Mércia subiu para o quarto para fazer companhia ao futuro marido e aos filhos.

Capítulo 20

O grupo socorrista liderado por Raymond prosseguia com sua tarefa de socorrer os espíritos infelizes, em especial à família de Afonso. As preces de Mércia não paravam de chegar, pedindo proteção e conforto para eles.

Naquela noite, o grupo dirigiu-se a um dos ambientes que compunham o Vale dos Suicidas e, embora já estivesse acostumado à neblina espessa que cobria todo o lugar, ao cheiro nauseabundo que vinha dos charcos nos quais os espíritos gritavam, blasfemavam e gemiam, ainda precisava manter constante vigilância, estar sempre em prece e com o pensamento elevado a Deus para sentir menos os efeitos das vibrações negativas do ambiente.

Raymond e Gabriel iam à frente, enquanto o resto da comitiva os seguia mais atrás. Ana estava curiosa para ver e saber mais sobre o Mar de Cabeças, local onde Afonso estava. Raymond comentara que se tratava de um ambiente do vale destinado aos suicidas, que eram atraídos para lá pela morte específica que tiveram.

O grupo continuou caminhando até entrar numa trilha íngreme e umedecida por uma corrente de água, que trazia consigo os mais variados dejetos humanos e outras substâncias produzidas pelo perispírito daqueles que, contrariando a lei máxima da vida, acabaram com a própria existência num momento de dor, angústia, falsa coragem, desespero e principalmente fraqueza.

Ana já conhecia o Vale dos Suicidas, contudo, sempre ficava impressionada com o que via. Parecia que era a primeira vez que ela pisava naquele local tão feio, sinistro e apavorante. Para Ana, a visão daquele ambiente era, pelo menos, dez vezes pior que a visão do inferno que alguns profetas e médiuns da antiguidade e da idade moderna tiveram e descreveram. Ela ficou pensando que deve lhes ter faltado palavras suficientes para expressar o que realmente viram quando lá estiveram em estado de desdobramento espiritual.

Antes de prosseguirmos com a narrativa, devemos esclarecer que o referido vale, tão famoso em obras consagradas da literatura espírita, em especial no livro *Memórias de um Suicida* da médium Yvonne A. Pereira, possui diversos ambientes diferentes, todos adequados ao tipo de suicídio específico que cada espírito cometeu ou de acordo com as intenções que os levaram a cometer o ato. Assim sendo, o Mar de Cabeças, descrito aqui em caráter inédito, é um local que existe no vale, mas que ainda não foi mencionado por outros autores espirituais.

Quando chegaram ao fim da trilha, notaram um imenso clarão. Ana e os outros membros da equipe não entenderam o que se passava, já que o vale era escuro e iluminado apenas por luzes bruxuleantes de archotes improvisados ou por labaredas que surgiam de vez em quando entre os charcos. Intimamente, Ana perguntava-se de onde vinha aquela luz.

Apesar de ter conhecimento dos questionamentos de Ana, Raymond prosseguiu calado, esperando o melhor momento para explicar.

Com um sinal, ele fez todos pararem, e a visão que tiveram era espantosa. Havia algo parecido com uma enorme piscina de formato arredondado, que parecia perder-se de vista. Dentro da piscina havia milhares de cabeças de seres humanos, algumas deformadas, outras sem olhos ou faltando o nariz ou as orelhas e ainda havia outras que apresentavam o crânio estragado de onde jorrava sangue sem cessar. O jato perdia-se entre as outras cabeças.

Ana observou que, embora só as cabeças estivessem visíveis, ela tinha certeza de que os restos dos corpos daqueles espíritos suicidas estavam submersos, congelados e enrijecidos. Um líquido que parecia água ligava uma cabeça à outra e estava igualmente congelado ou até mesmo petrificado. Ela não soube distinguir.

Naquela parte onde se via a estranha piscina, os gemidos e os gritos de terror deram lugar a um tipo de canto desafinado, que, na verdade, eram gemidos guturais e de profunda angústia.

Percebendo que todos estavam curiosos, Raymond explicou:

— Este lugar do vale é conhecido como o Mar de Cabeças. A maioria dos espíritos que vemos aqui está inconsciente. É como se estivessem dormindo um sono profundo, porém, a inconsciência não é total. Enquanto dormem em meio à amargura, à angústia e à dor emocional, são vítimas dos mais terríveis pesadelos, que não os deixam em paz um segundo sequer. Nestes pesadelos, eles rememoram constantemente os motivos que os levaram ao suicídio e, principalmente, a hora em que cometeram o crime contra si mesmos.

"Os corpos espirituais desses espíritos estão presos numa espécie de gelo que os consome sem, contudo, destruí-los. É um sofrimento tão grande que só Deus, com sua infinita bondade e misericórdia, pode amenizar tanta dor. As preces que os encarnados fazem para eles são, em sua maioria, tão fracas que não chegam até aqui. Só as preces realizadas com a força do amor e da verdadeira caridade conseguem chegar aqui como bálsamo para suas dores."

— Há suicidas que andam normalmente pelo vale, há outros que ficam presos ao caixão, vagando pelo cemitério, e ainda há aqueles que permanecem no local do crime, rememorando o acontecimento — disse Ana refletindo. — Gostaria de saber por que esses espíritos estão aqui. Acredito que nunca tenha presenciado um sofrimento tão grande.

Raymond respondeu sem demora:

— Os que permanecem nessa piscina são suicidas que se mataram devido à perda de poder e dinheiro. As pessoas que aí estão, além de terem sido extremamente materialistas e sensuais, fizeram do poder e do dinheiro a razão de suas vidas. Por causa deles, fizeram muitas pessoas sofrerem graves dores de humilhação, perda, desprezo e indiferença. Esses indivíduos não tinham dó nem piedade de ninguém. Só lhes importavam o poder e as contas bancárias invejáveis — Raymond fez uma pequena pausa e continuou: — É importante salientar que o abuso do poder e do dinheiro que aconteceu durante a última existência desses espíritos foi na verdade uma recaída, pois eles já os tinham cometido em vidas anteriores. O poder e o dinheiro são, talvez, as maiores ilusões que o homem cultiva. Quando alguém comete crimes em nome deles, principalmente crimes como os que Afonso cometeu, condena o espírito a terríveis e inadiáveis sofrimentos que podem acontecer já na Terra ou depois de mortos. Quando se dão na Terra, esses sofrimentos vêm sempre por meio da perda do poder, do dinheiro e da liberdade. Para essas pessoas, que sempre viveram de aparência, luxo, *status* e alimentando um domínio desmedido sobre os mais fracos, perder tudo o que têm é uma prova por difícil demais para suportarem. Quando a suportam, acabam evoluindo e se livrando dessas ilusões, mas, geralmente, não é isso o que acontece. Quando perdem tudo, muitos se desesperam ao ponto de cometerem o ato infame do suicídio, que os traz para este lugar, onde sofrem muito mais do que se enfrentassem todos os problemas que passariam na Terra.

"O caso de Afonso foi ainda mais grave, pois ele não optou pelo suicídio em um momento do desespero. Sabendo que perderia tudo e seria preso e não aguentando a vergonha e a humilhação pelas quais passaria, premeditou friamente a própria morte, contratando assassinos profissionais para darem cabo de sua vida e, por vingança, da vida da esposa. Além disso, ele comprometeu-se ainda mais quando, devido ao seu ato criminoso, Marcela também morreu.

"É preciso, contudo, entender que nem Deus nem os espíritos superiores os trouxeram para cá e tampouco criaram este lugar. Foi a consciência de cada um, imersa na culpa e no erro, que atraiu esses espíritos e criou este ambiente para que vivessem juntos, experimentando um castigo a que eles mesmos se impuseram.

"Este lugar já existe há muitos séculos, mas sua população aumentou a partir da queda da bolsa de valores dos Estados Unidos em 1929 ou da Grande Depressão, como alguns chamam a grave crise econômica que se abateu sobre aquele país e refletiu em diversos outros países do mundo. Mesmo hoje, décadas depois, ainda está neste lugar a maioria das pessoas que se suicidaram por conta desse acontecimento."

Ana aproveitou uma pausa maior na fala de Raymond para perguntar:

— E como poderemos ajudar espíritos tão comprometidos dessa maneira? Como estão inconscientes, creio que não consigam sentir o arrependimento salutar que os tornaria aptos a serem recolhidos por nós.

— Há um tempo determinado para que cada um permaneça aqui, Ana. A bondade divina não os esquece. Se ficassem aqui por um tempo indeterminado acabariam degenerando o próprio perispírito de forma que a reabilitação se tornaria muito mais difícil e demorada. Então, findo o tempo estabelecido para cada um — e que é específico para cada caso —, os socorristas recolhem esses espíritos, que reencarnarão inconscientes do processo e chegarão à Terra com inúmeros problemas. A maioria reencarna apresentando deformidades nos corpos ou graves problemas na formação cerebral, e os que conseguem reencarnar sem problemas no corpo sofrem, contudo, transtornos emocionais e psicológicos de difícil tratamento e diagnóstico durante a vida. Uma estranha e profunda melancolia acompanha essas pessoas praticamente a vida inteira, não dando trégua para que vivam felizes. Só aqueles que despertam para a espiritualidade, trabalhando sem nenhum interesse pelo próximo sofredor, conseguem alívio e encontram a felicidade. Para isso, além da caridade, devem refazer as próprias crenças, rever pensamentos e ideias para que, nesta luta diária, consigam dominar a mente, se libertarem das culpas e encontrarem a alegria de viver. É difícil, mas plenamente possível.

Após a explanação, Raymond fez uma pausa mais longa e pediu:

— Peço-lhes que se concentrem e, um a um, entrem na piscina. Mércia é um espírito que possui grandes credenciais no mundo maior e por isso estamos aqui para tentar aliviar um pouco o sofrimento de Afonso.

Obedecendo às instruções, os espíritos que compunham aquela caravana tiraram os calçados e, com muito cuidado para não pisarem ou machucarem as cabeças expostas, caminharam devagarzinho os dez metros que os distanciavam da cabeça de Afonso.

Aproximando-se dele, Raymond convidou os outros espíritos a fazerem mais uma oração e pediu que todos direcionassem as mãos a Afonso. Ana observou que ele não estava inconsciente, pois lamentava-se e chorava baixinho pelo que tinha feito. Uma grande compaixão tomou conta do coração dela, fazendo de sua energia de carinho e amor uma das mais potentes daquele grupo.

Das mãos estendidas saíam luzes multicores que penetravam no frontal de Afonso, fazendo-o adormecer aos poucos. Todos, então, notaram que aquele espírito tão atormentado encontrara a paz pelo menos por alguns minutos.

Raymond explicou:

— Essa ajuda durará muitos dias, e Afonso experimentará, mesmo neste mar de tormentos, uma paz que o fará refletir. Prossigamos rogando a Deus para que, nessa oportunidade de reflexão, ele possa se arrepender profundamente a ponto de ser socorrido e levado a um dos postos de socorro.

Dizendo isso, Raymond fez sinal para que todos saíssem e os seguissem de volta pela mesma trilha pela qual chegaram ali.

Enquanto caminhavam, Ana, aproveitando o silêncio, perguntou:

— Estivemos aqui porque Mércia pediu e Jesus atendeu à sua rogativa, mas eu me pergunto... se ninguém tivesse orado por ele, Afonso ficaria sem ajuda? E os outros? Caso ninguém ore em favor desses espíritos, eles ficarão sem amparo?

Raymond respondeu:

— Ninguém está abandonado por Deus nem pelos espíritos de luz, Ana. Em todos os lugares, mesmo neste de tão grandes tormentos, a misericórdia divina está presente, e quase sempre equipes socorristas como a nossa vêm aqui prestar auxílio e dar alívio a todos os que sofrem. Contudo, quando alguém que possui crédito perante as leis divinas ora com fervor e pede por um deles, mais caravanas de luz chegam ao local, e a ajuda para o espírito necessitado acontece mais rapidamente e de uma maneira mais efetiva do que para aqueles que não recebem pedidos de oração. Isso não é injustiça. Cada um recebe aquilo que dá. Se Mércia está orando por Afonso e se esse espírito possui pelo menos uma pessoa na Terra para pedir por ele com fé e amor, é sinal de que não fez apenas o mal em vida. É sinal de que também semeou amor, concórdia, carinho e compreensão a ponto de conquistar alguém que, hoje, lhe dedica amor, mesmo depois de um ato como esse. Aquele que não oferece nada de bom ao seu semelhante e só espalha o mal por onde passa, certamente não terá depois alguém que lhe faça um pedido e, por isso, não merecerá uma assistência mais frequente como Afonso, por exemplo. Em todo caso, a bondade divina nunca nos desampara, e todos, sem exceção, recebem ajuda de uma forma ou de outra. O caso de Mércia e Afonso só nos mostra o quanto a prece tem poder quando vinda de um coração bom e amoroso.

Percebendo que Raymond dera por encerradas as explicações, Ana resolveu não mais insistir na conversa e seguiu calada, desejando, em seu íntimo, voltar ali outras vezes para ajudar.

Capítulo 21

Os dias foram passando rapidamente, e a sombra da tragédia já não cobria com tanta força os corações de Mércia e Filomena. Ocupado com a empresa e dedicando o tempo restante aos filhos, Vitor esquecia-se aos poucos de tudo o que acontecera.

Os meninos nasceram saudáveis, o que foi constatado após passarem por uma série de exames, contudo, desde os primeiros dias de vida, era visível uma grande diferença entre Henrique e Tarcísio. Enquanto o primeiro era bastante risonho, inquieto e movimentava-se com facilidade, o segundo era mais tranquilo, pouco sorria, quase não chorava, de modo que não dava trabalho a mais para a babá ou para Mércia.

— São espíritos diferentes — dizia Mércia à mãe, quando comentavam o assunto. Depois, procurava não se preocupar com aquilo e ia fazer outras coisas.

Pouco tempo depois da conversa que Mércia tivera com a mãe, Maria, irmã de Filomena, chegou à mansão. A mulher entrou pela porta da frente sentada em uma cadeira de rodas e guiada por Rosângela, uma moça simpática que resolvera acompanhar Maria por não ter mais nenhum parente em Presidente Prudente. A jovem adorava o trabalho de cuidar da senhora doente.

Maria tinha mais de sessenta anos, mas aparentava ser mais jovem. Era mais morena que Filomena, tinha os olhos brilhantes, alegres e profundos, e, quem a visse logo de primeira nunca imaginaria que ela se tratava de uma pessoa tão doente. Maria parecia ter ficado paralítica por algum motivo e não sofrer de mais nada.

A verdade, porém, era outra. Maria vivia bem com o marido Venâncio, um policial militar aposentado, quando, durante uma madrugada, três homens encapuzados e armados invadiram a casa. Quando entraram no quarto do casal, um deles, com a voz que o ódio deixava rouca, disse:

— Você matou meu irmão apenas porque ele era viciado em drogas e dava trabalho à polícia. Meu irmão era bom, ia se recuperar, mas você não permitiu que ele vivesse o suficiente para se tornar um homem de bem! Você fez o mal, tirou a alegria de nossa mãe e agora pagará caro por isso. Pagará com a própria vida.

Venâncio ainda tentou levantar-se para pegar a arma que estava guardada numa gaveta do criado-mudo esquerdo, mas não teve tempo. O homem atirou duas vezes e esperou para ver se ele ainda estava vivo. Desesperada com a cena e percebendo que o marido ainda respirava, Maria jogou-se em cima de Venâncio na tentativa de evitar o tiro de misericórdia que o assassino daria, mas acabou sendo alvejada. A bala atingiu a coluna da mulher e atravessou impiedosamente a medula.

Os vizinhos ouviram o barulho, e a rua ficou em polvorosa. Os assassinos, percebendo que podiam se complicar e serem presos, fugiram sem deixar pistas.

Quando a polícia chegou à casa, encontraram Venâncio morto e Maria desmaiada. Os dois foram levados ao hospital, e, enquanto a perícia cuidava do corpo de Venâncio, os médicos operavam Maria. Horas depois, ela acordou chorando:

— Digam-me que meu Venâncio não morreu! Pelo amor de Deus!

— Senhora, seu marido morreu em casa, antes de chegar aqui. Tente se conformar.

O pranto de Maria foi ouvido em todo o hospital. Ela casara-se por amor e vivia muito feliz com Venâncio. Ela não podia gerar filhos, mas isso nunca tornou o casal infeliz. Os dois saíam muito, viajavam, e ela sempre gostou de ser uma mulher do lar. Nunca estudara para ter uma profissão, pois o que gostava mesmo de trabalhar arrumando, organizando, cozinhando e deixando tudo sempre na mais perfeita ordem em casa.

Na tarde do mesmo dia, Maria, que fora novamente sedada, acordou. O doutor Furtado foi vê-la:

— Como se sente, dona Maria?

— Fisicamente bem, mas destruída com a morte de meu marido. Sei que, a partir de hoje, nunca mais serei feliz.

O médico limitou-se a dizer:

— Lamento muito, senhora, mas a morte faz parte da vida. Todos nós morreremos um dia.

Novas lágrimas escorrerem abundantes dos olhos de Maria, enquanto o médico a examinava minuciosamente. Foi aí que Maria experimentou um desespero maior que a morte do marido: ela não estava sentindo as próprias pernas. Das coxas para baixo era como se ela não existisse.

Um grito agudo de desespero ecoou novamente pelos corredores do hospital, e doutor Furtado pediu:

— Dona Maria, a senhora precisa ter calma. A bala que a atingiu perfurou sua medula. A senhora foi operada essa madrugada, conseguimos retirar o projétil, mas, infelizmente, a senhora está paraplégica. A partir de agora, não poderá mais andar nem terá controle sobre nenhuma função orgânica abaixo da cintura.

Maria parecia estar imersa no pior dos pesadelos. Ela, que sempre fora ativa, trabalhadeira, disposta, perdera não só o companheiro de uma vida inteira como o movimento das pernas. Estava presa para sempre a uma cadeira de rodas, dependendo dos outros para as coisas mais básicas.

Nesse instante, Maria chorou como nunca chorara em sua vida. Nunca fora uma mulher religiosa, mas seguia o catolicismo por convenção de sua família e de seu marido. De vez em quando, ia a missas aos domingos ou participava de alguma celebração na Semana Santa, mas depois não fazia mais nada. Não foram poucas as vezes em que as beatas bateram na sua porta para convidá-la a participar mais ativamente das coisas da Igreja e se engajar em alguma pastoral ou grupo religioso, mas ela nunca cedia. E naquele momento, presa numa cama de hospital, viúva e paraplégica, Maria prometeu a si mesma que não acreditaria mais em Deus e nunca mais faria uma oração em sua vida. Estava convencida de que Deus não existia, pois, mesmo sendo muito bondosa e nunca tendo feito mal a ninguém, Ele permitira que um bandido invadisse sua casa e lhe fizesse aquele estrago irreversível.

Venâncio também era um homem bom, e ficara claro que o crime fora motivado por vingança. E mesmo que tivesse matado alguém, ele, em contrapartida, havia salvado a vida de muitas pessoas. Será que para Deus isso não contava? Por que Ele não o protegeu?

Essas perguntas ficaram sem resposta, e Maria também não estava disposta a procurar por elas. Era possível que Deus não existisse. Ele provavelmente era fruto das ilusões humanas ou, se existisse, pouco dava importância aos seres que criara. Com o coração endurecido, ela olhou para o médico e disse:

— Tudo bem. Quais serão minhas restrições?

— A senhora não poderá morar sozinha e precisará contratar alguém especializado para cuidar de sua rotina. Uma boa enfermeira, de preferência. A paraplegia a impede de ter domínio sobre o sistema excretor, ou seja, a senhora não poderá controlar os momentos de urinar ou defecar. Isso acontecerá espontaneamente, por isso deverá usar fraldas geriátricas e ter uma pessoa que a troque quando fizer suas necessidades fisiológicas.

O médico estava sendo muito didático e frio, deixando Maria irritada:

— O senhor fala como se não houvesse mais jeito para minha situação, nenhuma melhora. Quero que seja o mais honesto possível! Há chances de reverter meu caso?

Doutor Furtado, percebendo que talvez houvesse se excedido, conciliou:

— A senhora fará exercícios fisioterapêuticos constantes para que seus músculos não se atrofiem e sua aparência continue boa. O acompanhamento médico com um gastroenterologista a ajudará nas funções excretoras para que infecções desnecessárias ou outros problemas que causem mais desconforto sejam evitados, mas, infelizmente, a senhora não poderá voltar a andar. Assim que sair daqui e estiver pronta, procurará o ortopedista que a operou, e ele lhe dirá o mesmo. Uma lesão tão grave na medula é irrecuperável. Existem alguns testes realizados nos Estados Unidos e na Suíça com células-tronco, mas não se chegou ainda a nenhum resultado animador. O desafio da ciência nessa área é fazer as células-tronco, que são capazes de produzir quase todos os órgãos do corpo humano, curarem a lesão medular, restaurando-a e fazendo, assim, o paciente voltar à sua vida normal. Repito, contudo, que até agora nada de promissor foi obtido. — Vendo que Maria chorava baixinho, ele contemporizou: — Não se desespere tanto. A senhora está viva, e isso já é um presente divino. A medicina avança a cada dia e a passos largos. Logo, logo nos surpreenderemos com uma notícia animadora para seu caso.

Maria enxugou as lágrimas e perguntou:

— E o corpo de meu marido?

— Já foi liberado para o velório e o sepultamento, mas, infelizmente, a senhora não poderá ir. Sua cirurgia foi bastante delicada, e seu repouso deve ser absoluto por muitas semanas. Qualquer movimento errado pode complicar ainda mais sua situação.

— Não é justo, meu Deus! — bradava ela em desespero. — Nem ao enterro do meu marido poderei ir!

— Dona Maria, em compensação, a senhora é uma pessoa muito amada e há muita gente querendo visitá-la, principalmente sua irmã Filomena, que, desde que soube do ocorrido, está aí aguardando o horário de visitas.

A menção ao nome de Filomena alegrou o coração de Maria. Ela amava a irmã com muita força e sabia que só sua presença poderia aliviá-la naquele momento tão triste.

Quando Filomena entrou no quarto e pegou as mãos da irmã e alisou-lhe os cabelos, Maria chorou mais uma vez, mas dessa vez de emoção. Filomena aproximou-se da irmã e, chorando, começou a afagar-lhe os cabelos, sem ter o que dizer. Maria queixava-se entre soluços:

— Por que isso me aconteceu? Responda, minha irmã! Por que a vida fez isso comigo?

Filomena notou que as palavras proferidas pela irmã não vinham de uma tristeza ou de um desespero comuns, mas de uma profunda mágoa com a vida. Ela prometera que não iria chorar diante de Maria, que iria mostrar-se forte, mas, ao se deparar com o sofrimento da irmã, não conseguiu conter as lágrimas que saíam teimosas de seus olhos. Filomena também fora muito revoltada com a vida, principalmente na época em que era muito pobre e em que praticamente foi expulsa de casa pelo pai, pois ele não tinha condições de alimentar tantas crianças. Depois de muito tempo, contudo, ela venceu a revolta. A vida lhe mostrara que o que pai lhe fizera foi o melhor que poderia ter acontecido, pois foi por meio dessa situação que ela conheceu Cecília, Afonso e teve sua filha Mércia, seu grande tesouro.

Filomena esperou que o pranto de Maria serenasse e disse:

— Eu não tenho essa resposta, minha querida. Todos os dias, tragédias acontecem com muita gente, sem que ninguém tenha explicação para isso. As religiões dizem que tudo é vontade de Deus, mas não acredito nisso. Ninguém, na verdade, sabe explicar por que a vida, às vezes, é tão injusta e cruel. Penso, no entanto, que mergulhar na revolta não alterará seu estado. Vim aqui não apenas para visitá-la, mas para fazê-la melhorar psicologicamente. Não sairei daqui enquanto não a vir melhor e mais conformada.

— Nem ao enterro do meu marido poderei ir, minha irmã, mas lhe peço que vá e me represente diante dos parentes de Venâncio. Nossos irmãos sumiram pelo mundo, e eu não tenho notícias de nenhum deles. Enquanto nossa mãe ainda vivia, Ronaldo ainda me escrevia, mandava notícias, mas, depois que ela morreu, nunca mais soube dele. Somos só eu e você agora.

Filomena ficou mais alguns minutos no quarto, despediu-se da irmã e seguiu para o cemitério, Chegando lá, seguiu para a saleta onde estava sendo velado o corpo de Venâncio.

A família estava desconsolada. Venâncio morrera com quase sessenta anos, mas sua mãe ainda estava viva, e ele tinha muitos irmãos, sobrinhos e outros parentes que não conseguiam se conformar com o assassinato de que ele fora vítima.

À medida que a madrugada avançava, o velório foi se esvaziando, e Filomena finalmente pôde se aproximar de Vinícius, o irmão caçula de Venâncio, com quem ele tinha uma forte ligação. Com certo receio, perguntou:

— Alguém já sabe quem cometeu essa barbaridade?

Vinícius respondeu com os olhos vidrados de raiva:

— A polícia está se empenhando ao máximo para descobrir, porém, está sendo difícil chegar ao verdadeiro criminoso. Esta cidade possui dezenas de viciados em drogas e pequenos traficantes, que dão trabalho excessivo à polícia por perturbarem a ordem geral e manterem o povo em constante estado de alerta. De vez em quando, um ou outro é misteriosamente assassinado. Algumas pessoas dizem que é a polícia tentando livrar-se de mais trabalho, mas nem sempre é isso o que ocorre. Essas pessoas que vivem neste submundo podem ser mortas por qualquer um.

— Então, você acha que Venâncio realmente não matou ninguém?

Ao ouvir aquela pergunta, Vinícius irritou-se ainda mais:

— Então, você acha que meu irmão era um assassino? Até você, Filomena? Eu lhe garanto que, se Maria souber de sua suspeita, não gostará nada.

Nervosa, Filomena tentou contemporizar:

— Não foi isso o que eu quis dizer, perdoe-me. Não estou dizendo que Venâncio era um assassino intencional, mas todos nós sabemos que quem lida com criminosos, com pessoas de alta periculosidade, age muitas vezes no impulso de defesa, atirando antes de qualquer coisa. É possível que Venâncio tenha matado alguém sem que, contudo, apresentasse essa intenção.

Vinícius calou-se por alguns minutos. No fundo, ele sabia que Venâncio era um policial violento, que gostava de agredir sem necessidade e que ameaçava constantemente aqueles que burlavam a lei e a ordem. Dessa forma, era muito provável que ele realmente tivesse assassinado algum usuário de drogas que volta e meia vivia dando trabalho aos policiais, que, muitas vezes, não viam outra solução a não ser matar. Mesmo assim, não poderia admitir aquilo para ninguém, muito menos para Filomena. Por isso, Vinícius disse:

— Talvez ele tenha matado alguém sem querer, mas nada justifica a morte que teve. Presidente Prudente perdeu um grande cidadão, e a polícia não sossegará até encontrar o culpado e fazê--lo pagar como merece.

Filomena deu por encerrada a conversa e foi pegar mais um copinho com chá. Não gostava do clima de velórios e enterros. Nessas ocasiões, ela sempre ficava inquieta e sentindo-se mal, mesmo que o defunto não tivesse tanta proximidade com ela. Agora, ali, diante do esquife do cunhado, seus sentimentos de inquietação e mal-estar aumentavam, mas não podia fazer nada. Estava representando a irmã e teria de permanecer toda a madrugada ali e acompanhar tudo até a hora do sepultamento. Resignada, ela, então, sentou-se em outra cadeira, distante de outras pessoas, e começou a tomar seu chá.

Após uma madrugada triste, o enterro de Venâncio aconteceu bem cedo na manhã do dia seguinte.

Filomena permaneceu em Presidente Prudente até Maria receber alta e voltar para casa. Devido à necessidade de cuidados constantes, Filomena pediu indicações de uma técnica de enfermagem no próprio hospital e passaram-lhe o contato de uma jovem chamada Rosângela, que acabara de se formar e procurava emprego. A enfermeira que a indicara disse que a moça precisava trabalhar, pois praticamente não tinha família e fora criada por uma tia que já estava muito idosa e cuja aposentadoria mal dava para mantê-las e para comprar os inúmeros remédios que tomava.

Com a morte de Venâncio, Maria receberia uma boa pensão do marido e, com isso, poderia pagar a moça. Filomena pediu que Rosângela as procurasse, e ela o fez no mesmo dia.

Rosângela era uma mulher negra sorridente e simpática, de corpo esguio e bem-feito e cabelos naturalmente encaracolados, cortados na altura dos ombros, mas o que mais chamava atenção em sua figura eram seus olhos castanho-claros, que pareciam sorrir e emitir um brilho diferente, profundo e acolhedor. Acostumada a lidar com o ser humano, Filomena percebeu que a moça se tratava de excelente pessoa.

Os primeiros dias foram difíceis. Maria entrou em profunda depressão devido aos dois fatos trágicos que se abateram sobre ela. Ela negava-se a tomar banho ou ter suas fraldas trocadas pela enfermeira. Além do mais, recusava-se a tomar os inúmeros remédios que os médicos haviam prescrito e que a auxiliariam a ter menos complicações devido à paraplegia.

Quase um mês depois, Maria começou a apresentar uma melhora e a ceder ao tratamento e aos cuidados de Rosângela. Vendo que a irmã estava pronta para seguir sozinha, Filomena finalmente se despediu e voltou para São Paulo. A ausência da irmã, contudo, provocou uma nova crise depressiva em Maria, mas Rosângela conversava bastante com ela e acabou por distraí-la, dissipando a tristeza e a melancolia que queriam tomar conta de sua paciente.

Dois meses depois, Maria já estava completamente acostumada à presença de Rosângela e passara a vê-la como uma grande amiga. Em uma tarde, enquanto assistiam à televisão, Maria olhou para a moça e perguntou:

— Você parece ser muito jovem. Quantos anos tem?

— Vinte e um — respondeu Rosângela.

— Você me disse que, antes de vir para cá, morava com sua tia, que é uma senhora muito idosa. Com quem a deixou para vir morar aqui?

— Dona Maria, minha tia tem noventa e quatro anos e sofre de demência. Está completamente senil. Já não me reconhece e, até para fazer as coisas mínimas, como pentear o cabelo ou tomar um copo com água, dependia de mim. Senti muita pena em ter de deixá-la, mas seria pior se ficássemos juntas só com o dinheiro de sua aposentadoria. Havia dias em que faltava comida em nossa casa, pois os remédios eram mais importantes, então, eu comprava os medicamentos e a alimentação para ela, mas eu ficava sem comer. Para lhe ser sincera, já atravessei até três dias sem comer nada sólido, apenas me alimentando de água e sucos.

Maria sentiu pena de Rosângela. Tão moça e já sofrendo os revezes da vida. Quanto mais o tempo passava, mais Maria acreditava que a vida era realmente injusta e que Deus não deveria ter tempo ou não dava importância ao sofrimento dos seres que Ele mesmo criara. Interessada na vida da cuidadora, ela continuou:

— Mas onde a deixou para vir morar aqui?

— No asilo aqui da cidade. Lá, ela é bem cuidada e não lhe falta nada.

Maria horrorizou-se. Uma das coisas que ela julgava mais injusta era que pessoas jovens, depois de terem sido criadas com todo amor e carinho por pais e avós amorosos, os jogassem em asilos ou em casas de repouso sem irem ao menos visitá-los.

Rosângela percebeu que o semblante de Maria se fechara e logo deduziu o que ela estava pensando:

— Sei que a senhora está pensando que fui cruel ao deixar minha tia num asilo, mas acredite que não foi crueldade ou descaso. Fiz isso porque era o melhor para nós duas. Não era justo que eu continuasse passando fome ou que, para comer, tirasse do dinheiro dos remédios dela. Nós não temos mais parentes. O único emprego que encontrei depois de me formar foi este, então, a melhor solução foi colocá-la na casa de repouso, não sem antes procurar referências. Lá, os idosos são bem tratados, e tudo é muito limpo e organizado. Minha tia não reconhece mais ninguém, então, tanto faz estar em minha companhia ou no asilo. Além do mais, trabalhando, eu posso ajudá-la nas medicações que faltam. Ela só está viva por causa dos inúmeros remédios que toma. Alguns são tão caros que, se não fosse a ajuda da prefeitura, ela já os teria deixado de tomar. Muitas vezes, no entanto, esses remédios faltam, então, praticamente todo o dinheiro da aposentadoria de minha tia ficava na farmácia. Para termos o que comer, eu precisava deixá-la sozinha para fazer faxinas ou para lavar roupa em casas distantes. Por isso, creia que, embora pareça crueldade, o que fiz foi o melhor.

Maria admirou-se com a moça. Apesar de nova, Rosângela demonstrava grande altruísmo e espírito de renúncia. Ela perguntou:

— E o que aconteceu com seus pais?

— Meus pais vieram do Nordeste com minha tia faz mais de vinte anos. Eu nasci aqui, mas, quando completei dois anos de vida, um trágico acidente levou meus pais de volta ao mundo espiritual. Minha tia, que era solteira, já tinha mais de setenta anos e foi ela quem acabou de me criar. Os parentes que tenho vivem muito longe daqui, no interior do Piauí, por isso, eu sempre digo que, quando minha tia morrer, estarei sozinha no mundo e devo ter forças para conduzir minha vida da melhor forma possível.

Maria prosseguia cada vez mais admirada:

— Você falou que seus pais retornaram ao mundo espiritual. Que tipo de crença você tem?

— Acredito que a vida continua depois da morte e que aqueles que morrem vão apenas na nossa frente. Um dia, dona Maria, quando chegar a nossa hora, também retornaremos ao mundo espiritual e os encontraremos.

Maria surpreendeu-se:

— Você acha mesmo? Então, meu marido está vivo em outro lugar, e um dia eu poderei encontrá-lo?

— Com certeza. O que morreu foi o corpo do seu marido, mas o espírito dele continua igual, sentindo, amando, tendo saudades, tudo como era na Terra.

— Como eu gostaria de acreditar nisso! Respeito sua crença, mas não quero me iludir. A Igreja Católica diz que quem morre não volta. Não acredito nisso.

Rosângela sorriu:

— Tudo bem. Agora vamos ligar novamente a televisão. Vai começar aquele programa de que a senhora gosta.

Rosângela ligou a TV, mas Maria não conseguiu prestar atenção ao programa, pois ficou rememorando as palavras da cuidadora. De vez em quando, ela observava Rosângela e pensava: "Como ela pode ser tão alegre com a vida que tem?". Sem conseguir encontrar uma resposta para aquela pergunta, Maria resolveu focar sua atenção no programa e logo se esqueceu de tudo.

Capítulo 22

Os dias foram passando tristes e monótonos para Maria, que se conformara com a morte do marido e com sua nova situação. A impossibilidade de andar e a solidão afetiva, no entanto, traziam muita angústia a seu coração. Maria não blasfemava mais ou se queixava por estar em uma cadeira de rodas, mas aquela situação a estava adoecendo mentalmente. Ela sempre fora ativa, nunca ficava parada, e aquela ociosidade estava sufocando seu peito, fazendo-a temer de que pudesse estar depressiva.

Em mais uma tarde de domingo, Maria estava assistindo a um programa de auditório, enquanto Rosângela, sentada numa cadeira de balanço ao lado, lia um livro atentamente. O programa estava chato, então Maria, tentando iniciar uma conversa com a cuidadora, perguntou:

— Que livro é esse que você não para de ler?

— É *O porquê da vida,* do escritor e filósofo espírita Léon Denis.

— O porquê da vida... o título é interessante. Ele explica por que uma pessoa ativa, boa, que nunca fez mal a ninguém, está hoje entrevada e presa a uma cadeira de rodas, precisando de alguém até para fazer as necessidades fisiológicas?

Havia um tom de revolta na pergunta de Maria, e Rosângela, fechando o livro com um marcador, disse:

— Este livro explica o que estamos fazendo aqui na Terra e por que a dor bate à nossa porta, dona Maria. A senhora não tem interesse em saber?

Maria deu de ombros, mas no íntimo queria saber qual era a explicação do espiritismo para casos como o dela.

Apesar de Maria não ter dado uma resposta, Rosângela começou:

— Todas as pessoas que estão encarnadas na Terra têm um objetivo superior a cumprir. Uns estão em missão, mas a maioria está em provas ou expiações, ou seja, vivendo situações para desenvolver a consciência e conquistar a felicidade. Nesse sentido, todas as coisas que nos acontece são para o melhor, mesmo que, imersos na revolta e na dor, não possamos perceber.

— Então estou sendo provada ou expiando algum erro do passado?

— A senhora está vivendo uma provação, sim, mas pode não ser uma expiação. Nem toda prova é expiação, mas toda expiação é também uma prova.

— Como assim? Nunca ouvi falar dessas coisas.

— As provas são os acontecimentos da vida que escolhemos antes de nascer ou que atraímos na existência presente para nos fazer refletir, modificar nossas crenças, aprender como a vida funciona e conquistar a paz interior. Por isso, diante de um sofrimento, seja ele qual for, em vez de nos revoltarmos, devemos orar e pedir a Deus que nos mostre o que precisamos aprender com ele. Uma vez aprendida a lição, o sofrimento acaba.

"A expiação é o resultado de erros cometidos em encarnações passadas. Nós somos espíritos ainda ignorantes e iludidos com a vida material e, muitas vezes, em nome disso, cometemos crimes ou erros tão graves que estes ficam marcados em nossa consciência de forma profunda. É possível que não nos arrependamos enquanto estamos vivos na Terra, mas, depois da morte, o arrependimento sempre vem, e a maioria das pessoas não consegue lidar com ele de forma positiva. Esses indivíduos acham que só passando pelo mesmo sofrimento que infligiram aos outros é se verão livres da tortura do remorso. Assim, mesmo não tendo cometido nada na vida presente, essas pessoas, um dia, se verão frente a frente com uma dor muito grande, que as fará acordar e buscar evolução."

Maria questionou:

— É como se estivéssemos pagando por esses erros?

— Não, Deus não cobra, por isso ninguém paga por nada. A expiação é criada pelo próprio espírito a fim de se libertar de suas culpas e aprender a nunca mais fazer o mal. A expiação, mesmo quando escolhida antes do reencarne, pode não acontecer ou ocorrer de forma mais branda, no entanto, para que isso aconteça é preciso despertar a consciência e viver dentro do verdadeiro bem e do amor incondicional.

Emocionada, Maria disse:

— Sempre fui uma pessoa boa, nunca desejei o mal a ninguém, então, só posso estar expiando um erro que cometi. Devo ter deixado alguém paralítico na vida passada.

— Pode ser que sim, mas hoje, o que isso importa? Não podemos voltar atrás e corrigir o que passou. A vida anda, tudo se movimenta sempre pra frente, e estamos sempre buscando a evolução. Querer parar justificando o passado não é evoluir, mas estagnar. Não importa o que você fez no passado, mas o que pode fazer agora para transformar sua situação. Mesmo que tudo isso seja uma expiação, algo que não tem mais jeito, ainda assim pode ser amenizado e melhorado. Comece por se perguntar: por que atraí isso para mim? O que preciso aprender com essa situação? Como toda expiação é também uma prova, há algo de muito profundo a se aprender com ela.

Maria pegou nas mãos de Rosângela e pediu:

— Me ajude, por favor, Rosângela. Não posso mais continuar assim. Estou muito triste e angustiada por dentro. Se continuar desse jeito, entrarei em depressão.

— Eu posso ajudá-la lhe explicando como a vida funciona, mas isso só dará certo se você mesma acreditar nisso e colocar em prática. Para parar de sofrer, a primeira coisa que precisa fazer é aceitar o que lhe aconteceu.

— Como posso aceitar uma coisa horrível como essa?

— Embora a senhora ache que sua dor seja a maior do mundo, existem muitas pessoas que sofrem mais que a senhora, sem, contudo, se lastimarem e se entregarem à infelicidade. Aceitar o que não podemos mudar é o único caminho para encontrar a paz. No dia em que a senhora aceitar sua nova condição e que tudo o que lhe aconteceu foi para o melhor, buscando outras formas de ser feliz, sua vida mudará, e a alegria voltará a morar em seu peito.

Maria chorava ouvindo aquelas palavras ditas com tanto carinho pela jovem, contudo, ela não acreditava que pudesse ser feliz novamente. Como poderia ser feliz sem o marido a quem tanto amava e ainda paralítica, sem chances de cura?

— Sei que quer me ajudar e sinto que você é uma pessoa muito sábia, Rosângela, mas não vejo como voltar a ser feliz do jeito que estou. A vida me tirou tudo, até meus passos. Mesmo que eu aceite esta situação, meu destino é depender sempre dos outros e continuar presa a uma cadeira de rodas.

Rosângela disse séria:

— Essa é uma escolha que a senhora está fazendo, dona Maria. A senhora está optando pela infelicidade, mas lhe garanto que a felicidade é possível, e, se quiser, poderá conquistá-la a qualquer momento.

— De que forma? Por favor, me mostre. Não aguento mais lidar com a tristeza que invade meu coração.

— Em primeiro lugar, a senhora precisa voltar a se ocupar. Ninguém pode ser feliz sem trabalhar, sem movimentar a mente, sem se ocupar com algo útil. Desde que a senhora voltou do hospital, passou a viver em frente à televisão, deitada na cama, calada, dormindo durante o dia ou rezando o terço várias vezes seguidas. Se continuar assim, sua mente adoecerá, e a senhora entrará em depressão. Com isso, terá de tomar remédios fortes, que a manterão dopada quase o tempo inteiro e, o pior, viciada nesses medicamentos. É isso o que quer para sua vida?

Maria tremeu por dentro:

— Não! Já está ruim como estou, imagina se eu entrar em depressão? Quero sair desse estado, não posso ficar assim. Você me disse que preciso me ocupar, mas o que uma cadeirante pode fazer?

— Muitas coisas, dona Maria. Não é porque se tornou cadeirante que esteja inútil ou morta. A senhora precisa aprender a ocupar seu tempo com coisas úteis e de que goste de fazer. Assim, seu tempo será preenchido por inteiro.

— Como posso fazer isso?

— O que acha de montarmos uma espécie de agenda de atividades diárias? Nela preencheremos todas as horas de todos os dias da semana. A senhora terá de realizar atividades de trabalho, exercícios físicos, contato com a natureza e lazer. Não sei se já

183

notou, mas, mesmo quando não tenho trabalho com a senhora, eu estou sempre ocupada.

Maria observou:

— É mesmo. Você está sempre lendo ou escrevendo alguma coisa que não sei o que é. Além disso, ainda faz roupas de crochê, borda, faz merendas gostosas. Realmente, você nunca está parada.

— A senhora se esqueceu de dizer que também faço a limpeza da casa, cuido das plantas e dos dois gatos que a senhora abandonou. Tadinhos!

Maria esboçou um leve sorriso, mas prosseguiu curiosa:

— E como será essa minha agenda?

— A senhora é quem decidirá. O que não pode é ficar o tempo inteiro em frente a uma televisão, pois isso adoece qualquer um. Para ser feliz, o ser humano precisa trabalhar, estar em contato com outras pessoas, com a natureza, sentir-se útil, movimentar-se. Tenho uma proposta que, se a senhora aceitar, poderá ser muito boa.

— Qual é?

— No Centro Espírita que eu frequentava antes de vir morar aqui, o pessoal sempre faz campanhas do agasalho, o que inclui roupas para o frio, além de confecção de enxovais para gestantes, panos de prato, toalhas de mesa, de banho, todas bordadas para vendermos no bazar. Com o dinheiro que adquirimos, ajudamos as famílias que estão em dificuldade de se manter por um motivo ou por outro. Quer colaborar?

Maria sabia bordar e tricotar muito bem. Ela e a irmã foram criadas com dificuldade, tiveram muitos irmãos, mas sua mãe as ensinara as prendas domésticas, e ela aprendera a costurar, bordar, fazer tricô, entre outras coisas. "Posso colaborar, sim!", pensou. Aquela ideia a animou.

— Quero colaborar. Como faço para começar?

— Preciso fazer dez cachecóis, dona Maria, pois o inverno está chegando. Cada membro da casa espírita ficou com algo para fazer. Eu me propus a tricotar os cachecóis e bordar panos de prato. Se a senhora me ajudar, além de entregarmos essas peças mais depressa, poderemos, juntas, fazer muito mais por essas pessoas, que serão diretamente beneficiadas.

Maria estava alegre e comentou:

— Sei fazer lindas cobertas de retalhos. Como não posso mais costurar na máquina, posso alinhavar os retalhos e montar as cobertas para que depois você as costure. Minha máquina de costura é nova, não tem nem três anos que comprei para consertar as roupas de casa. É elétrica, o que facilita muito.

Rosângela já começou a notar que Maria se modificara. Bastou falar em trabalho para ela alegrar-se. A moça sabia que o trabalho é Lei da Vida e que ninguém pode ser feliz longe dele. Rosângela prosseguiu:

— Também gostaria de convidá-la para estudar comigo a doutrina espírita. Sei que a senhora é católica, mas noto que deseja aprender sobre a vida espiritual.

— Sim. Depois que a conheci e comecei a notar o quanto você é uma moça feliz e equilibrada, tenho desejado aprender sobre essa doutrina, que só pode ser muito boa.

Rosângela sorriu:

— Fico feliz que queira aprender. O que acha de começarmos a fazer sua agenda e dividir as tarefas da manhã, da tarde e da noite? — notando que Maria a ouvia com muita atenção, ela continuou: — Todos os dias pela manhã, depois que fizermos sua higiene e tomarmos o café da manhã, a senhora tricotará os cachecóis e bordará as toalhas e os panos de prato. Enquanto isso, eu cuidarei da casa e da comida. A senhora também poderá me ajudar tirando o pó dos móveis baixos. Tudo que ocupa as mãos tira os pensamentos ruins da cabeça, mas nada de silêncio! Ligaremos esse aparelho de som que está aí parado e colocaremos numa rádio boa, que toque músicas alegres. Poderíamos também ouvir os discos dos cantores que a senhora gosta e comprarmos os lançamentos. A música também é uma terapia. Não deveríamos fazer nada sem o auxílio dela, a não ser as tarefas que exigem de nós silêncio. Quando invade o ambiente, a música o torna alegre, muda nossa atenção e atrai boas energias. Devemos, contudo, evitar canções tristes, barulhentas demais ou as que incitam a violência ou o sexo vulgar e desregrado. Devemos selecionar só músicas boas, com letras que elevem a alma e nos deixem felizes. Quando morava com minha avó, eu tinha uma pequena radiola e um rádio. Tive que vendê-la para ajudar a comprar os remédios dela, mas Deus foi tão bom que me trouxe até aqui, onde pude, novamente, ter acesso a tudo isso.

Cada vez mais admirada, Maria perguntou:

— E o que faremos à tarde?

— Sugiro que, depois de almoçarmos e descansarmos, a senhora durma por uma hora, enquanto eu faço o trabalho da cozinha e escrevo minhas cartas.

— Mas você mesma disse que eu vivia dormindo de dia e que isso era errado.

— A senhora dormia horas e horas, querendo fugir da realidade, dona Maria. Não é isso que estou lhe propondo, mas apenas uma hora de sono. Dormir depois do almoço faz muito bem à saúde, e a medicina já comprova isso. O sono equilibrado é uma forma de recuperar energias e estar em contato com seres do mundo astral superior.

— E depois que eu acordar?

— Sugiro que, depois da sua sesta, façamos uma hora de estudo do espiritismo. Começaremos com *O Livro dos Espíritos* de Allan Kardec, que é uma obra de fácil entendimento. Nela Kardec fez perguntas aos espíritos superiores, e eles responderam.

— Os espíritos responderam? Os mortos?

— Ninguém está morto, dona Maria. Não existe morte; só existe vida, e a senhora entenderá isso com nossos estudos. E, então? Que acha da ideia?

— Acho ótima! Estou vendo que minha vida mudará. Gostaria que continuasse a falar de minha agenda. O que faremos depois?

— Depois, passearemos naquela praça grande que fica em frente à igreja. Aquela que a prefeitura reformou e encheu de plantas e flores. O contato com a natureza, com o ar puro, renovará sua alma. Todos os dias, aproveitaremos o fim da tarde naquela praça. Lá passa muita gente, então, poderemos conversar com as pessoas, fazer novas amizades, e a senhora observará os pássaros voltando em revoada para seus ninhos. É lindo. Tenho certeza de que, mesmo morando tão perto da praça, a senhora nunca foi lá para ver isso.

Maria meneou a cabeça negativamente.

— As pessoas não estão acostumadas a cultivar o belo nem observá-lo, dona Maria. Se soubessem o quanto isso é importante para a saúde mental, espiritual e física, passariam a incluir esse tipo de atividade em suas rotinas.

— E quando chegar o inverno e não pudermos ir à praça? — Maria parecia uma criança programando suas brincadeiras.

Rosângela tornou:

— Quando o inverno chegar e a chuva cair fininha, faremos um chá bem gostoso depois de nosso estudo, e cada uma de nós lerá um belo romance espírita. Poderíamos também assistir a um bom filme, o que acha?

Maria gostou da ideia, mas não tinha o hábito de ler nem de assistir a filmes. Certa vez, Venâncio comprara-lhe uma coleção de luxo, de capa dura, do escritor Eça de Queiroz, mas o fez porque as pessoas da época diziam que era chique ter uma coleção daquele escritor em casa. Nunca, contudo, folhearam um daqueles livros. Maria também não tinha o costume de assistir a filmes. O marido gostava de filmes violentos, de *bang bang*, porém, ela não gostava de acompanhá-lo nesses momentos. Só Venâncio ligava o videocassete da casa.

— Não tenho o hábito de ler. Nunca li um livro completo, a não ser alguns trechos da Bíblia. Os romances espíritas são bons?

— São ótimos! Por meio deles aprendemos, pelos exemplos das histórias, tudo aquilo que estudamos nas obras básicas.

— E os filmes? Quais iremos assistir? Também não tenho esse costume.

— Pois verá como é bom. Um filme, além de ser um passatempo ou lazer, pode nos ajudar a entender várias coisas por meios dos exemplos que trazem, por isso devemos sempre escolher os românticos, com temáticas espirituais, as comédias ou os grandes clássicos do cinema. Tenho certeza de que a senhora vai gostar muito de assistir ao filme *E o vento levou!*.Maria pareceu meditar e depois disse:

— Nunca gostei de assistir a filmes, pois meu marido só gostava dos violentos.

— Há quem goste de filmes violentos, de ação, de terror e de sexo, mas, sempre que pudermos, devemos evitar esses gêneros. Um filme, um seriado ou uma novela, por mais que sejam ficção, atraem nossa atenção e mexem com nosso emocional. Nós nos envolvemos e criamos energias de acordo com aquilo a que estamos assistindo. É comum que, quando terminamos de assistir a coisas assim, nos sintamos mal, angustiados, ansiosos, com medo, pois, além de mexer com nosso emocional, os espíritos perturbados que circulam pela crosta terrestre são atraídos pela força do nosso pensamento, que se liga às emoções negativas do filme ou da novela a que estamos assistindo. Esses espíritos, mesmo que não se tornem nossas companhias ou fiquem por pouco tempo conosco, são suficientes para nos desequilibrar mentalmente, espiritualmente e até fisicamente.

Maria abriu os olhos mostrando certo espanto. Rosângela percebeu o gesto e disse:

— Sei que está cheia de questionamentos sobre o que acabei de dizer, mas aprenderemos tudo isso durante nossos estudos.

— É verdade. Quanto mais você fala dessas coisas, mais quero entender. Mas prossigamos como nossa agenda! — abriu novamente um sorriso. — O que faremos à noite e nos fins de semana? Acho as noites tristes e solitárias. Mesmo quando estava com meu marido, não me sentia bem durante esse momento. Eu era tomada de um vazio que não sei explicar. E, nos fins de semana, sempre achei tudo muito ruim e monótono. Os domingos sempre me pareceram dias muito deprimentes, e, agora que estou assim, dormiria o fim de semana todo se pudesse e acordaria só na segunda-feira.

— Não adianta fugir, dona Maria. Temos de enfrentar nossos dilemas. O que a senhora sente durante as noites e os fins de semana vem de uma visão distorcida dos fatos. As pessoas criam normas, e nós acabamos as adotando em nossa vida. Muita gente acha a noite ruim e o domingo triste, mas isso é uma visão particular. Cada hora do dia tem seu encanto, como também cada dia da semana e cada estação. É muito comum também considerarem o inverno uma estação triste e angustiante, contudo, isso é apenas uma forma de ver as coisas. O inverno tem uma beleza incrível e é adorável passar por ele. Basta mudarmos nossas crenças e o encararmos com os olhos da verdade.

Maria ficou calada pensando, e Rosângela prosseguiu:

— Sugiro que não passemos todas as noites em casa. Podemos aproveitá-las para realizarmos atividades boas e prazerosas. Sempre que houver alguma festinha na praça, como as quermesses da igreja, ou quando houver apresentação das bandas locais, poderemos apreciá-las. Tenho certeza de que a senhora só saía à noite quando seu marido ia a algum lugar. A noite tornou-se ruim porque, para sua mente, ela simboliza uma prisão. Seu espírito já queria fazer algo diferente, se reinventar, e a senhora, contudo, tinha de ficar em casa assistindo à televisão. Por isso essa rotina a deixava depressiva.

— Mas eu adoro as novelas da noite.

— Isso é bom, mas fazer a mesma coisa todos os dias cria uma rotina que a deprime. Todos nós precisamos estar constantemente em mudança, senão, nosso espírito estaciona e passamos a sentir um vazio interior, tristeza e, com o tempo, uma dor no peito. Por essa razão, eu a convido a sair duas noites por semana para irmos ao centro espírita. Nas segundas-feiras, iremos às reuniões doutrinárias, que são palestras nas quais aprendemos muito sobre o espiritismo e a vida. Nas quintas-feiras, acontece lá o estudo do evangelho e a fluidoterapia. Qualquer pessoa pode ir.

— Fluidoterapia? O que é?

— É um tratamento espiritual realizado com doação de energias saudáveis e positivas, que nós chamamos de passe. Primeiro, acontece o estudo evangélico. A dirigente seleciona alguns trechos do evangelho de Jesus, e começamos a debater e a tirar nossas dúvidas. É muito bom. Todos nós podemos opinar e fazer perguntas. Isso dura uma hora. Depois, cada um é levado para a cabine de passes.

— E o passe serve para quê?

— Para equilibrar nossas energias, restaurar nossa saúde e trazer paz para nossa alma. O passe cura até doenças. Já vi casos em que pessoas desenganadas pela medicina se curaram por meio de passes, que retiram as energias ruins que há em nosso corpo físico e em nossa aura e nos abastecem com energias boas. Saímos de lá muito bem, renovados e em paz.

Maria era só alegria ao dizer:

— Você está me mostrando um mundo novo que eu não conhecia. Muito obrigada.

Rosângela sorriu, apertou a mão de Maria e continuou:

— Escolheremos também uma noite para fazermos o culto do Evangelho no Lar. Depois, eu lhe explicarei como ele funciona.

Além de nós duas, podemos convidar alguém de quem gostamos para participar.

— E como irei ao centro? É muito longe daqui, e não dá pra você me levar. Se formos tomar um táxi para isso, sairá caro.

— Não se preocupe. Sempre tem alguém com carro que poderá vir de boa vontade nos buscar e nos trazer de volta. Basta que combinemos antes.

A moça continuou:

— Nas outras noites que ficarmos em casa, aí sim, poderemos assistir às suas novelas, enquanto tricotamos, costuramos ou bordamos. Nos domingos, poderíamos sair, mas a senhora me disse que tem poucos conhecidos. Eu também não conheço muita gente, então, em vez de sairmos, poderíamos fazer de conta que é um dia do meio da semana e seguiríamos nossa programação normal. À noite, em vez de assistirmos a esses programas sensacionalistas que só falam de tragédias e doenças, sugiro que escolhamos um bom filme, continuemos a ler um de nossos romances espíritas ou nos dediquemos às nossas atividades de tricô, costura e bordado até tarde. Minha tia, quando era mais jovem, costumava costurar até a meia-noite para dar conta do serviço. Eu era criança, mas me lembro bem disso. Nunca tive o costume de dormir cedo. Desde pequena, enquanto minha tia costurava, eu ficava num canto da sala com minhas bonecas, criava um mundo só meu e era muito feliz. Essa máquina quebrou e, com o tempo, minha tia também precisou vendê-la. E aí? Gostou de nossa agenda?

Maria estava exultante:

— Adorei! Sei que serei outra pessoa a partir de agora. Você está me fazendo enxergar que viver vale a pena. Jamais poderei pagá-la por isso.

E Maria realmente encontrou a felicidade e o prazer de viver até mais do que quando o marido era vivo e tudo em sua vida tinha inúmeras regras. Às vezes, ela sofria de algumas doenças decorrentes de sua paralisia, mas Rosângela cuidava dela muito bem e raras eram as vezes em que precisava ser internada.

Quando Filomena dizia à filha que iria visitar a irmã porque ela estava muito doente, isso era mentira. Era um ardil que usava para fazer os favores que Cecília a incumbia, e raramente ia até lá. Agora, Maria fora convidada pela irmã a morar com na mansão casa na qual acontecera uma tragédia. A princípio, não quis ir, mas sua mentora espiritual lhe avisou, numa sessão no centro, que ela precisava aceitar uma mudança que iria surgir. Maria não entendeu inicialmente que mudança seria essa, mas agora, com aquela proposta, teve certeza de que chegara o momento. Ela conversou com Rosângela, que, sentindo as inspirações dos amigos astrais, disse:

— Vamos para lá. Chegou a hora de mudarmos de vida mais uma vez. Temos de ajudar aquela família, e sua irmã precisará muito de nós. Mudar é preciso. Renovemos os ares e façamos uma nova agenda. Logo, logo estaremos adaptadas e felizes novamente.

Foi com alegria que elas providenciaram a mudança e, quando Filomena chegou, as duas partiram com ela.

Capítulo 23

Rapidamente, Maria e Rosângela adaptaram-se à nova casa e continuaram desenvolvendo suas atividades com algumas pequenas alterações. As duas gostaram muito do ambiente. A mansão era cercada de um belíssimo jardim, no qual elas podiam ter contato com a natureza. Quando viu a edícula onde Filomena morara, Maria desejou viver lá com Rosângela. A princípio, Filomena não gostou da ideia, pois queria a irmã o mais próximo possível. A edícula era aconchegante e muito perto da casa, então, a mulher acabou aceitando o pedido de Maria, que, mesmo não ocupando um dos quartos da mansão, estava sempre na casa interagindo e convivendo bem com todos.

Um dia, Mércia perguntou a Filomena:

— Mãe, a senhora sempre viajava para ver a tia Maria e dizia que ela estava muito doente, mas, pelo que vejo, é uma mulher bem sadia. O que aconteceu para que se curasse tão depressa?

Filomena corou levemente:

— Nem sempre eu ia ver sua tia, filha. Na verdade, usava essa desculpa para ajudar Cecília e Afonso com os trabalhos da organização.

Notando que a mãe falava daquilo com bastante dificuldade, Mércia encerrou o assunto e foi cuidar dos filhos.

Foi com felicidade que Mércia e Vitor souberam que Maria e Rosângela eram espíritas. Numa noite, depois do jantar, a mulher contou sua história para eles, que ficaram comovidos ao perceber o quanto uma pessoa de luz e de sabedoria como Rosângela tinha o poder de modificar vidas. Mércia sempre soube que a tia e o marido dela haviam sido vítimas de um crime, provavelmente motivado por vingança, contudo, não sabia que ela se recuperara daquele trauma e se tornara uma pessoa feliz. Naquele instante, refletiu que muitas pessoas, mesmo tendo todo o corpo saudável e possuindo as duas pernas em perfeito estado, ainda se queixavam da vida, optando pela tristeza, pela queixa e pela revolta em vez de trabalharem na busca do equilíbrio interior. Infelizmente, muitas dessas pessoas só acordarão para a verdadeira vida no dia em que uma tragédia lhes bater à porta. Havia mais de dez anos que Maria estava presa a uma cadeira de rodas, mas, ainda assim, se tornara uma pessoa feliz e de bem consigo mesma.

Os dias foram passando, e Maria fascinava-se ainda mais com os gêmeos. Ela aproveitava as horas vagas para brincar com as crianças e distraí-las. Numa tarde, Maria e Rosângela estavam com eles no jardim, quando Henrique começou a chorar de repente.

— O que está acontecendo com ele? Ficou vermelhinho de repente e está agitado. Será que está com febre?

Rosângela colocou as costas das mãos na testa do menino e notou que a temperatura estava normal.

— Febre ele não tem. Será que está com cólicas? É muito comum em bebês. Vamos levá-los para dentro.

Já em casa, o menino piorou e começou a chorar com mais força. Parecia que estava com falta de ar.

Vitor estava na empresa, e Mércia ligou pedindo que ele fosse imediatamente para casa. Como o marido estava demorando muito a chegar, ela impacientou-se e chamou Filomena:

— Mãe, vamos pegar um táxi para levar Henrique ao pronto-socorro. Não sabemos o que ele tem, e meu coração de mãe já está apertado.

Uma vez no táxi, Mércia, com Henrique nos braços, começou a orar baixinho pedindo ajuda a Deus e aos amigos espirituais.

No hospital, quando a criança foi atendida, o médico olhou para Mércia e disse:

— Seu menino não tem nada de mais. Todos os sinais vitais estão ótimos. Ele não tem febre, e, mesmo com essa leve falta de ar, não creio que seja uma crise de asma. Você disse que ele já tem dez meses. Talvez esteja chorando devido ao nascimento dos primeiros dentinhos.

— Ele é gêmeo, doutor — tornou Mércia nervosa, porque Henrique ainda continuava chorando. — Os incisivos já nasceram nele e no irmão quando tinham seis meses. Os dois tiveram febre, choraram um pouco, não queriam comer direito, mas nunca nenhum dos dois teve uma crise de choro tão forte e falta de ar. Tem certeza de que meu filho está bem?

Doutor Leandro entendia bem o desespero das mães, por isso repetiu paciente:

— Garanto que sim. Provavelmente, isso que está acontecendo tenha a ver com o nascimento de um novo dente. Pode voltar para casa tranquila. Se a falta de ar aumentar ou ele tiver febre muito alta, ligue para mim. Eu o examinarei novamente e prescreverei outros medicamentos além desse analgésico que passei — e brincou: — Não tenha medo, mamãe. Seu filhinho está mais sadio do que nós três juntos.

Mércia esboçou um leve sorrindo, e Filomena respirou aliviada.

As duas mulheres saíram do hospital, e, durante o caminho de volta, o choro de Henrique começou a diminuir até cessar por completo. A criança, então, dormiu.

Quando entraram em casa, Vitor as abordou, preocupado:

— E então? O que ele tem?

— O médico garantiu que não há nenhum problema com Henrique, mas você precisava ver como ele ficou. O menino chorava muito alto, e a face dele estava muito vermelha. Nosso filho não estava conseguindo respirar direito.

Vitor franziu o cenho:

— Será que esse médico não se enganou?

— Ele parecia muito seguro. Não acredito que tenha se enganado — tornou Filomena tentando tranquilizar o genro. — Vai ver ele tomou algum golpe de ar, enquanto estava no jardim.

Maria, que vinha sendo conduzida por Rosângela, observou:

— Não foi golpe de ar, não estava ventando. A tarde estava linda e quente, e não notamos nada que tenha feito essa crise começar.

Mércia estava com medo de o filho estar doente e de o médico ter errado o diagnóstico. Ela aproveitou que Vitor estava em casa e disse:

— Ele finalmente dormiu. Vamos colocá-lo junto ao irmão.

Mércia e Vitor subiram as escadas e encontraram Eva, a babá, que brincava alegremente com Tarcísio, sacudindo um pequeno chocalho de plástico. O menino ria muito, o que fez Mércia suspirar aliviada. "Pelo menos Tarcísio não tem nada", pensou.

— Você estava no jardim quando Henrique começou a chorar? Na pressa, eu nem notei — perguntou Mércia, ainda tentando descobrir a origem do problema do filho.

— Sim. Estávamos eu, a dona Maria e Rosângela. Se a senhora acha que algo aconteceu para ele ter ficado assim, posso lhe garantir que não aconteceu nada.

Mércia colocou Henrique no berço e pediu a Eva que preparasse a mamadeira de Tarcísio. A sós com Vitor, ela abraçou-o e chorou sentida.

Vitor acariciou os cabelos de Mércia e disse:

— Não é nada de mais, meu amor. Henrique está bem. Se a cada doencinha de um dos dois você ficar assim, acabará fazendo mal para as crianças.

— Não é isso, Vitor. Aliás, nem sei por que estou desse jeito, chorando assim. O médico me garantiu que Henrique está sadio, que isso talvez tenha a ver com o nascimento de um novo dentinho, mas estou sentindo algo ruim por dentro, uma sensação de medo, como se a qualquer momento uma tragédia fosse acontecer. Será que estou tendo algum pressentimento?

— Não é nada disso, você está impressionada, pois nunca viu um deles adoecer. Deve ser o nascimento de um novo dente. Minha mãe diz que comigo era sempre um sofrimento. A cada dente novo que saía, eu adoecia, tinha muita febre, diarreia, mas logo tudo se normalizava. É muito provável que ele tenha puxado a mim.

As palavras de Vitor fizeram Mércia acalmar-se um pouco. De repente, ela se deu conta de que nem perguntara ao marido como fora seu dia.

— E na empresa, tudo bem?

— Sim, já estou praticamente apto a assumir a diretoria. Geraldo foi muito paciente e me ensinou tudo. Aprendi mais rápido do que se tivesse feito um curso de administração.

— Mas você terá de se graduar, Vitor. Não fica bem para o presidente de uma empresa não ter um curso superior. Por mais que saiba tudo, o nível intelectual conta muito em nossa sociedade, principalmente no mundo dos negócios sofisticados como é a empresa do doutor Afonso. Para mim, o que vale é a prática, e isso você já tem, mas, devido ao nível dos nossos clientes e acionistas, acho melhor que faça uma graduação.

— Pode deixar. Farei isso o mais rápido possível, mas antes precisamos pensar em nosso casamento. Não sei por que adiar mais.

Mércia abraçou-o novamente e, beijando-o delicadamente nos lábios, disse:

— Já lhe expliquei que precisamos esperar pelo menos um ano da morte de Marcela. Antes disso, não quero.

— Mas não tem nada a ver e...

Mércia o interrompeu:

— Não, Vitor. Eu quero esperar. Por favor, me compreenda.

Vitor não disse mais nada, pois Eva bateu levemente na porta do quarto e entrou com a mamadeira pronta.

Mércia pegou Tarcísio, colocou-o no colo e deu a mamadeira ao menino, que a sugou com prazer. Em seguida, pediu que Eva descesse e ficasse um pouco com ele na sala.

— Continuo preocupada, por isso pedi que Eva saísse — tornou Mércia. — Veja só. Henrique está dormindo, mas seu sono não é tranquilo. A respiração dele está alterada e a testinha está banhada de suor.

Vitor começou realmente a se preocupar.

— Vou descer e ligar para o médico. Ele precisa vir aqui imediatamente.

— Faça isso.

Quando desceu as escadas, Vitor encontrou Maria, Eva e Rosângela conversando na sala, enquanto Tarcísio, no carrinho, divertia-se com um brinquedo barulhento.

— Vou ligar para o doutor Leandro. Henrique não está melhorando. Parece febril, e a respiração dele começou a ficar alterada.

De repente, Rosângela sentiu sua mentora aproximar-se. Ela a via claramente e, com atenção, escutou o que ela lhe disse:

— O menino não precisa de médico. Diga isso ao pai dele.

Vitor já estava discando o número do médico, quando ouviu Rosângela dizer em voz alta:

— Seu filho não precisa de médico!

O tom de voz forte e seguro que Rosângela imprimiu à sua voz fez Vitor estremecer por dentro e colocar o fone no gancho imediatamente.

— O que você disse?

— Isso mesmo que ouviu. Seu filho não precisa de médico — e, repetindo as palavras que sua mentora Vera lhe dizia, Rosângela prosseguiu segura: — Henrique está sendo vítima de um espírito que foi seu inimigo no passado. Esse espírito o encontrou ainda na forma de bebê e o está perseguindo.

Vitor estranhou aquele relato, pois nunca ouvira dizer que bebês podiam ser vítimas de espíritos ruins. Conceição era espírita, Mércia também era, mas ele nunca ouvira delas nada semelhante.

— Como uma criança indefesa pode ser vítima de um ser das trevas?

— Embora o corpo de Henrique ainda seja muito pequeno, a alma dele é antiga e traz laços antigos, não apenas com vocês, que são os pais, mas com outros espíritos que não estão encarnados na Terra. Todos nós temos muitos amigos espirituais vivendo em outra dimensão, nos ajudando, inspirando ideias boas, auxiliando nos momentos de dificuldade, mas também temos aqueles que nos consideram inimigos. Muitas vezes, nem fizemos mal a essas pessoas, contudo, elas interpretaram alguns gestos como maldade e por isso podem nos perseguir e causar problemas em nossas vidas.

— Até para um bebê? — questionou Vitor indignado.

— Pode ocorrer em crianças até muito pequenas como é o caso de Henrique. Isso acontece porque elas reencarnaram sem um entendimento com esses espíritos perturbados ou porque não se perdoaram pelo que fizeram, cultivando a culpa no inconsciente. Um bebê praticamente não pensa em nada com lógica, pois seu cérebro ainda não se desenvolveu o suficiente para isso, mas seu espírito sim. O espírito não tem idade nem está submetido às barreiras do corpo físico. Ele pode sair do corpo e recobrar o raciocínio relembrando tudo o que aconteceu. Se não perdoou ou pediu perdão, se não reconheceu seus erros e, principalmente, se não se libertou das culpas, ele ficará preso a seus algozes do passado.

— Isso é injusto, Rosângela! — tornou Vitor ainda indignado.
— Uma criança não pode se defender!

— Realmente, ela não pode, e é por isso que os adultos devem agir de forma correta num caso desses, para que, afastando a presença espiritual perturbadora, a criança possa ficar livre até assumir sua personalidade aos quatorze anos de idade e lidar com as influências espirituais de maneira mais forte e consciente. Nem todos os adultos sabem, mas as crianças são muito influenciadas não só pelos espíritos, mas pelas energias do ambiente, das pessoas que vivem perto delas e principalmente dos pais. Por isso, é essencial manter o lar com boas vibrações, alegria, harmonia, boa música, oração e paz. Devemos evitar discussões, bate-boca desnecessário e tudo o que possa destruir a paz de um ambiente, principalmente onde haja crianças.

— Mas a maioria dos pais ignora essa realidade espiritual — rebateu Vitor.

— E, justamente por isso, a vida permite que elas ocorram. Quando o fenômeno da obsessão se repete com frequência numa criança, chega o momento de a família se render e buscar ajuda espiritual. Chegará a hora em que os pais perceberão que a medicina não está dando jeito no problema de seus filhos, que há algo mais, que há algo errado, então, passarão a buscar ajuda espiritual. Deus permite isso para que as pessoas acordem para a espiritualidade. No caso de Henrique é para que você e Mércia voltem a praticar a espiritualidade de forma mais intensa e para que você, Vitor, quebre ainda mais suas resistências quanto à vida espiritual. Você finge que acredita em muita coisa, mas no íntimo ainda duvida. A vida o está convidando a rever suas posturas e mergulhar de vez na espiritualidade, pois, ao cultivá-la em seu dia a dia, será muito mais feliz.

Vitor calou-se e pensou que Rosângela só poderia estar falando inspirada por algum espírito, pois chegara à casa havia pouco tempo e não o conhecia o suficiente para falar com tanta certeza de suas crenças interiores.

Ele olhou para todos que estavam na sala e disse:

— Vou subir e pedir que Mércia desça com Henrique. Precisamos procurar um centro espírita agora para que ele seja socorrido.

Novamente inspirada por sua mentora Vera, Rosângela tornou:

— Não precisa procurar um centro espírita agora. Apenas desça com o menino. Vou explicar tudo a Mércia e, com a ajuda de minha mentora e de outros amigos espirituais, tratarei da criança

— percebendo que Vitor estava duvidando de que ela pudesse fazer algo, Rosângela disse: — Você está duvidando de minha capacidade e está certo. Eu nada posso fazer sozinha, mas, com Deus e com os amigos espirituais, conseguirei ajudar seu filho. Não espere mais, traga-o logo.

Vitor subiu as escadas e, quando entrou no quarto, encontrou Mércia desesperada, já com Henrique nos braços.

— A febre aumentou, a falta de ar também, você demorou lá embaixo, e eu já ia descer. Nosso filho não está bem, e precisamos ir agora para um pronto-socorro. Não adianta o médico vir aqui. Henrique precisará ficar internado — Mércia dizia tudo aquilo com a voz entrecortada pelo desespero, e Vitor penalizou-se ainda mais.

Num repente, ele disse:

— Não liguei para o médico nem iremos a pronto-socorro algum.

— O quê? — questionou Mércia espantada.

Rapidamente, Vitor contou a história de Rosângela, e, à medida que Mércia ouvia, a moça começou a arrepiar-se e teve a certeza de que a cuidadora de sua tia estava certa. Quando Vitor terminou de falar, os dois desceram imediatamente as escadas.

Rosângela pediu a Filomena:

— Traga uma jarra com água natural, enquanto todos nós entramos em prece.

Lágrimas escorriam dos olhos de Mércia, que se emocionou com a oração simples e profunda feita por Rosângela. Enquanto a jovem rogava a assistência de Jesus e dos amigos de luz, Filomena trouxe a jarra e alguns copos e sentou-se junto a eles para concentrar-se.

Após a prece, Rosângela pediu que todos ficassem em silêncio e orando mentalmente. Poucos instantes depois, Henrique parou de chorar. A jovem levantou-se e foi até Mércia, que segurava o menino e, com agilidade, cruzou as mãos sobre a criança, gesticulando de maneiras diversas, até que finalmente parou e manteve-se de olhos fechados.

Rosângela viu com clareza o espírito que perseguia Henrique encolhido em um canto da sala com ódio e medo. Ela dirigiu para ele seu olhar amoroso e pediu:

— Retire-se daqui, amigo. Neste momento, sua presença está causando problemas a esta família. Não lhe desejamos mal nem o julgamos; apenas queremos a paz e que você também fique em paz, por isso, lhe peço que se retire em nome de Jesus.

Envolto numa energia densa e escura, o espírito ainda gritou e proferiu palavras de ódio e raiva, mas logo o espírito Raymond se aproximou e envolveu-o numa energia prateada, que o fez adormecer. Outros espíritos de luz entraram no ambiente com uma maca e puseram o espírito adormecido sobre ela.

Raymond aproximou-se de Rosângela:

— Por um bom tempo, ele ficará retido, mas será libertado assim que Henrique tiver forças para enfrentá-lo e encontrar um entendimento e o perdão mútuo. Fiquem com Deus.

Uma chuva de energias prateadas cobriu todo o ambiente, enquanto Rosângela fazia a prece final. Quando a moça encerrou sua oração, todos notaram que Henrique estava com os olhos vivos, sorrindo alegre, sem febre, como se nada tivesse acontecido.

Emocionada, Mércia afirmou:

— Foi Deus quem a colocou aqui, Rosângela. Se não fosse sua intervenção, nem sei quando eu iria descobrir que o caso de meu filho era espiritual.

— O que importa é que ele ficou bem. O espírito evoluído de um hindu levou daqui o ser que atormentava Henrique e disse que seu filho ficará bem por um largo período de tempo. Quanto a você, precisa ficar mais atenta e despertar ainda mais para o mundo espiritual. Minha mentora está me dizendo que você desenvolverá um grande trabalho em prol da espiritualidade e está orientando que, uma vez por semana, reservemos uma hora para estudar a vida espiritual.

— Faremos isso. Depois de hoje, sei que preciso praticar mais minha crença. Muitas vezes, nós, que lidamos com o mundo espiritual, somos os primeiros a vacilar quando o problema acontece conosco. Enxergamos com facilidade os problemas dos outros, mas parece que os nossos ficam imperceptíveis.

— Isso acontece porque nos deixamos levar pela vaidade de achar que, por sermos espiritualistas e entendermos o assunto, nada nunca acontecerá conosco. Por causa dessa vaidade, muitos são atingidos por obsessões severas que destroem pessoas, grupos espíritas, centros promissores e por vezes uma família inteira. É aquele velho ditado: tudo só acontece com meu vizinho.

Mércia riu, mas o assunto era muito sério. Ela refletiu que precisava aprofundar-se no estudo da espiritualidade, e, assim que Henrique voltou a pegar no sono, Rosângela, Maria e Vitor ficaram conversando até tarde sobre o assunto. Só Filomena não participou da conversa, pois suas culpas a impediam de usufruir de todo o bem que a luz podia lhe proporcionar.

Com o tempo, Henrique foi encaminhado a um atendimento espiritual e ficou bem. Mércia, Vitor e toda a família mergulharam nos estudos do espiritismo, e a felicidade passou a reinar naquele lar. Todos, contudo, ainda teriam de esperar o futuro, em que Henrique e Tarcísio, já adultos, lidariam com problemas do passado que viriam à tona para que fossem devidamente harmonizados.

A espiritualidade, confiante e segura, sabia que Mércia e Vitor, Maria e Rosângela, e até mesmo Filomena, contribuiriam para o progresso daqueles dois seres que lhes foram confiados. E, assim, foram felizes por muito tempo...

Capítulo 24

A tarde estava linda, e o sol brilhava com suavidade no céu, iluminando o vasto jardim cheio de lindos bancos de madeira, abrigados sob a sombra de árvores de copas enormes, nas quais passarinhos e alguns insetos pousavam, dando saltos bonitos e graciosos.

Sentada em um desses bancos, Marcela olhava o imenso jardim. Vestida com uma suave túnica amarela, ela encostava de vez em quando a cabeça no tronco da árvore e recordava-se, ainda com dor emocional, dos últimos acontecimentos que vivera na Terra.

Embora tivesse recebido todo o amparo naquela colônia de amor e contasse com a amizade dos espíritos bons que a acolheram, Marcela não conseguia se libertar das amargas recordações. Seu mundo ruíra.

Marcela compreendia que estava morta, ou melhor, desencarnada, mas, para ela, isso não significava nada. Se tivesse ficado na Terra, talvez sua situação fosse pior. Seus pais estariam mortos, ela teria sido trocada pela melhor amiga e ainda precisaria cuidar dos gêmeos praticamente sozinha. Ela pensava que, por mais que amasse Mércia como uma irmã, jamais suportaria tê-la por perto assim que descobrisse a traição. Vitor estava apaixonado pela moça e certamente a deixaria. Marcela, então, ficaria só, pois não tinha mais parentes vivos e, além disso, Filomena iria embora com a filha.

Mesmo percebendo que a morte fora o melhor que poderia ter lhe acontecido, Marcela ainda se lembrava com profunda mágoa de Mércia e Vitor e recordava-se com muita tristeza do momento em que os tiros atingiram seu peito, roubando-lhe a vida física. Outra coisa que a deixava profundamente magoada foi ter descoberto que os pais eram criminosos da pior espécie.

O castelo de sonhos que Marcela construíra durante a vida fora destruído em poucos minutos. Por que aquilo acontecera com ela? Os espíritos bondosos diziam que tudo estava certo e que tudo o que lhe acontecera fora ela mesma quem atraíra, mas como isso poderia ter acontecido se ela sempre foi uma pessoa boa, confiante e justa? Por que nascera logo em meio a criminosos, se apaixonara e amara profundamente um homem que na verdade amava sua melhor amiga?

Aquelas perguntas inquietavam o espírito de Marcela, que já não conseguia mais admirar a beleza natural à sua frente. A moça ia levantar-se do banco, quando uma delicada mão a segurou pelo braço esquerdo.

— Ana? Já ia dar uma volta e depois retornaria para o quarto. Cansei de ficar aqui remoendo meus problemas.

Ana era uma trabalhadora da colônia Campo da Paz, onde Marcela estava, e integrava a equipe de Raymond. Ela ficara incumbida de cuidar daquela alma tão atormentada e assumira a tarefa por ter laços passados profundos com Marcela, que estava em desequilíbrio e ainda não podia encontrar-se com seu mentor espiritual, que a guiara na Terra desde o seu nascimento.

Essa, inclusive, é uma dúvida que muitas pessoas têm. Por que, quando desencarnam, a maioria dos espíritos não se encontra com seus mentores? A maioria dos livros psicografados, que trazem relatos da chegada dos espíritos ao astral, não os mostram encontrando-se com aqueles que foram seus verdadeiros anjos da guarda, seus mentores por toda a vida. Isso ocorre porque grande parte dos desencarnados não está em condições emocionais de se encontrar com seus mentores logo após a desencarnação e até depois de muitos anos de vida no astral. Geralmente, esses espíritos entram em contato com parentes que foram antes deles ou com os socorristas abnegados. Outro fato que acontece é que muitos desencarnados, quando acordam e são recebidos por enfermeiros ou orientadores, não percebem nem sabem de pronto que aquele espírito que ali está foi seu mentor.

A maioria dos encarnados ainda possui noções vagas do que acontece após a morte, e a crença que geralmente carregam é a de que possuem um "anjo da guarda", que muitas vezes é povoada de superstições. Muitos acham, por exemplo, que os mentores são anjos, que possuem asas, voam e são tão santos que não os poderão receber depois da morte. Outros acreditam que a alma dorme indefinidamente após a morte do corpo à espera do juízo final, e outros não sabem nada sobre o assunto, então, depois do desencarne, o mentor não pode simplesmente chegar e dizer: "Sou seu guia", "Sou seu anjo da guarda", "Fui seu mentor durante sua vida". Eles permanecem no anonimato até que seus pupilos evoluam o suficiente para receber essa informação. Fato semelhante acontece até mesmo com muitos espíritas e espiritualistas, pois, movidos por crenças equivocadas, acreditam que o mentor espiritual é um ser altamente evoluído, que já está ligado a esferas altíssimas e por isso não podem ficar com eles depois da morte. Crença errada, pois o mentor é mais evoluído que seu protegido e é um bom espírito, mas, geralmente, não está em altas escalas evolutivas. Os mentores de altas esferas de evolução são raros e só acompanham os grandes espíritos encarnados na Terra em missão, o que não diminui o trabalho dos outros mentores, pois eles são sempre mais evoluídos que seus pupilos e podem guiá-los com segurança.

Ana fez Marcela virar-se para ela e sentar-se novamente no banco.

— Vim aqui neste momento, porque recebi a autorização dos nossos maiores para lhe contar a origem dos problemas que você viveu em sua última encarnação e explicar por que você atraiu todas as suas experiências.

O coração de Marcela acelerou, e de repente um profundo sentimento de medo a invadiu. Ela quase pediu a Ana que não lhe contasse nada, quando a outra prosseguiu:

— Procure vencer o medo e encarar a realidade, Marcela. Não há nada mais certo que essa frase de Jesus: "Só a verdade nos liberta". Desde que desencarnou, você está sofrendo e chegou aqui por não entender o motivo de ter passado por tantas dores. Chegou a hora de saber. Vamos.

Marcela calou-se e deu as mãos à amiga espiritual, com quem saiu do jardim e entrou na cidade. As duas foram andando por ruas espaçosas e cheias de árvores seculares e frondosas e, quando passaram por um jardim onde havia uma linda fonte luminosa, Marcela percebeu que perto dela havia três espíritos com semblantes tristes. Eram duas mulheres jovens e um homem mais maduro, que aparentava ter cerca de cinquenta anos. Ela percebeu que eles choravam, embora tentassem ocultar as lágrimas limpando-as com as costas das mãos. Os três estavam juntos ali, mas não se comunicavam entre si. Curiosa com o que via, perguntou:

— Por que aqueles três espíritos estão tão tristes? Parece que não estão se vendo.

Ana explicou com calma:

— Esses são recém-chegados da Terra, que ainda não se conformaram com a morte. Neste momento, choram de saudade daqueles que ficaram para trás.

— É muito difícil deixar aqueles que amamos e vir para cá, onde não conhecemos ninguém — refletiu Marcela, pois também sofria de saudade.

— A separação, tanto para quem chega aqui, quanto para quem fica lá, realmente não é fácil, principalmente porque conviveram muito tempo umas com as outras, no entanto, esse sofrimento está mais associado a apego do que à saudade verdadeira. A convivência é maravilhosa, o amor que une a todos é o maior dos sentimentos, mas, desde cedo, devemos aprender a nos desapegar das pessoas, não apenas porque todos morreremos um dia, mas porque a vida é dinâmica e obedece a um ciclo próprio de aprendizagem. Deus une e separa as pessoas conforme suas necessidades e, mesmo que vivamos com alguém por muito tempo, sempre chegará a hora da separação, seja por qual motivo for, para que cada um experimente aprendizagens diferentes. Se existe amor verdadeiro, a separação é apenas temporária. Um dia se reencontrarão.

Marcela sentiu que lágrimas teimosas caíam por sua face. Às vezes, ela sentia muita vontade de estar na Terra, cuidando de seus filhos, vivendo no mundo como sempre viveu. Mesmo reconhecendo que o desencarne foi o melhor para ela, ainda assim, aqueles sentimentos rondavam-na.

Ana respeitou aquele momento de Marcela, apertou ainda mais a mão da moça, e as duas continuaram caminhando até, por fim, chegarem a um prédio alto de vários andares. Ana apertou um botão azul que ficava do lado esquerdo da porta principal, e um pequeno compartimento abriu-se na parede. Ela colocou sua mão esquerda espalmada sobre o vidro que havia dentro do compartimento, que se iluminou e pareceu fazer a leitura das impressões digitais da mulher. Automaticamente, a porta abriu-se, e ela entrou. As duas, então, chegaram a um saguão, onde havia várias portas de metal. Ana apertou uma delas, e, ao abri-la, surgiu um elevador. Com um gesto, convidou Marcela a entrar e apertou outro botão para subirem a outro andar. Finalmente, adentraram numa grande sala, que lembrava muito as salas de cinema da Terra. Havia uma tela enorme e muitas cadeiras enfileiradas. Um rapaz simpático recebeu-as:

— O doutor Raymond avisou-me de que viriam. Está tudo preparado. Sentem-se.

As duas mulheres sentaram-se em duas cadeiras da frente, e Ana explicou:

— Como você não consegue se lembrar espontaneamente de sua última encarnação, teremos acesso a ela por meio desse projetor.

— Já haviam me explicado esse processo. Só não sei como isso acontece.

— Todos os acontecimentos, dos mais simples aos mais complexos, ficam registrados nos arquivos akásicos do universo. Os profissionais do mundo espiritual, responsáveis por guardar esses registros, têm todos eles catalogados e guardados em chips para serem acessados sempre que for necessário.

Marcela achou aquilo incrível.

— Então, é a famosa máquina do tempo que o homem sempre quis inventar, mas nunca conseguiu?

Ana riu.

— Mais ou menos. Quando começar a ver as imagens, notará que elas não são como as dos filmes dos cinemas terrenos. Elas são em várias dimensões de forma que parecem vivas. É como se estivéssemos em um cinema futurista de última geração. Você sentirá o cheiro dos lugares e das pessoas, calor, frio, e, principalmente, sentirá todas as emoções do passado, como se as estivesse vivendo neste exato momento.

— É genial! Será que um dia os homens conseguirão fazer uma máquina assim e acessar esses arquivos?

— Sim, mas só num futuro ainda distante. O homem ainda é muito ignorante, e, se essa descoberta acontecesse neste momento, certamente seria usaria para o mal. Quando o homem só vivenciar o bem, daí essa conquista será alcançada. Agora, façamos silêncio, pois o filme vai começar.

A tela iluminou-se, e surgiu a Avenida Paulista dos anos 1920, linda, imponente, com seus majestosos casarões e mansões, a maioria pertencente aos barões do café.

Era uma manhã de setembro, e a chegada da primavera fazia o sol quente e gostoso convidar as pessoas para um passeio.

No jardim de uma majestosa vivenda, uma linda mulher na casa dos quarenta anos estava impecavelmente arrumada e sentada em um belo caramanchão. Ela conversava com duas jovens, que eram suas filhas.

— Quanto mais os dias passam, mais próxima fica a data de seu casamento com Vitor. Eu e seu pai não nos cabemos de tanta felicidade! — dizia Cecília a Mércia.

Com o rosto compungido, Mércia rebateu:

— Papai está contente, porque eu serei feliz ao lado do homem que amo, mas a senhora está feliz por outro motivo.

Marcela interveio percebendo que uma nova discussão iria começar:

— Parem com isso vocês duas. Desde que me entendo por gente, vocês só sabem discutir.

— É que Mércia pensa que sou sua inimiga dela. Não sei de onde ela tirou isso — disse Cecília retirando um invisível cisco do vestido de seda longo e elegante.

— De onde tirei isso? — disse Mércia tentando conter a raiva. — Desde que me entendo por gente, sei que a senhora me detesta e jamais entendi o porquê. E você, minha irmã, sabe a diferença que ela faz entre nós duas. É tão grande que às vezes penso que só você é filha dela.

Marcela sabia que aquilo que a irmã dizia era verdade e também não entendia por que a mãe tratava Mércia tão mal, enquanto a cobria de carinhos. Ia dizer algo, quando Cecília tomou a fala:

— Já discutimos isso muitas vezes e não vamos discutir mais. Mércia, você vai se casar daqui a duas semanas, morar na fazenda de seu marido, formar sua família e ser muito feliz, e todos nós aqui nesta casa seremos também felizes para sempre, como nos contos de fada.

Irritada com mais uma ironia da mãe, Mércia saiu do caramanchão dizendo:

— Vim aqui para me distrair e conversar com minha irmã, mas logo a senhora chegou para nos atrapalhar. Este lugar não me serve mais. Vou conversar com Filomena, pois ela, sim, me entende e é mais minha mãe do que a senhora.

Cecília bradou, enquanto via a filha sair com pressa:

— Vá, vá! Se só aquela negra imprestável lhe serve, então vá! — olhou para Marcela e disse num lamento: — Não sei o que fiz para ter uma filha dessas. Ainda bem que, depois do casamento, ela irá embora para sempre.

Marcela sorriu e abraçou a mãe:

— Procure ficar calma, mamãe. É a senhora quem implica com Mércia. Ela nunca lhe fez mal algum, sempre foi uma filha obediente, nunca lhe trouxe desgostos. Olhe só! Vai se casar com um dos homens mais ricos de São Paulo.

Cecília não disse nada, mas pensou: "Marcela não sabe como a presença de Mércia me faz mal desde o dia em que ela veio ao mundo. Não aguento mais ter que conviver com ela e me lembrar de tudo o que sofri para que ela nascesse. Eu a odeio".

Marcela percebeu que o rosto da mãe estava estranho e que seus olhos cintilavam de ódio. Aquilo a assustou:

— Que ódio é esse que vejo em seus olhos, mãe? Sei que não gosta de Mércia, mas não sabia que a odiava.

Percebendo que deixara transparecer seus verdadeiros sentimentos, Cecília disfarçou:

— Não é isso, filhinha. Eu não a odeio. Estava me lembrando de um acontecimento de muito tempo atrás, que me fez muito infeliz.

— E esse acontecimento tem a ver com Mércia, não é?

— Não! E não me aborreça mais com esse assunto! — dizendo isso saiu do caramanchão com pressa, deixando Marcela sozinha.

Assim que a mãe saiu, o rosto de Marcela transformou-se, e de seus olhos também saíram chispas de ódio. Foi por isso que a moça reconhecera aquele sentimento no olhar da mãe, pois ela também o sentia. Não por Mércia em si, mas porque ela iria se casar com Vitor Villares, o rapaz por quem Marcela se apaixonara desde o primeiro instante em que o viu, num encontro entre os pais do rapaz, ricos cafeicultores, e seus pais, ricos industriais. Quando viu aquele rapaz de beleza rara, a paixão chegou ao peito de Marcela com uma força tão grande que ela jurou que tudo faria para tê-lo para si, mas, qual não foi sua decepção, quando, depois de algumas conversas, ele confessou que estava apaixonado por Mércia e que iria pedir sua mão em casamento ao doutor Afonso.

— Você me enganou! — disse Marcela, a sós com Vitor na sala de música. — Você me iludiu fazendo-me crer que seria meu marido e agora desposa minha irmã!

— Eu não a iludi, Marcela — tornou Vitor educado e polido como sempre. — Nós sempre conversamos, mas pensei que você me visse como amigo. Nunca lhe dei esperanças de que um dia me uniria a você num namoro, muito menos num casamento.

Era verdade. Marcela reconheceu naquele momento. Foi ela quem se iludira, no entanto, não deixaria aquilo barato. Se Vitor não pudesse ser seu, não seria de mais ninguém. A moça, contudo, não contou aquela sua decisão a ninguém. Ela limpou as lágrimas dos olhos com um lenço delicado de seda cor-de-rosa e desculpou-se com Vitor pelo engano.

Aparentemente, tudo ficara bem, e, um mês depois, Vitor pediu a mão de Mércia em casamento. A moça não se continha de felicidade, pois o amara intensamente desde o início e o que mais queria era ser sua esposa. Afonso concedeu a mão da filha ao rapaz, que propôs um ano de noivado formal, para depois se casarem. Mércia e Marcela eram prendadas, haviam cursado os primeiros anos da escola normal com professoras que lecionavam dentro de casa e, quando o curso terminou, deram-se por satisfeitas, pois aquilo era o suficiente para serem esposas e mães, funções para as quais haviam sido criadas.

Um ano se passou desde o noivado, e naquele dia Marcela estava raivosa pensando numa maneira de impedir a felicidade da irmã. Poucos minutos após a saída de Cecília, Maria, sua tia, adentrou o pequeno recinto e sentou-se ao lado da sobrinha.

Enquanto Mércia tinha grande afinidade com Filomena, uma negra e filha de ex-escravos que cozinhava para a casa, Marcela nutria uma enorme amizade e afinidade com sua tia Maria, irmã de Cecília. Só ela sabia da paixão da moça por Vitor e a apoiava no desejo de destruir a união de Mércia com o noivo. Maria não tinha nada contra a jovem, mas tinha pela sobrinha Marcela um amor profundo e chegava a considerá-la sua uma filha, sentimento esse que a fazia ficar do lado da jovem e ajudá-la no que fosse preciso.

— Ainda bem que a senhora chegou, tia. Estou ardendo de ódio. Daqui a duas semanas, Vitor se unirá a Mércia, e eu não sei como fazer para destruir esse casamento. Estou me sentindo impotente.

— Calma, minha querida — tornou Maria, alisando-lhe os cabelos lisos e loiros como os da mãe e da irmã. — Essa noite, conversei com seu tio, e tivemos uma ótima ideia. Se você aceitar, precisará ter um pouco de paciência, mas conseguirá realizar seu sonho de ter Vitor como marido. — A voz de Maria era sibilina e ríspida como os sons emitidos por uma cobra.

— Como a senhora pode me pedir calma? O casamento será daqui a duas semanas — tornou Marcela já descontrolada.

— Não poderemos fazer nada daqui até lá. É perigoso, e acabariam descobrindo que fomos nós. Vamos deixar que se casem, e depois... bem, depois, Vitor voltará para você: viúvo.

Marcela gelou:

— Não! Tudo menos matar minha irmã! Eu a amo e não posso deixar isso acontecer.

— Mas ama muito mais a Vitor. Vai querer ser infeliz para sempre vendo sua irmã felicíssima, mais rica do que já é e brilhando na sociedade ao lado do homem que você ama?

Aquelas palavras tocaram fundo no coração apaixonado de Marcela, que cerrou os punhos e decidiu:

— A senhora tem razão. Amo minha irmã, mas, se o único jeito de ter Vitor for por meio da morte dela, que seja! Agora, conte-me o plano.

Maria aproximou-se ainda mais da sobrinha e, entre sussurros, contou-lhe tudo o que ela e o marido haviam combinado. Ao fim, Marcela estava surpresa. O plano era tão perfeito que ela não poderia deixar de colocá-lo em prática.

As duas ainda se demoraram mais algum tempo tramando os detalhes de uma semeadura que traria muito sofrimento a todos no futuro por meio dos mecanismos da Lei de Causa e Efeito.

Capítulo 25

O casamento aconteceu com toda a pompa que as famílias desejavam. Apesar do luxo da festa e da recepção ao casal nos jardins da mansão de Afonso, Vitor e Mércia não viajaram em lua de mel. O tempo da colheita do café estava chegando, e o rapaz preferiu não deixar a fazenda naquele momento, decisão que foi perfeitamente compreendida pela noiva. Os dois, então, programaram uma viagem ao Velho Mundo assim que a colheita terminasse.

Quando finalmente os convidados se foram, Vitor e Mércia recolheram-se nos aposentos preparados para eles naquela noite. Dormiriam na cidade e na manhã seguinte seguiriam para a fazenda.

Após o último empregado se recolher e a casa mergulhar na escuridão, uma porta abriu-se com leveza no meio do corredor. Era Marcela que saíra de seu quarto e que, tateando as portas, chegara ao quarto onde Mércia e Vitor estavam. "Eles estão se amando neste momento", pensou Marcela, que escutou os sons do sexo vindos daquele que ela mais desejava no mundo.

E realmente era o que estava acontecendo. Nus e completamente enroscados um no outro, Vitor e Mércia amavam-se com intensidade. O rapaz mostrara-se um excelente amante, ora carinhoso, ora selvagem, como todo bom homem deve ser. Enquanto ouvia os sussurros, gritos e gemidos de prazer, Marcela esqueceu-se de tudo o mais e imaginou-se sendo a irmã e entregando-se completamente nua a Vitor.

Quando os ruídos cessaram, ela mesma sentiu seu prazer solitário e foi se recolher.

Na manhã seguinte, Marcela, com fingida alegria, despediu--se do casal desejando-lhe felicidades. Quando a carruagem partiu, Cecília, aliviada, chamou a atenção de Filomena:

— Pare de chorar, Filomena! Mércia foi ser feliz! Ou queria que ela permanecesse aqui para sempre, impondo sua presença incômoda na minha casa?

Filomena reagiu:

— Queira ou não, ela é sua filha, Cecília! Mércia não te culpa de suas frustrações nem do que aconteceu.

— Você é uma negra bem atrevida, Filomena! Se ainda existisse tronco, eu juro que mandava fazer um pelourinho aqui, em plena Avenida Paulista, só para lhe chicotear.

— Ora, Cecília, estamos sozinhas! Não precisa falar comigo desse jeito, não precisa fingir.

Cecília abraçou Filomena e, respirando fundo, disse:

— É que às vezes me deixo levar pelo excesso de formalismo, mesmo quando não há ninguém por perto. Perdoe-me, querida. Só não quero mais vê-la chorando por Mércia, afinal, ela está feliz, bem, com saúde e casada com o homem que ama. O que você queria mais?

— É que... bem, é que...

— Fale logo, criatura!

— É que estou com um pressentimento terrível. Sinto que Mércia não será feliz naquela fazenda.

— Lá vem você com essa história de pressentimento novamente. Sabe que não aceito nem acredito nessas coisas. O que poderia fazer Mércia infeliz lá? Os sogros dela a estimam como se fosse uma filha. Conceição e Valdemar parecem adivinhar-lhe todos os pensamentos.

— Não sei... Não se explica presságio.

— Esqueça isso e vamos entrar. Hoje, eu quero relaxar. Esses dias de preparação para a festa de casamento me deixaram tensa, e você sabe que só relaxo "daquela" maneira.

Os olhos de Filomena brilharam, e ela abriu um lindo sorriso.

— Sei sim.

— Na hora de sempre, estarei esperando-a em meu quarto.

As duas saíram do jardim sem notarem que, atrás das palmeiras, alguém escutara toda a conversa. Era Maria, irmã de Cecília, que morava com eles na mansão.

Maria estava estarrecida. Conhecia a vida o suficiente para saber que entre a irmã e aquela negra havia uma relação íntima. Ao pensar na cena, ela foi tomando-se de horror e nojo e cuspiu no chão. Quando se recuperou do susto, foi correndo procurar Marcela, que estava em seu quarto, deitada na cama e abraçada a uma rica almofada.

Maria entrou batendo a porta com estrondo.

— O que aconteceu, tia? Tomei um susto!

— Susto você terá agora quando eu lhe contar o que acabei de descobrir. Nem sei como não descobri isso antes, depois de tantos anos morando aqui.

— O que foi? Pelo visto é grave. Conte-me logo.

— Primeiro, me conte a história dessa negrinha cozinheira chamada Filomena. Como ela veio parar aqui?

— Por que quer saber de Filomena? O que um ser tão insignificante pode ter feito para assustá-la tanto?

— Conte-me a origem dela nesta casa, e depois lhe mostrarei que ela não é tão insignificante assim.

Maria permaneceu calada e, fazendo gestos nervosos com a cabeça, mandou Marcela contar logo o que sabia.

— Filomena tem a mesma idade de mamãe. Quando ambas eram bebês, a vovó não teve leite para amamentar mamãe, então, pediu que uma negra que permanecera na fazenda após a abolição e que acabara de dar cria a amamentasse. Vovó era uma pessoa muito boa e permitiu que as duas fossem criadas juntas. Mamãe nos contou que a mãe de Filomena foi levada a morar na casa-grande, e, à medida que cresciam, as meninas foram ficando cada vez mais apegadas. Mamãe trata Filomena muito mal na frente dos outros, mas elas são muito amigas. Papai conta que, quando pediu a mão de mamãe em casamento, Filomena desandou a chorar, pegou o que eles chamam de banzo, essa coisa que só negro tem. De tanto ela chorar, papai decidiu trazê-la para cá assim que se casou. Ela nos viu nascer e ajudou a nos criar. Quando ficamos mocinhas e já não precisávamos mais dos seus cuidados, Filomena foi para a cozinha, mas, como você sabe, ela mora aqui dentro e não nos

213

quartos dos fundos como os outros agregados. É tudo o que sei sobre a história dela. Agora me diga por que tamanha curiosidade.

Maria olhou para Marcela, e um calafrio fê-la pensar um pouco se deveria ou não contar ou não a descoberta. Por fim, ela resolveu contar tudo para a sobrinha, pois confiava nela.

— Filomena e sua mãe são mais íntimas do que você supõe, Marcela. Não faz dois quartos de hora que ouvi uma conversa comprometedora entre as duas no jardim. Quando a carruagem que levava Mércia e Vitor partiu e todos começaram a se retirar, notei que minha corrente com o escapulário de Nossa Senhora do Carmelo havia caído de meu pescoço. Pedi que seu tio fosse na frente para casa, enquanto eu procurava a correntinha no jardim. Você sabe que essa joia foi de uma tia nossa, freira carmelita, que, antes de morrer, a entregou para mim por eu ser a sobrinha mais velha. Eu jamais poderia perdê-la. Estava vasculhando o chão atrás das palmeiras, quando notei que todos haviam entrado em casa, exceto sua mãe e Filomena. As duas conversavam em segredo, então, aproximei-me mais e ouvi claramente que Filomena sabe o motivo de Cecília odiar tanto Mércia a ponto de sua simples presença nesta casa a incomodar profundamente.

— E a senhora sabe que motivo é esse? — indagou Marcela ávida para saber a origem do ódio da mãe.

— Não sei. Elas não falaram. Filomena disse saber, e sua mãe confirmou. O pior, no entanto, veio depois. Fiz uma descoberta horrível, nojenta e asquerosa... tão asquerosa que nem sei como dizer isso a uma mocinha como você, tão ingênua.

— Diga logo, tia! Preciso saber.

— Sua mãe e Filomena são amantes.

Marcela ficou alguns instantes em silêncio, parecendo que não tinha escutado nada. Depois, reagiu:

— O que a senhora disse? Pode repetir, por favor?

— Sua mãe e a negra Filomena são amantes.

Ao ouvir aquela revelação tão chocante, o rosto de Marcela foi ficando de pálido a extremamente vermelho. Parecia que a moça ia ter uma síncope.

Maria a sacudiu.

— Reaja, menina, reaja! Se você desmaiar aqui, o que direi a seus pais?

Marcela levantou-se da cama e abriu a grande janela de seu quarto, que ficava no andar superior da casa.

— Eu não vou desmaiar. Minha vontade é de vomitar. Que nojo! A senhora tem certeza disso?

— Absoluta. Embora elas não tenham falado abertamente, sua mãe disse que queria relaxar e que iria ao quarto da negra esta noite para "relaxar" com ela. Você precisava ver os olhos de verruma que uma jogava para a outra. Nunca pensei que esse pecado hediondo e sem perdão fosse entrar em nossa família. Logo sua mãe, minha irmã, uma mulher casada, da alta sociedade, tendo um marido tão bom como o Afonso. Estou desolada.

Marcela ficou alguns minutos em silêncio, e uma ideia veio-lhe à cabeça.

— Vamos nos certificar de que isso é verdade, tia, pois uma descoberta como essa pode me ser útil no futuro.

Maria captou-lhe rapidamente as intenções.

— E como faremos isso?

— Fingiremos que vamos dormir normalmente depois da sessão de leitura, mas ficaremos acordadas. Você colocará um sonífero na bebida do titio, e eu deixarei a porta de meu quarto entreaberta. Assim que mamãe sair em direção ao quarto de Filomena, nós a seguiremos. Quando elas fecharem a porta, colocaremos nossos ouvidos na porta para escutá-las. Se realmente estiverem fazendo sexo, teremos a confirmação. A senhora sabe... quando Vitor ficar viúvo, precisarei de todo o apoio de minha família para ser sua segunda esposa. Não é de bom-tom um viúvo casar-se com a cunhada, nossa sociedade se oporá, e mamãe poderá dificultar as coisas. Então, usarei essa descoberta para fazê-la me ajudar.

Os olhos de Maria brilhavam de orgulho da sobrinha. As duas combinaram mais alguns detalhes e, depois do jantar, foram para a biblioteca. Era hábito na casa de Afonso todos se reunirem para ler após a refeição noturna. Escolhiam sempre um bom romance, e uma das mulheres lia em voz alta enquanto os outros a escutavam. Estavam já na metade do romance *O Crime do Padre Amaro*, e, embora a história fosse interessante, nem Marcela, nem Maria prestaram atenção ao que Cecília lia. Não viam a hora daquilo terminar para que todos fossem se recolher.

Quando isso aconteceu, Maria e Marcela fizeram o que combinaram. Assim que viram Cecília sair do quarto no início da madrugada, levantaram-se e seguiram-na de longe. O corredor estava escuro, mas não totalmente, pois era parcialmente iluminado pela lamparina que Cecília carregava. O quarto de Filomena ficava no fim do corredor, e as duas mulheres ouviram claramente o barulho da porta abrindo-se e depois se fechando.

Com o coração aos saltos, puseram-se a ouvir o que acontecia atrás da porta. Primeiro, ouviram algumas palavras abafadas que não conseguiram entender, mas em seguida identificaram os sussurros e gemidos de ambas as mulheres. Enquanto Maria franzia o cenho em sinal de raiva, Marcela contorcia o rosto em uma expressão de nojo, enquanto massageava o coração como se estivesse passando mal.

Disse num sussurro:

— Tia, tire-me daqui ou irei desmaiar. Não posso suportar essa coisa nojenta.

Maria pegou as mãos geladas de Marcela e conduziu a moça para o quarto, fazendo com que se deitasse.

— Você precisa se controlar. Se passar mal, teremos de chamar Cecília, e ela desconfiará.

— Tenho ódio e nojo, muito nojo daquelas duas, mas sei que preciso me conter. Dê-me um pouco de água.

Maria pegou uma jarra de água que ficava num dos criados-mudos ao lado da cama de Marcela e serviu o líquido numa delicada taça de cristal. Após beber a água, Marcela começou a sentir-se melhor.

Maria observou:

— A descoberta foi boa, mas ela não servirá apenas de chantagem para você. Depois do que descobrimos, não posso mais deixar que isso aconteça em minha família e, o pior, debaixo de nosso teto.

— O que a senhora pretende fazer?

— Matarei Filomena. É o único jeito de acabar com esse pecado horrível, com essa luxúria que ocorre aqui.

Marcela assustou-se:

— Mais mortes?

— Infelizmente, elas serão necessárias. Você matará sua própria irmã para ficar com seu cunhado, então, por que não posso matar uma negra doente e marginal para salvar minha irmã da desonra e da imoralidade?

— Pensando bem, a senhora está certa.

— Certíssima, como sempre. Já passa das duas da madrugada, vamos tentar dormir. Precisamos esperar um mês para que você possa colocar seu plano em prática, e eu esperar pelo menos um ano. Mas não importa. Nem que leve um século, matarei Filomena.

Marcela assustou-se com o brilho de profundo rancor que viu nos olhos da tia, que pousou um delicado beijo na face da sobrinha e foi para seu quarto.

Capítulo 26

Um mês depois, durante um almoço de sábado, Marcela disse como quem não quer nada:

— Estou morrendo de saudades de minha irmã. Faz um mês que Mércia foi embora, e esta casa ficou muito vazia sem ela.

— É mesmo, filha — concordou Afonso, limpando a boca num guardanapo de algodão. — Eu e sua mãe estávamos mesmo pensando que é hora de irmos visitá-la.

— Eu não! — disse Cecília com raiva na voz. — Isso é ideia sua! Nunca falei sobre visitar Mércia. Acho que um casal precisa de sua privacidade. Só faz um mês que se casaram e já receberão visitas?

— Ah, mas eu gostaria muito de passar pelo menos uma semana lá. O que acha, tia Maria?

— Acho muito bom, querida. Vocês duas sempre foram muito unidas, e não creio que Mércia e Vitor ficariam chateados em recebê-la. Ao contrário! Mércia chegou a uma fazenda onde só há pessoas estranhas. Mesmo que Valdemar e Conceição estejam morando com eles, creio que Mércia sente falta de uma companhia da sua idade. Por que não passa pelo menos uma semana com eles? — Maria dizia aquilo com ares de inocência, como se fosse uma conversa casual, e fazia de tal forma que ninguém ali poderia imaginar que tudo fora meticulosamente ensaiado pelas duas.

Afonso concordou:

— Acho que Maria está certa. Passe uma semana com sua irmã, Marcela. Depois que se casou, Mércia só nos enviou duas cartas. Eu terei de viajar para as outras fazendas e não poderei ir no momento, mas vá você e entregue a ela uma carta que lhe escreverei. Amo muito minha filha e estou saudoso de sua presença.

— Posso ir hoje, então?

— Hoje não. É longe, e você correria o risco de encontrar salteadores e ladrões nas estradas. Prefiro que parta amanhã cedo. Você chegará no início da tarde de domingo. Creio que será uma verdadeira alegria para sua irmã.

Marcela e Maria comemoravam, riam e falavam dos laços de amor que uniam as duas irmãs. Na manhã do dia seguinte, Marcela partiu.

Os portões da majestosa fazenda de estilo neoclássico abriram-se, e Marcela entrou. Quando um dos capatazes anunciou que Mércia tinha visita e que se tratava de sua irmã Marcela, a moça sentiu-se muito feliz.

Quando chegou ao enorme terreiro que ficava à frente da imponente construção, Marcela correu a abraçar a irmã.

— Minha querida! Como você está linda! O casamento lhe fez muito bem!

— Estou muito feliz. Acho que a felicidade nos torna mais bonitas! — respondeu Mércia rindo. — Mas você está muito bonita também! Parece até que remoçou.

Marcela não esperava aquele elogio, por isso mentiu:

— É que estou sendo cortejada pelo Olavo Figueiredo. Finalmente, alguém tocou meu coração!

— Que maravilha! Fico muito feliz por você. Quero que, assim como eu, você se case e seja muito feliz.

Marcela abraçou novamente a irmã e pensou: "Idiota! Eu me casarei e serei feliz, sim, mas com seu marido, que é o único homem a quem amo neste mundo".

Enquanto os lacaios descarregavam as malas e as acomodavam no quarto designado por Mércia, Marcela, já sentada no belíssimo sofá da primeira sala da fazenda, perguntou:

— E Vitor? Onde está que não veio me receber? Vou me queixar com ele.

Mércia riu do tom de brincadeira posto na voz pela irmã.

— Depois do almoço, Vitor foi ver uma cerca que foi arrancada, o que fez parte do gado ir para a fazenda do Felipe, nosso vizinho. Estou preocupada com isso. Já é a terceira vez que isso acontece, e o Felipe vem aqui se queixar conosco. Estou com medo.

— Medo? Medo de quê? Isso é comum em fazendas.

Mércia pensou um pouco se contaria ou não para a irmã sobre seus temores, mas achou melhor confidenciar:

— É que tenho fortes suspeitas de que é o próprio Felipe quem está mandando os capatazes quebrarem a cerca só para causar confusão com Vitor.

— Mas por que ele faria isso?

— Assim que chegamos, Vitor matou um boi e fez uma festa aqui convidando todos os vizinhos. Quando Felipe me viu pela primeira vez, logo pôs os olhos em mim e chegou até mesmo a se declarar. Fiquei horrorizada. Dei-lhe uma forte bofetada e ameacei contar tudo ao meu marido caso aquilo ocorresse novamente. Desse dia em diante, esse problema da cerca tem acontecido.

— Mas esse Felipe não é casado?

— Não. Ele é o filho único de dona Arnaldina e do senhor Vitório. É quem comanda tudo na fazenda, pois o pai, já idoso, deixou tudo nas mãos dele.

— É, minha irmã, você tem razão de estar com medo. Ele deve estar fazendo isso para tentar uma briga com Vitor e violentá-la.

Mércia empalideceu:

— Tenho medo de que Felipe mate Vitor numa emboscada. Foi muito bom você ter chegado pra me fazer companhia. O senhor Valdemar e dona Conceição saem muito, visitam fazendas vizinhas onde têm amigos, viajam, e eu fico a maior parte do tempo aqui sozinha. Só conto com a presença dos empregados e de Ana, que Vitor designou para ser minha ama — nessa hora, Mércia riu. — Imagine só, uma ama! Isso não existe há mais de três décadas.

Marcela também riu:

— Mas pelo menos você tem com quem conversar. E sua relação com ele? Como vai essa lua de mel no meio do mato?

— Não poderia estar melhor! — Os olhos de Mércia brilharam de felicidade. — Vitor é muito carinhoso, atencioso e me ama cada vez mais. Ele fica fora todas as manhãs e tardes, mas sempre almoça comigo e chega em casa quando o sol se põe. Daí em diante é só conversa, amor e muito carinho. Posso lhe dizer, minha irmã, que sou a pessoa mais feliz do mundo, principalmente agora que teremos nosso primeiro filho.

Marcela sentiu-se gelar da cabeça aos pés. Além de usufruir da felicidade de morar naquela fazenda suntuosa, rodeada de belíssima natureza, de ser amada por Vitor e de fazer sexo com aquele homem maravilhoso todas as noites, ela ainda teria um filho dele! Era demais para Marcela suportar. A moça sentiu uma vertigem e que iria desmaiar.

Vendo o estado da irmã, Mércia começou a massagear-lhe os pulsos enquanto gritava por Ana, que apareceu e afrouxou os botões do vestido de Marcela. A moça voltou a reagir e em poucos minutos ficou bem novamente.

— Não sei o que houve. Enquanto você falava, comecei a sentir uma tontura e quase desmaiei. Será que foram os ares do campo aos quais não estou acostumada?

Ana olhou-a desconfiada e disse:

— Quanto a isso não se preocupe, senhorita. Os ares do campo só trazem saúde.

— Então, deve ter sido o cansaço da viagem. Fiquei também muito emocionada em saber que em breve terei um sobrinho. Bem, agora preciso de um banho e de um bom lanche.

Mércia pediu:

— Ana, peça a Alzira que ferva a água e prepare a banheira do quarto de Marcela para que ela se banhe. Enquanto isso, eu mesma vou lhe preparar um lanche, pois sei do que você gosta de comer.

Quando a banheira ficou pronta, Marcela dispensou a ajuda de uma serviçal e mergulhou na água quente, tentando se acalmar. Mal chegara e uma saraivada de descobertas preocupantes fervilhavam sua cabeça. Primeiro, aquela informação de que o vizinho Felipe poderia fazer alguma maldade contra Vitor. Ela não podia deixar que isso acontecesse. Sabia como fazendeiros podiam ser traiçoeiros e vingativos. Parecia que ainda eram senhores de escravos, mesmo em pleno século 20. Precisava tirar Felipe de seu caminho. Não adiantava nada estar ali para matar a irmã, sendo que Vitor poderia ser morto a qualquer momento.

Marcela enganara os pais, e, em vez de uma semana, pretendia ficar na fazenda pelo menos por seis meses. Não podia matar Mércia na mesma semana em que chegasse, pois poderiam desconfiar. Não lhe passou despercebido o tom de ironia da criada Ana dirigido a dela. "Essa é outra em que terei de dar jeito. É muito desconfiada e esperta e pode pôr meus planos a perder. Mas cada coisa em sua hora", pensou.

O coração de Marcela tremia quando ela pensava que teria de matar a irmã grávida. Estava fazendo tudo por amor, mas seu coração apertava quando ela pensava que mataria uma mulher grávida, sacrificaria duas vidas, sendo que uma delas, a criança, além de inocente, era um pedaço de Vitor.

Quando terminou o banho e enquanto estava no toucador, Marcela concluiu que não poderia ficar ali sozinha e que precisava da ajuda da tia. Esperaria passar uma semana e lhe enviaria uma carta pedindo que fosse para fazenda e a ajudasse.

Marcela despertou de seus pensamentos íntimos com a batidas na porta do quarto. Era Mércia.

— Posso entrar? Trouxe sua merenda.

— Entre, querida.

Mércia colocou a bandeja repleta de iguarias sobre a cama e ajudou Marcela a se vestir. Depois, pegou a jarra de suco de tâmaras, o preferido de sua irmã, e o dispôs num belíssimo copo de cristal.

Mércia falava algo, mas Marcela não prestava atenção à sua voz. A moça limitava-se a observar a irmã. Mércia era linda e parecia uma fada encantada, daquelas que sua mãe dizia existir em reinos distantes. A pele da jovem era branca, mas levemente rosada e macia como uma seda. Seus cabelos, levemente encaracolados e loiros, desciam naturalmente na altura dos ombros e davam-lhe um ar angelical. As maneiras delicadas de se expressar, de mover as mãos com sutileza, e sua forma educada de falar davam a impressão de que Mércia nascera e fora criada na mais fina sociedade europeia. Marcela reconheceu, naquele pequeno instante de observação, de que não havia outra moça mais linda no mundo que sua irmã. Jamais poderia competir com ela pelo coração de Vitor, a não ser que ela morresse. Nunca, como naquele momento, Marcela estivera tão certa do que estava fazendo.

— Ei, estou falando com você, minha irmã!

Marcela despertou do semitranse e desculpou-se:

— Estava pensando em Olavo. Acho que estou apaixonada.

— Deve estar mesmo! Parecia que estava em outro mundo, minha irmã. Lembro-me dele, é um lindo rapaz.

Marcela tentou desviar-se do assunto:

— Foi você mesma quem preparou esse lanche?

— Sim, por quê?

— Porque assim você me acostumará mal e não voltarei mais para casa! — disse Marcela em tom de brincadeira, mas já querendo colocar na cabeça da irmã a ideia de que ficaria mais.

Mércia gostou do que ouviu:

— Coloquei por minha conta essa geleia de morango e esse queijo francês, mas seus biscoitos de nata estão aqui especialmente para você. Quero mimá-la para que fique mais tempo comigo e não se vá tão rápido. Gostaria que me ajudasse durante a gravidez e também com as lidas da casa.

— Onde estão seus sogros?

— Viajando. Só ficaram aqui três dias depois que chegamos. Disseram que desejavam manter nossa privacidade.

— De certa forma, eles estão certos, afinal, vocês nem viajaram em lua de mel.

— Não sinto falta disso. Vitor é tão amoroso e companheiro que posso afirmar que nossa lua de mel será eterna.

Enquanto comia forçando o sorriso para a irmã, Marcela pensava: "Não será eterna, querida. Vai durar tão pouco que, se você soubesse, tirava logo essa felicidade odiosa da cara".

As duas começaram a falar de outros assuntos até que Marcela terminou de comer, e Ana retirou a bandeja. Em seguida, as duas irmãs foram para a grande sala de estar. Mércia pegou um bordado, enquanto Marcela, impaciente para ver Vitor novamente, olhou para o grande relógio de madeira que estava à sua frente e comentou:

— Ainda faltam vinte minutos para as cinco. Parece que o tempo não passa aqui. E o Vitor que não chega?

— Ele não vai demorar. Logo, logo estará aí. Você está muito impaciente. Deve ser falta do que fazer. Aqui, eu trabalho muito ajudando os empregados, mas nas horas vagas me dedico ao bordado, ao piano e à leitura. Você pode ler, já que não gosta de bordar nem de música.

— Gostaria muito de cavalgar. Sempre tive vontade de aprender. Será que o Vitor me ensina?

— Sim, com o maior prazer. Será ótimo para passar o tempo.

Nem bem Mércia fechou a boca, as duas irmãs ouviram o som das botas de Vitor pelo grande corredor que levava à sala de estar. O capataz o avisara que sua cunhada chegara, e ele não gostou da notícia. Desde o dia em que Marcela fizera aquele escândalo, não a via com bons olhos. Quando soube de sua estada na fazenda, sentiu o peito fechar como se algo o tivesse oprimindo. Faria de tudo para que a cunhada fosse embora o mais rápido possível.

Vitor entrou na sala, cumprimentou polidamente as duas e dirigiu-se a Mércia beijando-a delicadamente nos lábios. A moça pousou o bordado na poltrona e levantou-se para abraçá-lo.

— Veja que surpresa boa é ter Marcela conosco. Estava com medo de enfrentar minha gravidez sozinha, mas ela ficará aqui até o bebê nascer.

Vitor enrubesceu e pensou que aquilo não poderia acontecer de forma alguma.

— A presença de Marcela é boa, mas creio que não precisa ocupar sua irmã por tanto tempo. Aqui há Ana, que não a deixa só em momento algum. Ela já teve dois filhos, sabe muito bem cuidar de crianças, e, além disso, ainda temos na vila a senhora Clotilde, que é uma excelente parteira. Marcela não precisa ficar tanto tempo aqui.

Não passou despercebido a Marcela o tom de frieza que havia nas palavras de Vitor. A moça também entendeu o olhar do rapaz, que lhe dizia claramente para ir embora dali o mais rápido possível. Ela, contudo, jamais iria recuar. Fingindo que não havia percebido nada, levantou-se e ofereceu as costas de sua mão direita para que ele a beijasse. Marcela disse num gracejo:

— Ora, ora meu cunhado. Se não o conhecesse o suficiente, diria que não quer minha presença aqui. Nem se aproximou de mim para saudar-me, por isso lhe estendo minha mão.

Visivelmente contrariado, Vitor beijou a mão da cunhada:

— Desculpe o mal jeito, é que estou chegando de mais uma discussão por causa de uma maldita cerca, o que tem prejudicado meus nervos. Perdoe-me a falta de modos.

224

— Está perdoado, mas saiba que ficarei aqui até meu sobrinho nascer. Não estou fazendo nada de importante na cidade e posso ficar o tempo que eu quiser.

Vitor iria dizer que ela estava sendo inconveniente, mas preferiu calar-se. Mércia, embora tivesse a companhia de Ana, sentia-se só e estava muito alegre com a presença da irmã. Ele resolveu não dizer nada naquele momento, porém, quando seus olhos se cruzaram com os de Marcela, o aperto no peito aumentou e um arrepio estranho perpassou-lhe o corpo. Se acreditasse nas conversas de Anastácia, uma ex-escrava idosa que vivia na fazenda, diria que estava tendo um mau presságio, contudo, resolveu esquecer tudo aquilo e colocar aquela esquisita sensação na conta da presença de Marcela, que lhe causava um imenso incômodo.

Vitor pediu licença para tomar um banho, e Mércia chamou a irmã para ajudá-la a terminar o jantar. Na fazenda, a rotina era outra: todos dormiam muito cedo, e por isso o jantar era servido sempre às dezenove horas.

Com má vontade, porém muito bem disfarçada, Marcela seguiu com a irmã para a cozinha.

Capítulo 27

Os dias foram passando lentamente, e, quando completou uma semana de sua estadia na fazenda, Marcela já estava completamente entediada. Mércia estava sempre ocupada e envolvida com os afazeres domésticos, dispondo e arrumando as coisas a seu modo, mesmo tendo à sua disposição um grande número de criados. Esse era outro ponto que Mércia contava a favor de si: era uma excelente dona de casa.

Além de não ter afinidade com nenhum trabalho doméstico, Marcela não via outra coisa a fazer para passar o tempo senão ler. Sua rotina resumia-se basicamente em acordar, fazer o desjejum, ler a manhã inteira, almoçar, fazer a sesta, acordar, ler o resto da tarde e depois ajudar a irmã a ultimar os preparativos para o jantar, que só fazia para impressionar Vitor, que sempre chegava ao final da tarde e a via junto com a irmã nas lides da cozinha. Marcela queria que o cunhado pensasse que, de certo modo, ela era tão prendada quanto a irmã e só não a ajudava nos demais afazeres por estar na casa como hóspede, mas, ao contrário do que o rapaz pensava, Vitor, bastante intuitivo e observador, notava todo o seu jogo. A cada dia que passava, o rapaz sentia um aperto no peito e aumentar seu pressentimento ruim sobre a estada de Marcela na fazenda.

Durante o jantar daquela noite, Marcela, enjoada da leitura, pediu:

— Querido cunhado, gostaria muito de aprender a cavalgar. Vi que os cavalos daqui são lindos e bem tratados. Gostaria que me ensinasse a montar, para que eu possa ter algo a mais para fazer aqui.

— Pensei que lhe bastasse a companhia de sua irmã, Marcela — respondeu Vitor com certa rispidez.

Marcela fingiu não notar e continuou:

— Eu e Mércia conversamos muito, fazemos bastante companhia uma à outra, mas ela se ocupa muito com os afazeres domésticos. Tento auxiliá-la, mas ela não deixa, então, só me resta ler.

— Acredito, então, que terá muito o que fazer, pois aqui não faltam livros! Meus pais sempre tiveram o hábito da leitura, e, como você pode observar, nossa biblioteca é muito vasta. Há muitos romances nesta casa, tantos que, nem se você passasse dois anos na fazenda, conseguiria ler todos — exagerou Vitor com o tom de voz ainda mais irritado.

Mércia interveio:

— Deixe de má vontade com minha irmã, Vitor. Você é um excelente cavaleiro! Não lhe custará nada ensiná-la a montar.

Aquela conversa já aborrecera Vitor o suficiente, e ele, sem conseguir ficar mais à mesa, levantou-se dizendo:

— Peça a Tenório que a ensine a montar amanhã. Não tenho tempo para isso.

Quando Vitor saiu, Mércia comentou:

— Não sei o que está acontecendo com ele. De uns dias para cá, tem estado nervoso, irritado e falado pouco. Vitor nunca foi assim.

A criada Ana, que estava postada em pé ao lado de Mércia, disse com ironia olhando para Marcela:

— Desculpe, senhora, mas acho que o sinhozinho Vitor está incomodado com a visita de sua irmã.

Mércia corou:

— Como ousa dizer isso, Ana? Peça desculpas a Marcela.

— Não vou pedir, pois não a ofendi em nada. Apenas acho que a mudança do senhor Vitor começou desde o domingo em que ela chegou aqui. Talvez ele quisesse ficar mais sozinho com a senhora, aproveitando melhor os momentos da gravidez sem a presença de outras pessoas para importuná-los.

Raivosa, Marcela levantou-se da mesa e gritou:

— Sua criada é muito desaforada! Ou ela me pede desculpas, ou voltarei ainda hoje para a cidade. Desde que cheguei aqui, noto que ela se comporta como se fosse da família! Você dá muita liberdade a ela, tanto que está me desafiando de igual para igual, como se uma negra pudesse ter essa liberdade com uma pessoa branca e decente como eu. Por isso, eu exijo que Ana me peça desculpas de joelhos ou irei embora daqui à noite e não voltarei mais.

Mércia ia falar, quando Ana se antecipou:

— Perdoe-me, senhorita, não quis ofendê-la. Por Deus, não vá embora desta casa por minha causa. Antes que isso aconteça, eu saio.

Calada e sentindo-se vitoriosa, Marcela sentou-se novamente à mesa, enquanto Mércia dizia:

— Obrigada, Ana. Peço-lhe que não seja mais indelicada com minha irmã. Agora pode sair.

Ana abaixou a cabeça e retirou-se.

A partir daquele momento, o ambiente ficou desagradável, e Mércia e Marcela quase não conversaram mais. Assim que terminou a refeição, Mércia disse:

— Vou ter com Vitor no quarto. Mais tarde nos falamos.

— Estarei, como sempre, na biblioteca.

As irmãs despediram-se, e Marcela foi para a biblioteca. Em vez de começar a ler algum romance, a moça resolveu escrever para a tia pedindo-lhe que fosse logo para a fazenda, pois não poderia esperar. A cada dia, Vitor estava mais incomodado com sua presença e ainda havia o problema com o dono da fazenda vizinha. Ela temia que Felipe fizesse algo contra Vitor e até mesmo tirasse sua vida.

Marcela pegou a caneta-tinteiro, papel e escreveu a carta. Na manhã seguinte, pediria a Tenório que a levasse à cidade e entregasse a correspondência diretamente para Maria.

No quarto, Vitor e Marcela conversavam deitados na cama e de mãos dadas.

— Não sabia que a presença de minha irmã o incomodava tanto. Estou surpresa. Marcela já o desagradou alguma vez?

Vitor não podia contar o que acontecera, mas disse:

— Não é questão de ter desagradado... é que nunca simpatizei com Marcela. Você pode achar que é bobagem minha, crendice, mas, sempre que a vejo aqui, sinto um aperto no peito, uma sensação desagradável, como se algo ruim fosse acontecer.

Mércia preocupou-se:

— Será que Marcela vai se ferir aqui? Será picada por alguma cobra?

— Não, não é nada disso. Sinto que ela nos fará mal.

— Que horror, Vitor! Marcela é incapaz de fazer mal a quem quer que seja. Ela sempre me defendeu das implicâncias de mamãe, e, além disso, sempre fomos amigas, confidentes. De que forma ela poderia nos fazer mal?

Vitor calou-se, pois realmente não havia motivos para estar pensando daquela forma. Mesmo quando Marcela o acusou de tê-la enganado e a trocado por Mércia, ela fora delicada e nunca mais fizera nada para atrapalhar a relação dos dois. Contudo, era uma sensação irracional, que vinha de dentro e que não tinha explicações.

— Realmente, não tenho motivos para estar desconfiado dela, no entanto, tenho experimentado essa sensação esquisita, esse pressentimento. Anastácia conta que todos nós temos o poder de sentir quando algumas coisas vão nos acontecer ou até perceber que uma pessoa nos quer mal sem que ela nos diga uma só palavra.

— Isso é superstição, Vitor. Os escravos têm muito disso. Não me diga que você realmente acredita nisso!

— Não sei se acredito, mas estou sentindo. Sempre que olho para sua irmã, me sinto mal.

Mércia não sabia o que dizer. Conhecia Vitor, conhecia sua personalidade verdadeira, que era um homem que não fingia e não fazia jogos. Mas, por outro lado, a moça não via de que forma sua irmã lhes pudesse fazer mal. Sem entender, mas também sem querer dar mais largas àquele assunto, pediu:

— Vamos esquecer isso. Independente do que você sinta, peço que tente tratá-la melhor, pois pedi a Marcela que ela ficasse aqui até nosso bebê nascer. Não desejo contar apenas com a ajuda de Ana, e a companhia de minha irmã me faz muito bem.

— Tudo bem, amor — concordou Vitor, tentando também pôr fim àquele assunto tão desagradável.

A conversa encerrou-se, e os dois logo começaram a se amar.

Naquela noite, Mércia adormeceu nos braços de Vitor e não voltou mais às outras dependências da casa.

Depois de escrever a carta e colocá-la num envelope, Marcela pegou novamente o romance que estava lendo e prosseguiu com a leitura. À medida que as horas passavam, e Mércia não aparecia, a moça concluiu que a irmã adormecera ou que Vitor a proibira de voltar a vê-la naquela noite. A esse pensamento, uma onda de rancor a acometeu. Marcela, então, resolveu recolher-se e tentar descobrir o que acontecera na manhã seguinte.

No outro dia, logo após o café, Mércia e Marcela saíram em busca do capataz. Enquanto conversavam, Mércia explicou à irmã que dormira nos braços do marido e que por isso não voltara para conversarem. A inveja corroeu ainda mais o coração infeliz de Marcela, mas ela, num esforço grande, não demonstrou o que sentia.

Quando encontraram Tenório, ele estava na baia, cuidando de um cavalo negro, de porte grande, muito bonito.

Ao vê-las, Tenório disse:

— O senhor Vitor me pediu que preparasse esse cavalo para a senhorita aprender a montar.

— Mas ele é enorme. Tenho medo — tornou Marcela realmente assustada com o tamanho do animal.

Tenório riu.

— Ele é grande assim, mas é muito manso. Não vai estranhar. Com ele a senhorita aprenderá mais rápido. Quando quer começar?

— Agora mesmo. Mas, antes, quero lhe entregar uma carta e pedir que a leve o mais rápido possível à cidade. Entregue-a nas mãos da tia Maria.

Mércia estranhou:

— Carta para tia Maria?

— Sim, é que prometi dar notícias a ela logo que chegasse e já faz mais de uma semana que estou aqui. Sabe que tia Maria é mais apegada a mim do que mamãe.

— Sei sim — disse Mércia sem desconfiar de nada. — Agora, vou lhe deixar com Tenório até que aprenda a cavalgar como tanto deseja. Preciso cuidar da casa.

230

Mércia deu um gracioso sorriso e saiu.

Não foi difícil para Marcela aprender a montar. Em pouco tempo, a moça já estava dominando bem o animal e bastante à vontade com as rédeas, as esporas, a sela e os estribos. Em três dias já cavalgava sozinha pelas campinas verdes.

Numa tarde ensolarada, ela resolveu dar para as bandas da fazenda vizinha. O caminho era bonito, verde, coberto de uma grama forte e firme, ladeado por carvalhos e pinheiros centenários.

Marcela cavalgou quase dois quilômetros sentindo o cheiro do mato entrar-lhe suavemente pelas narinas e a delicada brisa tocar seu rosto, quando divisou, quase que à sua frente, um cavaleiro bem-vestido, com botas e chapéu de couro escuro e um belo par de olhos azuis a fitá-la. Ela estava cavalgando de olhos fechados, confiante no animal, e a visão do jovem diante de si a assustou.

— Assustou-se, senhorita? — perguntou o rapaz com voz suave e galante.

— Oh, sim! Cavalgava de olhos fechados ao sabor da brisa e não vi quando se aproximou.

— Cavalgar de olhos fechados é para quem tem coragem. Muito bem! É uma bela moça!

Marcela corou com o elogio e, naquele instante, observou melhor o jovem. Era um rapaz branco de feições um pouco coradas, boca carnuda e cabelos loiros que se mostraram assim que ele tirou o chapéu. Não conseguindo conter-se, ela observou-lhe o corpo e viu que ele tinha o porte avantajado, braços fortes, enfeitados por pelinhos loiros.

Em questão de segundos, Marcela desejou-o e, mentalmente, viu-se sendo possuída por aquele desconhecido.

Percebendo o que estava acontecendo, o rapaz desceu do seu cavalo, atrelou-o num mourão e convidou:

— Desça também. Vamos passear por esta relva. Já haviam me dito que a cunhada de Vitor estava passando uns dias por aqui, mas não pensei que fosse uma moça tão formosa...

— Muito gentil de sua parte. Como se chama?

— Felipe Fortes. E você?

— Marcela Coutinho.

— Bonito nome, assim como a dona. Vamos passear?

Marcela aquiesceu, e ele ajudou-a a descer. Assim que atrelou seu cavalo, Marcela se pôs a andar pela bela estrada na companhia de Felipe.

— O que fazia em meus domínios?

Ela corou.

— Para ser sincera, tive curiosidade de ver sua tão famosa fazenda, mas parece que ainda estou muito longe de lá.

Felipe riu.

— Um pouco mais, e você já veria a sede. Dá pra ver a casa-grande daqui mesmo da estrada. Mas por que minha fazenda é tão famosa?

— Ah, senhor Felipe, pergunta muito óbvia a sua. Já sei de toda a contenda por conta da cerca.

— Você não acha que estou certo em reclamar o que é meu?

— E é realmente seu? — perguntou Marcela com olhos enigmáticos.

Felipe percebeu que havia uma segunda intenção naquela pergunta, mas fingiu não perceber.

— Claro que a terra é minha. Não sou ladrão nem injusto, e a senhorita é muito atrevida em me fazer uma pergunta como essa.

Marcela não se intimidou e foi direta:

— Ora, senhor Felipe, não se faça de inocente. Sei de tudo o que aconteceu entre você e minha irmã. Está apaixonado por Mércia, mas ela não o quer, pois ama Vitor. Depois de seu assédio e da negativa dela, a confusão da cerca começou. O que o senhor deseja é tirar a paz de meu cunhado.

Felipe corou de raiva e, pegando com força no braço de Marcela, vociferou:

— E você?! O que tem a ver com isso?

— Solte-me, e eu lhe direi. Parece até que foi o destino que nos uniu nesta estrada. Se quiser, posso ajudá-lo a conquistar minha irmã.

Felipe viu seu maior desejo atiçado, mas ficou desconfiado. "E se isso for uma armadilha?", pensou.

— Não pense que vou cair numa conversa como essa. A não ser que me prove estar falando a verdade.

— Só tenho minha palavra como prova, e ela vale muito.

Marcela expressava-se com altivez e coragem, o que fez Felipe perceber que ela estava sendo verdadeira. Ainda assim, ele perguntou:

— E qual é o seu interesse em atirar sua irmã em meus braços?

— O único que justificaria uma atitude como essas: sou apaixonada por Vitor, meu cunhado. Amo-o com todas as forças de meu coração e faria tudo para tê-lo comigo.

Felipe soltou o braço de Marcela e disse:

— Conte-me toda a história, e, se me convencer de que está falando a verdade, faremos uma aliança.

Os dois jovens abrigaram-se à sombra de um frondoso e belíssimo flamboaiã, cujas pétalas de suas flores fizeram um imenso e lindo tapete vermelho no chão. Sentaram-se ali, e Marcela abriu seu coração e contou tudo a Felipe. A moça falou do que sentia de uma forma tão verdadeira que o rapaz acreditou, contudo, a proximidade entre seus corpos fez o desejo entre eles aparecer de forma natural e intensa. Felipe disse:

— Para que eu acredite no que me contou, preciso de mais uma prova de que está sendo verdadeira.

— Só há minha palavra.

— Não, há outra coisa. Vamos comigo até ali...

Marcela começou a suspeitar do que iria acontecer, e seu coração descompassou. Amava Vitor acima de tudo, mas o desejo por Felipe estava falando mais alto. Era notório que ele sentia o mesmo, e ela, calada, acompanhou-o.

Os dois jovens andaram poucos metros e depararam-se com uma porteira. Felipe a abriu, e um pequeno caminho ladeado de plantas nativas surgiu. Eles caminharam mais um pouco até chegarem a uma linda e bem cuidada cabana.

— Era a antiga cabana de caça de meus bisavôs e dos homens da família. Reformei, está linda. Entre — disse Felipe.

A cabana era feita de madeira clara envernizada e tinha duas portas pequenas e duas janelas com duas aberturas cada uma. O teto era também de madeira um pouco mais escura, mas também envernizada. A cabana ficava embaixo de uma figueira enorme e, por isso, apesar do calor que fazia naquela tarde, a temperatura lá dentro estava agradável.

233

Quando os dois entraram, Marcela percebeu que, além dos móveis rústicos e das inúmeras armas penduradas nas paredes, havia uma grande cama de casal ricamente adornada.

Tudo aconteceu muito rápido. Enquanto Marcela observava os móveis, Felipe fechou a porta com o pé, o que causou um estrondo. Ele, então, segurou Marcela pela cintura e beijou-a com ferocidade.

A emoção que ela sentiu naquele momento não se igualou a nada que sentira até aquele dia. Com selvageria, Felipe tirou a própria roupa e ficou completamente nu. Ao ver tão bela imagem, Marcela sentiu uma vertigem, mas controlou-se. Felipe, então, caiu sobre a moça, a despiu, e os dois logo começaram a se amar enlouquecidamente.

Capítulo 28

O sol já havia desaparecido no horizonte, quando Marcela chegou ao terreiro da fazenda, onde, com semblantes preocupados, Mércia, Vitor, Tenório e Ana já a esperavam.

— Onde estava até agora? O que lhe aconteceu? — perguntou Mércia, apressando-se a checar o vestido e o corpo da irmã para ver se ela tinha alguma marca de agressão.

— Fui cavalgar por caminhos desconhecidos e me perdi. Fiquei muito assustada até que acertei um caminho e me deparei com uma casa-grande. O dono daquela fazenda me viu e me ajudou a voltar, mas me deixou bem antes da porteira daqui. Disse que queria evitar problemas — mentiu ela.

— Deve ser o facínora do Felipe! — esbravejou Vitor. — Como ele é?

— É um jovem alto, branco, loiro e de olhos azuis.

— É ele mesmo. Escute aqui, Mércia, nunca mais vá para aqueles lados, ou serei obrigado a mandá-la embora daqui no mesmo dia. Sua irmã não lhe contou o que está acontecendo?

Mércia interrompeu:

— Creio que aqui fora não seja o lugar apropriado para tratarmos disso. Vamos entrar. O que importa é que Marcela está bem, não foi vítima de ladrões nem de outros homens mal-intencionados. Estava temendo o pior, mas nada de mal aconteceu. Entremos.

Tenório levou o cavalo de volta para a baia, e Ana entrou na casa junto com os patrões.

Já na sala de estar, Marcela sentou-se de vez na poltrona como se estivesse muito cansada. Na realidade, a moça estava exausta pelo número de vezes que fizera amor com Felipe.

— E então? — Vitor voltou a perguntar. — Sua irmã não lhe contou o que está ocorrendo entre mim e Felipe?

— Contou sim, mas eu não poderia imaginar que aquela fazenda fosse dele e nem que aquele jovem que me conduziu até aqui fosse ele. Quando perguntei o nome do rapaz, ele disse se tratar do senhor Fortes. Só aqui, próximo à porteira, ele me revelou se chamar Felipe Fortes e ainda teve a ousadia de lhe mandar saudações.

Vitor esmurrou a madeira da poltrona com força e levantou-se:

— Patife! Ainda vai me pagar caro!

— Calma, amor — tornou Mércia carinhosa. — Não aceitemos a provocação desse homem vil e sem caráter, mas também não culpemos Marcela pelo que aconteceu. Ela se perdeu, o que é fácil de acontecer nessas terras sem fim. Além disso, ela não tinha como saber de quem era a fazenda e quem a estava acompanhando. Espero que isso seja esquecido para o bem e a paz de todos.

— E eu espero que Marcela esqueça o caminho daquela fazenda, ou, então, a mandarei embora daqui, de preferência a pontapés!

Um insulto daquele diante da irmã e, principalmente, da criada Ana, que mal disfarçava o riso, fez Marcela sair correndo da sala e ganhar o corredor. A moça entrou em seu quarto e bateu a porta com força.

Ainda abraçada a Vitor, Mércia o recriminou:

— Precisava falar assim com ela?

— Sua irmã me tira do sério, Mércia. Você sabe que só tenho suportado a presença dela aqui porque lhe faz companhia, mas se meter logo com o calhorda do Felipe é demais. Você tem que concordar que foi demais para mim.

— Eu também acho que foi demais — intrometeu-se Ana. — Sua irmã não vale um conto de réis, e a senhora ainda se arrependerá de mantê-la aqui.

Tanto Vitor quanto Mércia davam liberdade a Ana para falar daquele jeito. Mércia ia retrucar, mas Vitor tomou a palavra:

— Está vendo? Até Ana pensa como eu, Mércia! Por que disse tudo isso, Ana?

— Porque a senhorita Marcela é falsa. Eu percebo a falsidade no olhar dela, mas o pior é que...

Ana fez um silêncio, como se tivesse se arrependido de falar. Vitor aproximou-se com o coração aos saltos:

— Mas o quê? O que mais você sabe que eu não sei?

— O que sei é que ela lhe deseja, senhor. Já não sei quantas vezes a vi com olhos de desejo para cima do senhor.

— Mas que absurdo, Ana! Não esperava isso de você — bradou Mércia indignada.

— Obrigado, Ana. Pode se retirar.

Antes de sair, Ana aproximou-se de Mércia com olhar de súplica:

— Por favor, senhora, não me mande embora daqui por causa dessa revelação. Eu não deveria me meter em assuntos tão particulares, mas é que a amo muito e sei que sua irmã não está sendo honesta. Além disso, sei que ela pode lhe fazer mal.

Mais calma, Mércia tornou:

— Não se preocupe, Ana. Nada mudou entre nós. Apenas tenho certeza de que você está equivocada. Só lhe peço que não volte a tratar Marcela daquele jeito novamente. Se continuar assim, terei mesmo de despedi-la. Agora, pode ir cuidar do jantar.

Quando ficaram a sós na sala, Vitor convidou a esposa para sentarem-se juntos na poltrona maior. Alisando os cabelos cacheados da esposa, ele perguntou:

— Tem certeza de que Ana está realmente enganada? Será que Marcela não sente nenhum desejo por mim?

— Tenho certeza de que não sente, Vitor. Marcela está enamorada por um jovem da capital. Além disso, nunca percebi que ela tivesse algum interesse em você, nem mesmo durante todo o tempo de nosso namoro e noivado. Por que só agora, depois de casado, ela se interessaria por você?

Naquele momento, inspirado por sua mentora espiritual, Vitor sentiu uma imensa vontade de contar tudo. Sem saber o porquê, o rapaz sentiu um grande medo de perdê-la, e aquela sensação de pavor, como se algo muito ruim estivesse perto de acontecer, voltou com força. Seu lado racional, contudo, falou mais alto, e ele apenas disse:

— Tem razão. Deve ser ciúmes e implicância de Ana. Não vamos mais falar disso.

Mércia virou-se e beijou-o nos lábios com carinho, encerrando, assim, o assunto.

Na hora do jantar, Marcela não apareceu, e a criada encarregada de chamá-la voltou dizendo que a moça se demorara no banho, estava deitada com dor de cabeça e por isso não iria jantar com eles. Havia pedido apenas uma sopa leve.

Quando a criada se foi, Mércia disse:

— Ela ficou muito abalada com sua atitude, Vitor. Creio que deveria pedir perdão a ela.

Aquilo era demais, e Vitor não faria.

— Não vou pedir perdão a Marcela. Não gostei do que aconteceu, reconheço que exagerei, mas, se eu voltar atrás e pedir perdão à sua irmã, perderei minha força moral como homem. Um homem jamais deve pedir perdão a uma mulher, exceto se for sua esposa.

Mércia não gostou do que ouviu:

— Parece até meu pai falando. Eu até entendo que meu pai pense e aja assim, pois foi criado por meu avô, um antigo coronel. Mas você? Não dá para entender, Vitor.

— Não quero mais falar sobre Marcela hoje. Já que ela não quer jantar conosco, sugiro que aproveitemos esse momento a sós e conversemos sobre nosso futuro e nosso filho.

Percebendo que Vitor estava voltando a se irritar, Mércia resolveu não falar mais nada e logo se entreteu falando do bebê e das futuras reformas que faria na fazenda para sua chegada.

Em seu quarto, Marcela estava completamente relaxada, pensando nos momentos íntimos que vivera com Felipe naquela tarde.

Depois da atitude grosseira de Vitor, Marcela começou a se questionar se o amava de fato. Ficara enfurecida quando ele disse que a expulsaria dali aos pontapés, contudo, assim que mergulhou em sua banheira com água quente, relaxou, deixando a raiva passar. Quando começou a comparar Vitor com Felipe, julgou que o cunhado só perdia para o outro rapaz.

Embora Vitor fosse um homem de beleza rara, Felipe era mais bonito, delicado, carinhoso e sabia fazer sexo da maneira que ela sempre desejou num homem, ora com ardor e ferocidade, ora com carinho e delicadeza. Nunca, em toda sua vida, sentiu as emoções que experimentara naquela tarde.

Imersa em suas lembranças, Marcela pensou que teria de dar um jeito de voltar a encontrá-lo, não só para viver novamente aqueles momentos, como para tentar enganar Felipe, traçando algum plano mirabolante em que ele acreditaria ter Mércia em seus braços. Ao pensar aquilo, Marcela sentiu o coração estremecer. Imaginar Mércia nos braços de Felipe, mesmo sabendo que aquilo jamais aconteceria, a fez sentir ciúmes.

Daquele momento em diante, Marcela começou a se questionar. Talvez não valesse mais a pena matar a irmã para ficar com um homem rude e grosseiro como Vitor, já que ela poderia ter Felipe, que a levara ao céu. Naquele instante, ela percebeu, aterrada, que estava apaixonada por Felipe e que o amor ardente que julgava sentir por Vitor era apenas uma ilusão.

Marcela começou a rolar na cama com pensamentos contraditórios e, por mais que tentasse parar de pensar em Felipe, não conseguia: "E agora? O que farei? Não posso mais ficar sem Felipe. Sei que ele, assim como eu, está pensando em tudo o que vivemos no dia de hoje. Talvez, ele também tenha descoberto que não ama Mércia, mas sim a mim. Pela forma como me amou, sinto que jamais me esquecerá. Ele gostou tanto de mim que não tocou mais no assunto da aliança que faríamos para destruir o casamento de Mércia e Vitor. E se ele voltar ao assunto? E se não estiver pensando em mim como estou nele? Os homens são diferentes, e ele pode ter me considerado apenas mais uma aventura. Pode estar achando que sou mais uma das rameiras que ele levou para aquela cabana. Meu Deus! Estou perdida. Ainda bem que tia Maria chegará logo! Só ela poderá me ajudar".

Ao se lembrar de que sua tia chegaria logo, Marcela começou a se acalmar até a criada entrar trazendo-lhe uma bandeja com um prato fumegante de sopa, que ela sorveu com prazer. Marcela dispensou a criada, dizendo que ela mesma levaria a bandeja com o prato para a cozinha.

Quando terminou de comer, colocou a bandeja no chão e voltou a deitar-se. O carrilhão deu dez badaladas, mas ela estava completamente sem sono. Embora cansada, o sono não vinha. Marcela, então, resolveu ir para a biblioteca continuar a leitura do romance.

Era o melhor a fazer até o sono chegar, e um novo dia começaria até sua tia Maria chegar para salvá-la daquele dilema íntimo.

Nos dias que se seguiram, Marcela e Felipe continuaram a se encontrar todas as tardes na cabana. Com receio de que a irmã percebesse que havia algo errado naqueles passeios, a moça demorava o mínimo possível, mas o suficiente para ser amada por Felipe da maneira de que mais gostava. Quanto mais os dias passavam, mais Marcela percebia que seu amor por Vitor não passava de uma ilusão.

Num fim de tarde em que ela estava profundamente inquieta, andando de um lado a outro sem parar, Mércia, que bordava na varanda e apreciava o pôr do sol, chamou:

— Sente-se comigo para aproveitarmos esse belíssimo final de tarde conversando. Ultimamente, você tem estado diferente. Embora esteja mais alegre, tenho notado que está nervosa, inquieta, como se algo a perturbasse profundamente. O que está acontecendo?

— É a falta que tia Maria me faz — mentiu Marcela, sentando-se em uma belíssima cadeira de vime trabalhado para aproveitar a espaçosa varanda que dava para o terraço da fazenda e mostrava a estrada ao longe.

— Se for isso, logo sua inquietação acabará. Olhe só.

Marcela apurou a vista e olhou na direção da estrada para onde Mércia apontava. Vindo em direção à fazenda, uma carruagem acabava de surgir no fim da estrada. Certamente era Maria quem chegava.

O coração de Marcela acelerou, pois a moça não via a hora de a tia chegar. Queria contar tudo a ela, principalmente a proposta que Felipe lhe fizera depois da grave constatação de que estava grávida. Muito feliz, o rapaz a pediu em casamento, mas ela, sem saber o que fazer pelo inusitado da situação, só balbuciou que iria refletir sobre aquele pedido. Felipe lhe dissera que, com a gravidez em curso, aquela seria a única solução, mas Marcela não achava isso, pois sabia que, se quisesse, poderia abortar a criança e que certamente sua tia a ajudaria naquela questão.

A carruagem foi se aproximando lentamente, e, quando chegou ao terraço, o cocheiro desceu e abriu a porta esquerda. Maria desceu com o semblante fechado, visivelmente contrariada, e qual não foi a surpresa de Marcela ao ver que Venâncio, seu tio e marido de Maria, também viera junto. Provavelmente, aquele era o motivo do desagrado dela. Queria viajar sozinha, mas Venâncio não permitira.

As boas-vindas de Mércia, que recebia a todos com sua habitual doçura, fez Maria abrir mais o rosto, e logo depois todos estavam conversando animadamente.

Mércia mostrou-lhes o quarto onde ficariam hospedados e pediu que Ana lhes preparasse um banho.

Por mais que tivesse tentado, Marcela não conseguiu falar nada com a tia, que, mesmo percebendo que algo muito errado estava acontecendo, fingiu não notar e dirigiu-se com o marido para o quarto.

A noite caiu, e Vitor chegou a casa. A presença de Maria também o incomodava, mas o rapaz gostava de Venâncio, com quem logo começou a conversar amigavelmente na sala de estar, enquanto bebericavam uns aperitivos antes de o jantar ser servido.

Todos comeram em silêncio como era de praxe e logo foram para a sala de música da fazenda. Mércia tocou várias canções que estavam fazendo sucesso na época, e depois Vitor foi para o terraço com Venâncio, enquanto as mulheres conversavam na sala de estar.

Mércia respondia às perguntas da tia com entusiasmo. Falava da gravidez, da fazenda, do quanto estava gostando de viver ali e, principalmente, do quanto era amada por Vitor.

Maria notou que a felicidade de Mércia não estava incomodando Marcela e estranhou. Conhecia muito bem a sobrinha para saber que ela estava fingindo muito bem ou algo muito errado estava acontecendo.

Desejando ficar a sós com a sobrinha, Maria, pretextando cansaço, disse:

— Vou repousar, Mércia. Vem comigo, Marcela? Desejo descansar o corpo de tão cansativa viagem. Importa-se de eu roubar um pouco sua irmã de você?

— Lógico que não, tia. Sei que adoram estar juntas, e Marcela não mais se continha de ansiedade por sua chegada. Ficarei aqui terminando esse bordado, e, quando tio Venâncio chegar, direi que estão no quarto.

— Não ficará chateada por ficar só? — perguntou Maria propositadamente, querendo ignorar a presença de Ana, que, sentada com a patroa na mesma poltrona, bordava uma toalha.

Mércia não entendeu:

— Como só? Estou com Ana. Pode ir tranquila.

Maria apenas aquiesceu com a cabeça e, de braços dados com Marcela, seguiu para o quarto.

Assim que sumiram pelo longo corredor, Ana pousou o delicado bordado no colo e, puxando a mão de Mércia, tornou:

— Sinto que precisamos orar muito.

— Por quê? — perguntou Mércia sem entender.

— Sua tia e sua irmã não nos trarão boas coisas. Sinto que elas trarão a infelicidade e a ruína para esta casa.

O coração de Mércia descompassou. Pela primeira vez, algo em seu íntimo concordou com o que Ana dizia, no entanto, não poderia demonstrar:

— Ora, Ana! Deixe disso! Está ficando como a Anastácia?

— Desde pequena, sempre tive sensibilidade, premonições. Estou avisando à senhora que dessas duas não sairá boa coisa, mas a oração tem grande poder. Vamos deixar esse bordado agora e orar.

Dominada por um medo que não sabia de onde vinha, Mércia pousou o bordado no colo e, junto com Ana, começou a orar.

Capítulo 29

Maria sentou-se na cama e fez Marcela sentar-se também.

— Vamos lá. Conte-me o que está acontecendo.

— Estava louca para a senhora chegar e me ajudar com uma situação muito difícil. As coisas saíram diferentes do que havíamos programado e decidi que não mais atentarei contra a vida de minha irmã, ao contrário. Já me arrependi de ter pensado nisso e vou deixá-la viver em paz com Vitor.

Maria sentia como se estivesse sendo vítima de algum tipo de alucinação:

— Você quer repetir, por favor? Acho que estou ficando louca.

— Não está, e é isso mesmo que a senhora ouviu. Não quero mais ter nada com Vitor. Descobri que não o amo mais, aliás, descobri que nunca o amei. Tudo que senti por ele foi apenas um capricho de menina mimada querendo tomar o brinquedo da irmã.

O rosto de Maria corou:

— Mas como você pode estar dizendo uma coisa dessas? Onde está a Marcela apaixonada, passional, voluntariosa, capaz de tudo para ter o homem dos seus sonhos, inclusive matar? Você só pode estar doente, vítima de algum sortilégio. Vim para cá porque já faz dois meses que você está aqui, e precisamos começar a agir logo.

— Não vou mais agir do jeito que combinamos, tia. Como lhe disse, as coisas saíram diferentes do que havíamos planejado, e eu não quero mais matar ninguém, muito menos minha irmã, que, durante todo esse tempo, mostrou sua nobreza de alma para comigo. Além disso, mesmo sendo o casca grossa que é, Vitor não merece ver a mulher morrer, muito menos grávida.

— Confesso que a notícia da gravidez me surpreendeu muito — disse Maria parecendo refletir, mas logo virou o rosto severo para a sobrinha e continuou: — Mas uma criança não é motivo para você desistir dos seus planos, Marcela. Eu a conheço melhor do que ninguém, melhor até do que sua mãe, que a pôs no mundo. Não é por essa criança que você quer desistir de tudo. Só pode ser... Não! Não me diga que o que estou pensando é verdade.

A reação nada agradável de Maria fez Marcela ficar com medo de contar toda a verdade para ela. A tia, que sempre fora sua cúmplice em tudo, parecia estar contra suas decisões agora.

— Pelo seu silêncio, já sei a resposta. Você se apaixonou por outro homem! — Maria colocou as mãos nas têmporas, num gesto desesperado. — Quem é ele? Aqui neste fim de mundo só pode ser um colono, um vaqueiro, um ex-escravo, algo assim. Diga-me quem é, Marcela!

Maria agora sacudia a sobrinha com certa força.

Ela então explodiu:

— Estou apaixonada por Felipe, o dono da fazenda vizinha.

Maria soltou repentinamente os ombros de Marcela e tornou:

— Fazenda vizinha? Felipe? Você enlouqueceu? Como isso aconteceu?

Marcela ganhou coragem e contou tudo, ocultando apenas a informação de que estava grávida. Maria meneava a cabeça negativamente a todo instante, mostrando que era contra tudo aquilo, o que fez Marcela indagar:

— Por que está desse jeito, tia? A senhora sempre foi minha melhor amiga, minha confidente, e somos unidas em tudo. Sempre foi desse jeito desde que me entendo por gente, então, por que está contra mim dessa forma?

Maria fixou-a com olhos que exibiam raiva e piedade ao mesmo tempo:

— Porque você caiu numa cilada, numa ilusão, e não está vendo a verdade nem onde se meteu. Se Felipe fosse um homem decente, um rapaz honesto, eu seria a primeira a concordar, afinal, ele é rico, bonito, herdeiro de uma grande fortuna, mas esse rapaz não presta. Ele é venal, não quer compromisso, usa e abusa das mulheres a seu bel prazer. Ele é um canalha que a seduziu, iludiu e vai deixá-la de lado, como se deixa um pano velho quando não se precisa mais dele. Minha filha, como você caiu nessa?

— Como a senhora o conhece tão bem assim, tia? Nós nunca falamos de Felipe lá em casa, e eu mesma nem sabia de sua existência. Como pode falar assim dele?

— Eu não o conhecia, mas, antes de viajarem para a Europa, Valdemar e Conceição passaram em nossa casa e nos contaram sobre o problema da cerca que Vitor estava enfrentando. Eles estavam temerosos pela vida do filho. Contaram que conhecem Felipe e seus pais há muito anos e que praticamente viram esse rapaz nascer. Segundo o que o senhor Valdemar nos contou, ele é um sem-vergonha, dado a orgias, à bebedeira, e não quer nada sério com mulher alguma.

— Mas, tia, ele me ama! Ainda ontem me propôs casamento.

— Casamento? Ele chegou a tanto? — Maria estava realmente alterada.

— Sim. Ele quer se casar comigo.

— Mas como, Marcela? Ele já é noivo de Juliana!

Marcela empalideceu.

— Juliana? Quem é essa?

— É a filha de Leopoldo Pacheco, sócio majoritário da maior empresa de ferrovias deste país.

Marcela levou a mão à boca num gesto de desespero, e Maria prosseguiu:

— Viu como tenho razão? Percebe que Felipe foi o mais cruel dos calhordas iludindo uma moça decente e de família nobre como você? Ele foi prometido a Juliana quando ainda era criança. Ela cresceu e tornou-se uma dessas moças modernas que estudam fora do país, mas, quando concluir os estudos, voltará para se casar com ele. Aliás, segundo Valdemar nos disse, falta menos de um ano para isso acontecer.

Marcela agora deixava que as lágrimas de dor e decepção rolassem por sua face, sem nenhuma vontade de contê-las. Estava perdida. O que seria de sua vida dali em diante? Sua tia Maria não mentia, portanto, precisava render-se aos fatos. Fora iludida, enganada, passada para trás sem o menor pudor por Felipe. Ela,

245

contudo, o amava. Amava-o intensamente. Sabia que aquele sentimento era amor, pois era sereno, calmo e, mesmo quando se entregava a ele com todo ardor possível, ainda assim era com emoção, sentimento e profundo encanto. Não! Ela não podia perdê-lo daquele jeito. Precisava conversar com Felipe para saber a verdade por seus lábios. Ele a pedira em casamento. Como pôde ter feito isso se estava comprometido com outra? Talvez, a tia estivesse enganada sobre aquele ponto. Talvez Felipe não estivesse mais disposto a continuar com aquele noivado e casar-se com uma mulher que mal conhecia. Precisava falar com ele e só aí decidiria o que fazer.

Com esses pensamentos, Marcela foi se acalmando e parou de chorar. Maria desconfiou:

— Por acaso não acreditou no que lhe contei?

— Acreditei sim, tia. Sei que a senhora jamais mentiria para mim, mas antes preciso falar com Felipe. Só posso tomar uma decisão depois de conversar com ele e ouvir o que ele tem a me dizer.

Maria não gostou daquela atitude. Felipe era ladino, esperto, e, certamente, encontraria uma forma de continuar ludibriando a sobrinha.

— Tudo bem, concordo, mas desde que eu vá com você. Sozinha e inexperiente como você é, é capaz de voltar tão enganada quanto foi até agora.

Marcela ficou irada:

— Desta vez, a senhora não vai me acompanhar! Chega de sua interferência! Por mais que a ame, não posso deixar que mande assim em minha vida. Irei sozinha e, se desconfiar de que a senhora está por perto tentando ouvir minha conversa com ele, poderei revelar a todos os nossos planos. Não tenho mais nada a perder. Agora, vou me retirar e tentar dormir por algumas horas até amanhã. Boa noite.

Marcela saiu batendo a porta com estrondo, deixando Maria preocupada e com ódio. Não de sua sobrinha, mas de Felipe. Na qualidade de tia amorosa, que só pensava no bem de sua amada sobrinha, ela jamais poderia deixar que Marcela fosse enganada de uma forma tão vil por um patife como Felipe. A moça precisava colocar a cabeça no lugar, desistir dele e voltar a pensar em Vitor. Maria tinha certeza de que, desiludida pelo rapaz, ela voltaria a gostar do cunhado, e ambas poderiam colocar em prática o plano que haviam traçado tão meticulosamente.

Maria não percebeu, mas, naquele instante, espíritos inferiores, que se apresentavam como sombras, a envolveram dizendo-lhe coisas que ela não captou em palavras, mas pensou como se fosse ela mesma refletindo. Maria foi tomada de um grande pavor por esses pensamentos e foi com extrema ansiedade e inquietação que esperou Venâncio entrar no quarto.

— Já passa das dez, e você não chegava! Estou profundamente aborrecida — disse Maria, assim que Venâncio entrou no quarto e começou a trocar a roupa para dormir.

Parecendo não ouvir o que ela dizia, Venâncio comentou:

— Que fazenda linda! Pensei que Mércia tinha vindo morar num fim de mundo, mas neste lugar tudo é requinte e riqueza. Olhe para este quarto! Para esse lustre, essas velas, esse luxo de cama, tapete. Olhe para esse guarda-roupa de madeira de lei!

— Cale-se, Venâncio. Deixe de ser idiota! Não está vendo como estou desolada?

Só naquele instante Venâncio percebeu o rosto compungido da mulher. Ele vestiu os trajes de dormir rapidamente e sentou-se na cama ao lado da esposa:

— O que aconteceu para você estar neste estado?

— Nossos planos estão prestes a dar errado. Podemos ter vindo aqui a troco de nada.

Venâncio não entendeu, e Maria, exagerando nos detalhes, contou tudo e finalizou:

— Apaixonada como está, Marcela pode até se conformar em ser uma reles amante de Felipe, sem direito a nada do que ele possui. Você sabe que nossa única chance de retomarmos nossa fortuna e prestígio social é por meio do casamento dela com Vitor. Mércia precisa morrer para que eles se casem. Com Marcela e Vitor casados e com a influência que possuo sobre ela, logo teremos dinheiro suficiente para sairmos da casa de Cecília, onde vivemos de favor, e comprarmos nossa luxuosa vivenda na Avenida Paulista. Nem quero imaginar se ela desistir de nosso plano! Para sempre, seremos dependentes de Cecília e Afonso.

Tendo perdido tudo o que possuíam no jogo, Venâncio, que compactuava com a cobiça da mulher, sentiu os dentes trincarem de ódio. Aquilo não podia acontecer. Só ele sabia das inúmeras humilhações pelas quais passava na mansão da cunhada, onde Afonso o convocava a fazer trabalhos degradantes. Além disso, Cecília humilhava Maria a todo instante, tendo mais consideração à criada negra Filomena do que à irmã.

Com muito ódio no coração, perguntou:

— O que você sugere? Precisamos agir rápido.

Os olhos de Maria brilharam rancorosos sob a luz das velas ao dizer:

— Matar Felipe! Essa é a única maneira de nos vermos livres desse problema.

— Mas essa não seria uma atitude demasiadamente extrema, Maria?

— Não temos outra saída. Sou mulher e sei como pensam as mulheres. Marcela está amando esse homem vil e degradante, e tenho certeza de que ele nunca deixará o noivado com Juliana para casar-se com ela. Se Marcela tornar-se amante de Felipe, não teremos como voltar aos nossos tempos de luxo.

Venâncio ainda ponderou:

— Mas serão muitas mortes, Maria. Além de matar Felipe, ainda mataremos Mércia, que está grávida. Teremos três mortes na consciência.

— Que consciência? Dane-se sua consciência! A minha está tranquila e serena. Só estamos fazendo o que é melhor para nós. Infelizmente, teremos de matar mais duas pessoas, mas fazer o quê?

A frieza da mulher por vezes impressionava Venâncio, mas não podia deixar de concordar com ela. A única maneira de resolver aquele assunto seria matando Felipe, e era isso o que ele iria fazer assim que tivesse a primeira oportunidade.

Depois que prometeu para Maria que faria o que ela ordenasse, Venâncio abraçou a mulher, mas nenhum dos dois conseguiu dormir de pronto. Ambos reviraram-se na cama quase a noite inteira, sem perceber que eram abraçados com força pelas sombras dos espíritos do mal.

Foi com indisfarçável ansiedade que Marcela esperou pelo seu passeio vespertino no dia seguinte.

Ao chegar à cabana, já encontrou Felipe despido e preparado para o amor, esperando por ela.

Marcela sentiu ímpetos de jogar-se em cima dele, mas precisou conter-se. A moça, então, fechou a pequena porta atrás de si e, olhando-o, disse:

— Vista-se. Precisamos conversar.

— O que está acontecendo? Vamos nos amar! Quase não dormi à noite esperando por esse momento.

— Não estou em condições de fazer amor com você hoje, Felipe. Vista-se, pois nossa conversa será séria e não pode ser adiada.

Pelo tom de voz de Marcela, Felipe notou que algo ruim havia acontecido. O rapaz vestiu-se depressa e tentou abraçá-la por trás, mas ela rejeitou o abraço dizendo chorosa:

— Por que me enganou durante todo esse tempo? Por que não me disse que era noivo e que se casará com Juliana Pacheco?

Felipe empalideceu. "Como Marcela teve essa informação?", questionou. Tentou mentir:

— Quem lhe disse isso se enganou e está querendo acabar com nosso amor.

— Crápula! Sem vergonha! — gritou Marcela dando tapas e socos no rosto e no peito de Felipe, que tentou contê-la em vão:
— Como foi capaz de ser tão vil, mentiroso e traiçoeiro a ponto de me enganar dessa forma? Ontem mesmo, você me pediu em casamento! Eu estou grávida, grávida, Felipe! Estou grávida de você. E agora? O que será de mim e de meu filho?

Perdendo as forças, Marcela agachou-se lentamente e, quando deu por si, estava no chão agarrada às botas de Felipe, chorando sentidamente.

Com pena, Felipe levantou-a devagar e fê-la deitar-se. O rapaz foi até uma pequena moringa de barro envernizado e encheu um copo com água fresca, entregando-o em seguida para a moça beber.

Enquanto Marcela bebia o líquido e se acalmava, Felipe deitou-se com ela na cama e pegou em sua mão apertando-a com força. O rapaz não sabia o que dizer. Ele não queria mais casar-se com Juliana e amava Marcela com todas as forças de seu coração,

249

ainda mais depois do dia anterior, quando a amada lhe disse que estava esperando um filho seu. Felipe pediu-a em casamento, mas estava sendo difícil para ele enfrentar o pai e desfazer um noivado e um futuro casamento, cuja realização ampliaria a fortuna das famílias. O rapaz, contudo, tinha certeza de que encontraria uma forma de enganá-los, terminar tudo e poder casar-se com Marcela. Estava sendo sincero e só queria que ela lhe desse um tempo para resolver tudo.

Percebendo que Marcela estava mais calma, Felipe abriu seu coração. À medida que explicava a situação e se colocava com verdade, a moça sentiu seu coração encher-se novamente de esperanças. Tinha certeza de que não estava iludida e que o rapaz dizia a verdade.

Ele finalizou:

— E então? Pode aguardar com paciência, enquanto resolvo esse problema e conquisto a confiança de meus pais?

— Sim, mas não podemos ser muitos pacientes, Felipe. Estou grávida e não poderei esconder esse fato por muito tempo.

— Será o tempo suficiente para eu resolver tudo, meu amor. Mais uma vez, peço-lhe perdão por lhe ter ocultado a informação de que era noivo, mas foi por causa do sentimento que tenho por você. Posso lhe jurar que nunca senti esse amor por mais ninguém. Caso não consiga resolver a situação e meus pais insistam em me obrigar a me casar com Juliana, nós fugiremos. Tenho dinheiro suficiente para vivermos bem muito longe daqui.

Marcela não queria fugir; queria se casar com Felipe e ter uma vida normal, como a de sua irmã, que era muito feliz ao lado de Vitor, contudo, sua paixão pelo rapaz era tão grande que, se não houvesse saída, fugiria com ele.

Com as resoluções tomadas, os dois jovens beijaram-se sentindo o coração acelerar no peito e logo estavam esquecidos de tudo e entregues à paixão que os unia.

Capítulo 30

Os acontecimentos precipitaram-se, e, naquela noite, ao voltar para casa e jantar com todos, Marcela foi para o quarto com a tia a pretexto de conversarem, enquanto Mércia e os demais foram para a sala de leitura.

Assim que Maria ouviu o relato da sobrinha, procurou conter sua fúria e disse:

— Queira Deus que isso seja verdade, Marcela, pois temo muito por sua felicidade.

O tom propositadamente bondoso, mas extremamente forçado, que Maria usou na voz, alegrou Marcela:

— Está vendo? Até a senhora, que ainda ontem estava com muita raiva do que fiz e do meu relacionamento com Felipe, já está mudada. Eu sinto que ele me ama, tia. E além de tudo, caso dê errado a tentativa dele de convencer os pais, nós fugiremos. Seremos felizes em outro lugar. Não era esse o destino que eu queria pra mim, mas o amor está acima de tudo.

Maria, que não sabia que havia um plano de fuga entre a sobrinha e Felipe, ficou ainda mais preocupada. O rapaz chegara muito longe com aquela farsa. Como ousava enganar Marcela daquele jeito? A mulher sentiu o ódio aumentar, contudo, mais uma vez, forçou um tom de voz amoroso e disse:

— O mais importante é a sua felicidade. Não queria você fugida, vivendo longe de mim, mas, se aí está sua felicidade, faça! Vale a pena.

— Quer dizer que a senhora também acredita no amor de Felipe por mim? O que a fez mudar de opinião tão de repente?

Maria corou, mas disfarçou:

— É que ontem, cansada da viagem e irritada com Venâncio, eu dei demasiada importância ao que me contou e aos meus medos, contudo, rezei muito essa noite, pedi que a Virgem Santíssima iluminasse meu pensamento e fui ficando mais calma. Com o passar das horas, percebi que estava exagerando. Agora, depois do que me contou, tenho certeza de que esse rapaz a ama e fará de tudo para ficar ao seu lado. Não há mais como duvidar. Só rezar muito e torcer para que se casem normalmente, com a aceitação dos pais dele, e que não precisem fugir.

— Tia, a senhora é mesmo maravilhosa! — disse Marcela abraçando-a com amor.

Em seguida, as duas foram para a sala de leitura e continuaram conversando com os demais como se nada estivesse acontecendo.

Quando foram dormir, Maria, com um ódio que enrouquecia sua voz, disse a Venâncio:

— Precisamos agir o mais depressa possível! Você não sabe o que o patife do Felipe disse para Marcela hoje à tarde para enganá-la. A menina está completamente iludida e ainda está carregando no ventre um filho desse homem. Precisamos por nosso plano em ação para que, depois de tudo culminado, todos pensem que essa criança é filha de Vitor.

— O que Felipe disse a Marcela a ponto de enganá-la?

— Uma mulher apaixonada não precisa de muito para ser enganada, contudo, ele foi longe dessa vez e de fato merece a morte.

Maria contou tudo ao marido, que a ouvia sentindo brotar no peito um sentimento de revolta, que, unido ao do ódio, o transformou num ser desprovido de qualquer tipo de ética ou moral.

Quando a esposa finalizou sua narrativa exagerada, Venâncio tornou:

— Não podemos esperar nem mais um dia. Amanhã, esse rapaz morrerá.

— Olhe só o que você vai fazer, Venâncio. O serviço precisa ser muito bem-feito para que não desconfiem de nós.

— Parece que você nem conhece seu marido velho de guerra. Sou profissional, Maria! Nunca matei ninguém, mas não deixo nenhuma pista quando faço algo.

— Justamente por nunca ter matado ninguém é que pode se acovardar, errar a mira ou desistir no último momento. Você não é tão valente quanto diz, Venâncio. Muitas e muitas vezes foi frouxo.

Venâncio irritou-se ainda mais com o comentário venenoso de Maria:

— Pois verá quem é o frouxo! Amanhã mesmo darei cabo desse pilantra, conquistador de moças inocentes.

Maria alegrou-se:

— Muito bem! Agora, verifique sua arma. Veja se está tudo em ordem.

Venâncio abriu um dos baús que trouxeram da viagem e que estava aos pés da luxuosa cama e de dentro dele tirou uma arma, cujo brilho reluziu sob a luz das velas. Os olhos do homem brilharam. "Amanhã será o grande dia!", pensou ele.

No dia seguinte pela manhã, Vitor foi verificar as plantações, e Mércia dirigiu-se à cozinha para ajudar as criadas. Maria e Marcela sentaram-se nas confortáveis poltronas da varanda para fazerem a única coisa que podia ser feito ali para passar o tempo: ler.

De vez em quando, Maria interrompia a leitura para fazer algum comentário a respeito do amor da sobrinha por Felipe, o que deixava Marcela ainda mais feliz e confiante no apoio da tia.

Enquanto isso, na estrada, Venâncio esperava Felipe passar. Já estava lá havia mais de duas horas, e o sol estava ficando cada vez mais forte. Quando o calor já começava a incomodá-lo, ele finalmente viu um cavaleiro surgir numa curva a poucos metros do local onde estava. Chegara a hora de dar início ao seu plano. Maria o avisara que, pelas manhãs, Felipe passava pela estrada que unia as duas fazendas para verificar se estava tudo em ordem.

Não foi difícil para Venâncio reconhecer Felipe. Nunca vira o rapaz, mas, tendo como base a descrição de Maria, não tinha dúvidas de que era ele. Assim que o cavaleiro se aproximou, Venâncio o interpelou:

— Senhor Felipe? Preciso lhe falar. É urgente.

— Quem é você? — disse Felipe desconfiado. Sua mãe tivera um presságio na noite passada e pedira-lhe chorando que não saísse de casa naquele dia, pois ele estava correndo perigo. O rapaz não acreditava naquelas coisas, mas ali, diante daquele homem, seu instinto de sobrevivência alertou-o, e ele sentiu um medo estranho invadir-lhe.

Venâncio notou a desconfiança do rapaz, mas prosseguiu calmo fazendo tudo de acordo com as orientações de Maria:

— Sou tio de Marcela e vim aqui lhe trazer um recado. Minha sobrinha está doente e não poderá encontrá-lo hoje na cabana. Ela pede sua compreensão e manda lhe dizer que, assim que melhorar, voltará a vê-lo.

Felipe custava a crer no que ouvia, porém, sabia que Marcela jamais confiaria o segredo deles a alguém que os fosse trair.

— O que Marcela tem?

— O médico disse que é uma indisposição passageira por causa do seu delicado estado de gravidez...

Naquele momento, Felipe teve a certeza de que aquele homem estava sendo sincero, então, desceu do cavalo e perguntou:

— O que aconteceu com ela? Primeiro, você disse que ela estava doente, agora indisposta, afinal, o que Marcela tem? Como a família recebeu a notícia de que está grávida? Preciso vê-la imediatamente.

Venâncio apressou-se:

— Não faça isso, senhor, pois precisamos conversar. As coisas aconteceram rapidamente. Marcela passou mal, e Vitor mandou chamar o médico da vila, que revelou a gravidez da minha sobrinha. Muita coisa está acontecendo, e eu vim aqui em nome dela para conversar com o senhor e explicar tudo. Peço-lhe que me leve até a cabana onde se encontram para que possamos conversar sem que sejamos interrompidos.

Levado pelo engano e sem ter o hábito de orar e manter-se ligado a Deus, Felipe, sem vigilância, foi presa fácil das teias do mal.

— Vamos rápido, é por ali. Preciso saber o que aconteceu à minha amada.

254

Venâncio montou em seu cavalo, e os dois homens cavalgaram rapidamente pela estrada enfeitada pelas flores vermelhas do flamboaiã. Pouco depois, chegaram à cabana.

Quando entraram, Felipe pediu:

— Sente-se e conte-me tudo o que está acontecendo.

— Antes, peço-lhe que me sirva um copo com água, por favor.

Felipe virou-se para a moringa, e, nesse momento, Venâncio foi rápido. Ele sacou a arma e deu um tiro certeiro nas costas do rapaz.

Tudo foi muito rápido. Felipe tombou no chão, sem saber o que havia ocorrido.

Quando percebeu que o rapaz parara de estremecer, Venâncio colocou dois dedos no pescoço de Felipe e, notando que o coração dele não pulsava mais, disse rindo:

— Agora, cretino, você seduzirá as moças do inferno.

Venâncio cuspiu no rosto de Felipe, abriu a pequena porta, montou em seu cavalo e saiu correndo o máximo que podia.

Na fazenda, assim que viu o marido chegar, Maria pediu licença a Marcela e foi ter com Venâncio no quarto. O homem ainda tremia, mas de prazer mórbido pela aventura. Quando a mulher abriu a porta do quarto, ele correu a abraçá-la e disse:

— Está feito! Nossa sobrinha agora está livre! Livre!

— Graças a Deus! — disse Maria. — Podemos até ter cometido um pecado, mas Deus nos perdoará pois foi por uma causa nobre.

— Claro! Além de estar enganada, Marcela contribuiria para que continuássemos escravos de Cecília e Afonso.

— Com certeza, e isso eu não permitiria! Agora, falta matar mais uma pessoa. Deus nos perdoará por mais esse crime, mas é preciso que seja feito. Vamos ter de esperar mais tempo, mas, assim que for possível, também mataremos Mércia.

— Precisamos comemorar — disse Venâncio querendo fazer sexo com a esposa naquele momento.

Maria o repeliu:

— Está maluco? Não podemos nos dar a esse desfrute a essa hora, quase perto do almoço. Deixemos para comemorar à noite, depois que a fatídica notícia chegar, e eu precisar me desdobrar muito para chorar junto com minha sobrinha. Ai, Pai do céu! O que uma tia zelosa não faz pelo bem de uma sobrinha querida?

Venâncio riu das palavras da mulher, e, depois de se beijarem algumas vezes, foram para a sala esperar que as coisas acontecessem.

Quando Vitor chegou, o almoço foi servido. Todos comeram tranquilamente, mas sem conversar, pois o rapaz não admitia conversas à hora das refeições.

À tarde, após a sesta, Vitor convidou Venâncio para ver uma nova baia que ele estava construindo.

Como todas as tardes, Mércia e Ana sentaram-se na sala principal para bordar, enquanto Marcela foi fazer a sesta para ir cavalgar. Maria sabia que, naquela manhã, a sobrinha não saíra para marcar o encontro, pois já deixara tudo combinado na véspera. De posse daquela informação, a mulher pôde orientar Venâncio para que o plano desse certo, pois sabia, pela própria Marcela, que Felipe passava pelo mesmo trecho do caminho todas as manhãs para verificar o trabalho naquela parte da fazenda, mesmo quando marcavam encontro de véspera.

Maria também costumava fazer a sesta, mas, naquela tarde, devido à ansiedade de receber a notícia da morte de Felipe, não conseguiu ir para a cama. Ela, então, pegou o romance que começara a ler no dia anterior e sentou-se em outra poltrona na sala onde estavam Mércia e Ana.

Uma hora depois, Marcela surgiu na sala pronta para cavalgar. Após se despedir, deixou Maria ainda mais ansiosa.

Mércia notou que a tia estava inquieta e comentou:

— A senhora está sentindo algo, tia? Tenho a impressão de que está inquieta.

Pega de surpresa por não ter notado que estava sendo observada, Maria obtemperou:

— Estou apenas um pouco indisposta. Deve ser esse calor que faz aqui na fazenda. Ainda não me acostumei.

Mércia ia dizer alguma coisa, quando Ana a interrompeu:

— Hoje, desde que acordei, também tenho estado inquieta, mas minha inquietude está acontecendo por dentro. Sinto que alguma coisa muito ruim está para acontecer.

Maria assustou-se. "Essa negra deve ser bruxa como todos os escravos". Pensou em agredi-la verbalmente, mas esforçou-se para ficar calada enquanto Mércia perguntava com preocupação:

— O que pode ser? Deus nos livre de todo o mal!

— Não sei, senhora, mas tenho certeza de que hoje o sol não se porá sem que uma coisa muito ruim se abata sobre este lar.

— Pare com isso, Ana, senão, daqui a pouco vou começar a sofrer dos nervos. Estou grávida e não posso me preocupar assim.

— É isso que dá ficar amiguinha de criada — ironizou Maria com ódio. — Essa daí deve ser bruxa como todos de sua raça. Não é porque foram libertos que se tornaram gente. Têm a alma tão escura quanto a cor de suas peles. Peça que se retire imediatamente, pois está fazendo mal à sua saúde com essa boca de mau agouro.

Percebendo que Mércia ficara realmente mal com o que ela dissera, Ana tentou desculpar-se:

— Não fique assim, senhora Mércia. Nada de mal lhe acontecerá nem ao senhor Vitor. Só quero prepará-la e pedir que nós três façamos uma oração. Só Deus tem o poder de aliviar nossa alma.

— Cale-se, negra insolente. Saia já daqui! — Maria bradou, levantando-se da poltrona onde estava, fechando o leque e batendo com ele diversas vezes no rosto de Ana.

Uma confusão se fez, pois Maria, cada vez mais agressiva, agora puxava os cabelos de Ana, enquanto Mércia, gritando por socorro, tentava separar as duas.

Neste momento, um grito ainda mais forte foi ouvido pelas mulheres. Era Marcela que acabara de chegar e entrar na sala correndo como louca, indo em direção ao seu quarto.

Os gritos de Marcela foram ficando cada vez mais estridentes, e as três mulheres foram ao quarto ver o que estava acontecendo.

Marcela só sabia gritar:

— Morto! Morto! Ele está morto! O que farei de minha vida?

Tentando acalmá-la, Maria perguntava:

— Quem está morto, querida? O que aconteceu?

— Morto! Morto! Morto! — Marcela repetia, parecendo estar em delírio.

— Faça alguma coisa, sua negra imprestável! Vá buscar uma água com açúcar para ela! — gritou Maria com Ana, que saiu do quarto correndo.

Nesse meio tempo, Vitor também chegou a casa junto com Venâncio. Percebendo que Marcela gritava, ele entrou no quarto e chamou a esposa:

— Mércia, venha cá. Deixe Marcela com a tia. Uma tragédia aconteceu e preciso comunicar-lhe.

Mércia tremia muito, e Vitor fê-la sentar-se na grande poltrona. Enquanto isso, Venâncio acompanhava tudo em pé, calado.

Vitor disse:

— Felipe foi encontrado morto em sua cabana de caça. Alguém o matou.

Num gesto de susto, Mércia colocou as mãos na boca:

— Meu Deus! Como isso aconteceu? Quem pode ter feito uma coisa dessas?

— Ninguém sabe de nada. A família está desesperada. Estão supondo que algum marido traído tenha feito isso com ele. Não é novidade para ninguém o quanto Felipe era venal e mulherengo, mas o pior é que a acusação poderá cair sobre mim.

— Você? Por quê? — A voz de Mércia já sumia em desespero.

— Tudo indica que Marcela estava mantendo um romance com Felipe, e nós não sabíamos. Todas as tardes, Felipe saía com o pretexto de dar algumas ordens aos agregados, mas na verdade estava mantendo um romance secreto com sua irmã. Eles se encontravam na cabana de caça sempre às tardes.

— Como você soube disso?

— Ninguém sabia do fato, exceto o feitor da fazenda, que era um grande amigo de Felipe. Essa manhã, Fidêncio precisou falar com o patrão sobre um animal que tinha de ser sacrificado e esperou que ele voltasse dos seus passeios matutinos pelas estradas para fazê-lo. Como passou do meio-dia, e Felipe não voltou, todos começaram a se preocupar. Fidêncio, então, resolveu procurá-lo na cabana e, ao entrar lá, encontrou o patrão morto, com um tiro nas costas, que certamente atingiu o coração. Foi fatal.

Lembrando-se da premonição de Ana, Mércia começou a chorar e perguntou:

— Mas por que a culpa poderá recair sobre nós?

— Porque quem o matou foi até lá a cavalo e, ao sair, não percebeu que uma das ferraduras do animal se soltou na saída da cabana. O nome de nossa fazenda está gravado em nossas ferraduras, logo, deduzirão que fui eu o responsável pela morte de Felipe.

258

Venâncio tremia por dentro, mas não ousava dizer nada.

Mércia disse:

— Mas não foi só você quem saiu de cavalo aqui hoje, ou foi?

— Não sabemos. Tenório não saiu da fazenda e ficou comigo a manhã inteira na construção da nova baia. Alguém entrou aqui, pegou um de nossos cavalos e foi até lá cometer o crime para me incriminar.

— Meu Deus! O que será de você agora?

— O delegado investigará o caso, e tenho a esperança de que descubram a verdade. Ninguém aqui tinha motivos para matar Felipe... — Vitor fez uma pequena pausa e perguntou: — Marcela saiu da fazenda pela manhã?

— Não. Ela passou toda a manhã lendo na varanda com tia Maria. Tio Venâncio pode comprovar, e Ana também. Ela não teria motivos para matar Felipe... ou teria?

— O que sei é que Fidêncio está espalhando para todos os cantos que sua irmã está grávida de Felipe e que o estava pressionando a casar-se. Como ele não podia se casar com ela, porque já estava prometido a Juliana Pacheco, provavelmente se negou ao matrimônio. Temo que digam que foi Marcela quem o matou por vingança.

— Mas isso não é possível, Vitor. O crime aconteceu pela manhã, e ela não saiu daqui. Não é, tio Venâncio?

Trêmulo, mas sem deixar transparecer, Venâncio respondeu:

— Eu não me levantei a manhã inteira, Mércia, pois estava com uma forte dor de cabeça, mas Maria estava com ela e pode comprovar.

Vitor abraçou Mércia, que chorava:

— Calma, meu amor. Somos pessoas de bem, e a verdade há de aparecer.

— Não quero ver você e minha irmã presos.

— Isso não acontecerá.

— Mas você mesmo me disse que podem acusá-lo da morte de Felipe.

— É que espalharam na vila que eu posso ter matado Felipe para lavar a honra manchada de minha cunhada, contudo, Tenório pode comprovar que não saí daqui esta manhã.

Mércia não quis ouvir mais nada. A moça apertou a cabeça contra o peito do marido e continuou a chorar sentidamente. Como Ana previra, a desgraçada realmente se abatera sobre sua casa.

259

Capítulo 31

Marcela continuou a gritar até que abriu os olhos de maneira exagerada e em seguida desmaiou.

Maria gritou:

— Meu Deus! Ela morreu!

Ana, que estava ao lado com o copo de água nas mãos, observou:

— Não, senhora, ela apenas está desmaiada.

Instintivamente, Maria colocou os dedos no pescoço da sobrinha e confirmou que o coração da moça batia. Aliviada, ela pegou o copo das mãos da criada e bebeu a água num só gole.

Maria já ia mandar Ana se retirar, quando a moça observou:

— Veja, senhora, a senhorita Marcela parece estar febril. Olhe o suor fino que está cobrindo sua testa.

Maria observou e percebeu que Marcela realmente transpirava. A mulher colocou as costas das mãos na testa da moça e notou que a temperatura estava realmente alta.

— E agora? O que faremos?

— É melhor chamar o médico da vila. No estado em que ela está, não é bom esperar muito.

— Vou falar com Vitor. Enquanto isso, fique com ela aqui. Para alguma coisa você deve servir.

Maria saiu pelo imenso corredor da casa e, ao chegar à sala, deparou-se com Mércia chorando abraçada ao marido. Ela ainda viu que Venâncio, com os olhos baixos e de pé, presenciava a cena. Por fim, aproximou-se do marido:

— Venâncio, vá à vila chamar o médico. Marcela está ardendo em febre, e não sabemos o que poderá acontecer a ela.

Venâncio puxou a mulher em direção ao terreiro e, nervoso, disse:

— Tenho medo de que nos descubram. A maldita ferradura do cavalo soltou-se perto da cabana. Não quero terminar meus dias numa cadeia.

— Quem manda não prestar atenção nas coisas? Se bem que você não iria verificar ferraduras, pois não é homem para isso. Pelo menos Felipe está morto. Agora, só temos de esperar que resolvam o caso para prosseguirmos com o resto do plano.

Venâncio corou de raiva e apertou com força o braço da mulher, fazendo a mão de Maria abrir-se e deixar cair o delicado leque que ela segurava.

— Você só pode estar louca! Se não me descobrirem, certamente culparão Vitor! Os pais de Felipe não deixarão barato esse crime, Maria. Alguém terá de ser punido. De nada adiantará tudo o que fizemos. Se Vitor for preso, não teremos mais nada a fazer aqui, pois Marcela não terá com quem se casar.

Maria riu alto:

— Que paspalho você é! Vitor é rico, milionário. Gente rica não é presa.

— Pode não ser presa, mas é morta!

Ao ouvir aquelas palavras, Maria assustou-se pela primeira vez. Realmente, o marido tinha razão. Ainda que Vitor não fosse preso, fatalmente seria morto numa emboscada por vingança à morte de Felipe. A mulher começou a se desesperar, mas logo suas ideias começaram a clarear.

— Tive uma ideia que poderá nos livrar disso tudo. Vá agora à vila e, quando chegar, lhe direi o que pensei. Caso aceite, esta será a solução de nossos problemas.

Venâncio foi procurar Tenório e pouco depois cavalgou em direção à vila.

Quando Maria entrou na casa, Mércia já parara de chorar. Vitor levantou-se e foi até Maria:

— O que mais está acontecendo? Aonde Venâncio foi?

261

— Foi buscar um médico da vila. Marcela parou de gritar, mas desmaiou e está ardendo em febre. Achei prudente mandar buscar o doutor.

Vitor suspirou. Estava em meio a um pesadelo e não via a hora de tudo aquilo terminar. Ainda mais aquela: Marcela doente. Suspirou:

— Marcela tirou nossa paz, nosso sossego. Assim que ela melhorar, quero que parta imediatamente daqui. Não a quero mais nesta casa.

Maria empalideceu, pois aquela postura de Vitor poderia pôr seu plano a perder.

— Releve, Vitor. Marcela deixou-se levar pela paixão e não sabia que estava lidando com um canalha de marca maior.

— Por isso mesmo que não a quero mais aqui. Ela está grávida, foi leviana e entregou-se ao primeiro que apareceu fazendo-lhe promessas. É uma doidivanas que não quero perto de minha mulher. Desejo também que a senhora, que a apoia em tudo, vá embora com ela. Muito estimo o seu marido, mas apenas tolero sua presença e a de Marcela. Para lhe ser muito sincero, jamais gostei da senhora e dessa moça. Sua presença me causa incômodo, aversão, e não fico bem. Esta casa é minha e quero viver feliz com minha esposa. A senhora e Marcela não nos ajudarão em nada. Aliás, só atrapalham. Mais uma vez, serei claro: assim que ela melhorar, vá embora, leve seu marido e sua sobrinha e nunca mais ponha os pés nesta casa.

Maria empalideceu e corou ao mesmo tempo. Nunca fora tão humilhada em toda a sua vida. Os olhos da mulher cintilaram de ódio ao dizer:

— Você me ofendeu e me expulsou desta casa como se eu fosse uma cadela, mas juro que isso não ficará assim! Saiba que me pagará por tudo o que me disse.

Sem se abalar, Vitor prosseguiu severo:

— Não tenho medo da senhora e, caso tente fazer algo contra mim ou contra minha esposa, lhe garanto que se arrependerá do dia em que nasceu. Não me desafie, ou será pior. Agora, me dê licença e passe bem.

Vitor estugou o passo, deixando Maria e Mércia sozinhas na grande sala.

Envergonhada devido à tamanha humilhação, Maria não teve alternativa a não ser desabar na primeira poltrona que viu e chorar convulsivamente de ódio.

Mércia, que não queria se indispor com o marido, ainda pensou em consolá-la, mas resolveu sair da sala e deixá-la sozinha.

Marcela acordou já com a temperatura baixa. Olhou ao redor, reconheceu onde estava e, imediatamente, tudo lhe veio à mente. Estava tudo acabado, e não havia mais como ela ser feliz. Deus deveria estar castigando-a por causa de sua maldade, afinal, ela fora para a fazenda com o intuito de assassinar a irmã para ficar com o cunhado. A vida, contudo, a fizera conhecer o amor e o tirara dela de maneira abrupta e tirana.

Marcela voltou a chorar, mas seu choro não tinha nada do desespero de antes. Ela chorava sua sorte, seu triste fim. A moça olhou para a barriga e lembrou-se de que estava grávida. No meio daquele turbilhão, havia se esquecido da gestação. Ela passou as mãos sobre o ventre que já começava a se avolumar, quando um intenso ódio por aquele ser inocente começou a vibrar dentro de seu peito.

Sem conseguir libertar-se daquela onda de rancor, Marcela foi deixando-se envolver até que, completamente tomada pela raiva, disse:

— Ser asqueroso que trago dentro de mim, se seu pai morreu, você também não merece viver!

Aproveitando-se do estado emocional da jovem, espíritos inferiores começaram a influenciar Marcela, que, sem lhes opor resistência e considerando-se vítima do destino e da fatalidade, começou, mesmo sem saber da existência deles, a concordar com o que sugeriam.

Com os olhos desmesuradamente abertos, Marcela levantou-se, abriu a porta e saiu indo em direção à cozinha.

Quando chegou à sala de jantar, encontrou Mércia arrumando a mesa junto com Ana. A irmã alegrou-se:

— Que bom que se levantou! Isso mostra que está melhor. Venha nos ajudar com os talheres. Creio que ninguém vai querer jantar hoje, mas Vitor sempre exige que a mesa esteja posta e arrumada.

Marcela olhou para Mércia e sentiu uma imensa inveja brotar em si. A irmã tinha tudo, era feliz, enquanto seu destino era a solidão, a desdita e a tristeza que amargaria para sempre sem a presença do amado. Ela ficou estática, olhando para Mércia, quando uma das entidades lhe soprou ao ouvido:

— Sua irmã não tem culpa. A culpa é dessa criança! Vamos lá! Faça logo o que nós estamos mandando.

Como se estivesse hipnotizada, Marcela disse olhando para Mércia:

— A culpa não é sua!

Mércia não entendeu:

— O que você disse?

— Venha comigo e verá.

Marcela foi até a cozinha, e as cozinheiras estranharam sua presença ali. No entanto, assim que viram Mércia e Ana entrarem, as mulheres perguntaram:

— Desejam alguma coisa?

— Eu desejo! — disse Marcela com a voz forte e os olhos arregalados, que nem sequer piscavam. — Dê-me uma faca! É de uma faca de que preciso.

O coração de Mércia começou a pular de susto, e, instintivamente, ela captou o que irmã iria fazer. A moça gritou:

— Não deem faca alguma a ela! Marcela, vamos sair daqui, venha. Vamos conversar na varanda. Você não está bem.

Um clima de medo espalhou-se pela cozinha, principalmente quando Cláudia, a cozinheira mais velha, sinalizou com os olhos para Mércia a enorme peixeira que estava ao lado de Marcela, sob o fogão de lenha.

Sem conseguir disfarçar o medo, Mércia olhou para a peixeira e foi o suficiente para, em questão de segundos, Marcela pegar a imensa faca e rapidamente perfurar o próprio ventre. Ela gritava:

— Morra, maldito, morra! Morra!

Enlouquecida, Marcela não se contentou em apenas perfurar a barriga. A moça começou a revolver a faca no ventre, fazendo um imenso corte. Em seguida, um jato forte de sangue começou a jorrar pelo chão da cozinha.

O desespero tomou conta de todos, e Mércia, após soltar um grito agudo, desmaiou nos braços de Ana. Uma das cozinheiras saiu correndo pela porta dos fundos e a outra pelo corredor gritando:

— A senhorita Marcela se matou!

A gritaria logo foi ouvida por Vitor e Maria, que saíram apressadamente em direção ao local de onde vinham os gritos.

A cena que viram foi de extremo terror. Sendo amparada por Cláudia, Marcela esvaía-se em sangue. Além disso, o feto fora expelido pelo imenso corte que a moça fizera na própria barriga.

Maria gritou e jogou-se em cima da sobrinha. Vitor, mais controlado, pediu:

— Ana, vamos levar Mércia daqui. Ela é frágil, e eu temo que não aguente esse espetáculo de horror. Ela pode colocar a vida de nosso filho em risco.

Auxiliado por Ana, Vitor levou Mércia, que estava desmaiada, para o quarto. O rapaz pediu que a criada ficasse com ela e retornou para a cozinha, mas, quando chegou lá, constatou que Marcela já estava morta. Abraçada ao corpo da sobrinha, Maria chorava.

Quando o doutor Villas Boas chegou, não havia mais nada a fazer. O bondoso médico sacudiu a cabeça lamentando:

— Que Deus tenha piedade de sua alma. Tão jovem... não merecia esse fim. Quanta tragédia acontecendo de uma vez por essas bandas.

O médico parou de falar quando notou algo estranho no corpo da jovem. Ele pegou sua velha lupa e examinou novamente a jovem. Em meio ao silêncio na cozinha, apenas se ouviam os gemidos sentidos de Maria.

Depois da conclusão, doutor Villas Boas chamou Vitor, Venâncio e Cláudia e disse:

— Olhem para isto aqui.

Eles olharam para o ponto que o médico mostrava e, à medida que apuravam a visão, ficaram ainda mais estarrecidos.

O médico disse:

— É isso mesmo que estão vendo. Marcela estava grávida de gêmeos. Ela não matou apenas um ser, mas dois, além de si mesma. Queira Deus que um dia tenha salvação.

Cláudia chorava ao ver dois fetos muito pequenos, já em formato humano, movendo-se no meio daquela sangria.

Ninguém pôde ver, mas, naquele instante, o espírito do indiano Raymond adentrou na cozinha com muita luz, e dentro dessa luminosidade surgiram seus companheiros de trabalho. Era possível notar uma pequena lágrima represada no canto do seu olho esquerdo. Ele disse:

— Ajudem esses dois espíritos a se desligarem de seus pequeninos corpos. Ainda não foi dessa vez que Henri e Tarsilo conseguiram voltar. Não julguem nada nem ninguém. Nosso dever é amparar e ajudar. Todo julgamento pertence a Deus. Em vez de nosso julgamento, Marcela precisará de nossa compreensão, amor e carinho, pois, assim que se desligar do corpo, se verá rodeada de criaturas iguais a ela, que fugiram da vida com medo de enfrentar as consequências dos próprios atos. Um dia, quando ela encontrar o equilíbrio perdido, iremos ajudá-la. Agora é momento de trabalho, oração e meditação. Deus não condena ninguém, então, quem somos nós para condená-la? Contudo, embora não exista condenação, cada um terá de arcar com as consequências de seus atos até entender que fugir de um problema não o soluciona, mas só adia o momento de resolvê-lo. Muita paz a todos!

Os seareiros do bem fizeram a tarefa com abnegação e, só depois de muitas horas, partiram no mesmo facho de luz que os trouxera até ali.

O corpo ferido de Marcela foi retirado da cozinha e levado para o quarto, onde o médico faria a sutura dos cortes e limparia os fetos para depois entregá-los à família.

O clima soturno e triste da tragédia abalou a todos. Enquanto o corpo de Marcela estava sendo preparado para o velório e sepultamento, Vitor pediu que Tenório fosse a São Paulo avisar a Afonso e Cecília sobre a tragédia.

Maria não parava de chorar, sendo consolada pelo marido, cujo peito estava dilacerado pela culpa. Ele tinha certeza de que a esposa também chorava, amargando a culpa, que, com certeza, dilaceraria seu coração para sempre.

A tela apagou-se, e Marcela, que assistiu a tudo como se estivesse revivendo aqueles dias, entregou-se a um pranto profundo. Ana acariciou os cabelos da moça, enquanto um jovem apareceu na sala trazendo água fluidificada e em seguida lhe aplicou passes magnéticos.

Marcela tinha muitas perguntas na mente, e Ana estava pronta para respondê-las.

Quando a moça acalmou-se, ela pediu:

— Vamos sair daqui e conversar no jardim. O ar livre lhe fará muito bem.

Marcela obedeceu e, limpando os olhos com as costas das mãos, seguiu com ela.

Capítulo 32

O trinado dos pássaros, que brincavam em torno do imenso chafariz da praça principal da colônia, parecia não existir para Marcela. Só sua dor e suas dúvidas importavam naquele momento.

Sentadas em um lindo banco de madeira envernizada sob o calor brando do sol e o frescor da leve brisa que lhes banhava o rosto, as amigas começaram a conversar.

— Estou sofrendo muito, mas, ao mesmo tempo, aliviada em saber por que atraí tudo o que vivi nessa última encarnação. Não quero mais continuar a sofrer, mas, para isso, preciso saber tudo, saber o resto.

— Como disse Jesus, "só a verdade liberta", Marcela. Você tem direito e está pronta para saber o restante da história — disse Ana com a voz meiga. Ela prosseguiu: — Toda a sua família compareceu ao velório e ao sepultamento. Cecília e Afonso, temerosos do escárnio social que passariam quando a sociedade paulistana descobrisse toda a verdade sobre sua morte, pediram a Vitor que sepultasse seu corpo e os corpos dos bebês no cemitério da fazenda.

"Maria estava inconsolável e, quando viu seu corpo baixar na sepultura, entrou num estado de nervos tão profundo que a fez enlouquecer, quadro esse que se tornou irreversível pelo resto de seus dias.

"Uma semana antes de Cecília e Afonso voltarem para a capital, Venâncio, que iria ficar na fazenda esperando que os profissionais do sanatório viessem buscar sua esposa, não aguentou o sentimento de culpa que o corroía e acabou revelando toda a verdade. Ele reuniu todos na grande sala de estar e contou-lhes como haviam planejado a morte de Felipe.

"Para Mércia, aquilo foi um choque sem proporções. Mesmo não sendo ligada a nenhuma das filhas, Cecília ficou muito sentida por ter abrigado em sua casa tão perigosos assassinos. Ela, que já tinha ódio de Venâncio por tê-la estuprado poucos dias antes do casamento, o que a fez engravidar de Mércia, sentiu seu ódio por ele ser multiplicado.

"Foi a própria Cecília que, num momento de emoção, revelou todo o ódio que sentia pelo cunhado e que ele era o pai de Mércia, motivo pelo qual ela não gostava da filha. Sempre que olhava para a moça, ela lembrava-se do momento do estupro, da humilhação sofrida e de ter que ficar calada pelo fato de Venâncio ser o marido de sua irmã.

"Cecília revelou ainda que o fato de ter sido estuprada gerou a infelicidade que era seu casamento. Na noite de núpcias, Afonso, ao descobrir que a mulher não era mais virgem, passou a sentir verdadeiro nojo por ela. Ele fazia sexo com a esposa apenas para cumprir com as obrigações do casamento.

"O sentimento que um tinha pelo outro, ainda que pequeno, acabou por completo, e por isso Cecília culpava Venâncio e Mércia por sua infelicidade. Por outro lado, com o tempo, ela descobriu que nutria desejos sexuais por mulheres, até que, durante uma noite, se entregou à paixão com a criada Filomena, que era a única fonte de prazer que tinha na vida.

"A revelação do verdadeiro caráter de Maria e Venâncio foi outro choque. Em posse da confissão do tio da esposa, Vitor, imediatamente, mandou chamar o delegado. Venâncio foi preso, e Maria ficou internada até o fim de seus dias num sanatório, onde morreu de infarto fulminante devido ao excesso de medicações que tomava. Em seus delírios, ela gritava por Marcela, afirmando que via a sobrinha em um vale de dor, em um local completamente no escuro, rodeada de pessoas deformadas, gritando e gemendo. Quando a mulher falava de suas visões, os médicos aumentavam as doses dos medicamentos até que seu coração não resistiu.

"O tempo foi passando, e Mércia, Vitor e o restante da família foram se acostumando com o que aconteceu. O filho de Mércia nasceu sadio e muito bonito e recebeu o nome de Alfredo. Algo inusitado, contudo, aconteceu. À medida que o menino crescia, Mércia, embora fosse uma criatura de bom coração, nunca conseguiu amar verdadeiramente o filho e sentia aumentar dentro de si a repulsa por ele.

"Alfredo mostrou-se muito apegado ao pai e não o deixava sozinho um minuto sequer, o que acabou despertando um ciúme incontrolável em Mércia.

"Numa noite, enquanto conversava comigo na grande sala de estar, a outra criada estremeceu levemente e lhe disse: 'Em vez de odiar essa criança, procure amá-lo. Você, mesmo sem intenção, fez muito mal a ele num passado distante. O que este ser busca agora é a compreensão e o perdão pelos seus atos'.

"Mércia, que já estava habituada à minha sensibilidade sentiu-se tocada por aquele pedido e prometeu a si mesma que seria uma mãe melhor e buscaria o amor para vencer a aversão, o repúdio e o ciúme que tinha sempre que olhava para o pequeno Alfredo. Ela, contudo, não conseguiu. O esforço dos primeiros dias esvaíu-se, e Mércia, sem desejar se modificar, deixou-se levar pelos maus sentimentos a ponto de procurar à ex-escrava Anastácia, que ainda vivia nos arredores da fazenda numa choupana, para lhe pedir que a ensinasse um remédio para nunca mais engravidar, pois, se com um filho já havia perdido muito da atenção do marido, perderia ainda mais se outros viessem.

"Anastácia, uma africana que entendia profundamente das leis da natureza, evocou as entidades que trabalhavam para ela e fez uma mistura que, numa só dose, deixava a mulher estéril, sem possibilidade alguma de gerar outra vida.

"Mércia, num egoísmo feroz revelado depois da chegada do filho, ficou imensamente feliz com aquilo, e assim o casamento foi seguindo entre períodos de amor e ódio, este último sempre tendo como motivo o filho.

"Assim que ficou mocinho, Alfredo revelou sua vocação: queria ser padre e dedicar-se à vida religiosa. Aquilo foi uma decepção para Vitor, que brigou inúmeras vezes com o filho na tentativa de demovê-lo daquela ideia que julgava sem sentido algum. Ele dizia: 'Você deverá ser minha continuação. Quero ter netos para que o sobrenome de nossa família se perpetue. O que acontecerá com a fazenda no dia e que eu morrer? Quem cuidará disso tudo? Sempre o preparei para isso, Alfredo. Você não pode me desapontar'. Ao que Alfredo respondia: 'Sempre tive boa vontade para aprender tudo o que o senhor me ensinou, pai, mas não gostava do que fazia. Queria agradá-lo, pois o amo muito, contudo, minha vocação é seguir os passos de Jesus e me tornar padre. Desejo amparar os que sofrem, dar de comer a quem tem fome, água a quem tem sede e, principalmente, doar amor a todos aqueles que sofrem de abandono, solidão e falta de Deus'.

"As palavras que Alfredo usava eram bonitas, e Vitor sentia que saíam do coração do filho. A vocação do rapaz era real e não um meio de fuga do mundo por ser um invertido, como ele pensara a princípio.

"Feliz com a decisão de Alfredo, que iria se afastar do pai praticamente para sempre, já que os padres eram muito ocupados e não podiam dar atenção à família, Mércia, de repente, começou a ficar carinhosa com o filho e apoiá-lo em tudo.

"E assim aconteceu. Alfredo foi estudar num mosteiro, e, a partir daquele dia, a vida de Vitor nunca mais foi a mesma. Embora tivesse finalmente aceitado de coração a decisão do filho, a ausência cada vez mais prolongada de Alfredo fez o pai se entregar a uma estranha melancolia. Já não era mais o homem alegre e entusiasta de antes.

"Mércia notou a mudança no marido, mas não se importou, pois, para ela, o que importava mesmo era tê-lo perto de si. No íntimo, ela chegou a desejar que Vitor adoecesse e ficasse preso a uma cama, só para ela cuidar dele e vê-lo totalmente dependente dela. E, aparentemente, o desejo de Mércia foi atendido, quando, da Itália, chegou uma carta curta de Alfredo, em que ele apenas dizia: 'Mamãe e papai, saudações em Cristo Jesus! Estou partindo para a África nos próximos dias, sem data para retornar. Vou em missão de conversão daquele povo ainda tão ignorante, cuja maioria não conhece as verdades de Jesus. Não fiquem tristes, esse é meu destino. Amo vocês. Até um dia...'".

Ana fez uma breve pausa e continuou seu relato:

— Não poderia haver alegria maior para Mércia, pois aquele acontecimento afastaria para sempre o filho do marido. Ouvia dizer que a África era um lugar de povos ignorantes e selvagens, cheio

271

de animais horripilantes e perigosos, e que as pessoas que iam para lá em missões raramente retornavam vivas. Mércia não chegou ao ponto de querer a morte do filho, mas desejou do fundo do coração que algo acontecesse a ele para que ficasse naquele lugar horroroso até o fim de seus dias. E foi isso o que aconteceu.

"Alfredo não foi morto, nem atacado por nenhum animal feroz, mas apaixonou-se pela cultura do lugar, pelas pessoas e por seu modo de vida e acabou construindo uma pequena igreja num lugarejo muito necessitado, onde ensinava o evangelho e ajudava, com o auxílio da Igreja e de pessoas influentes, a minorar o sofrimento daquele povo por meio da distribuição de alimentos, remédios e roupas dignas.

"Ninguém soube mais nada de Alfredo, o que foi minando as forças de Vitor. A partir disso, aconteceu o que Mércia, com seu egoísmo atroz, sempre desejou. Vitor começou a ter lapsos de memória até ficar completamente demente e preso a uma cama. Ela, então, dedicou-se ao marido com extremado carinho até o fim de seus dias.

"Mércia tornou-se uma viúva amarga e sua única amiga era eu. Não foi necessário que outro homem assumisse a fazenda, pois ela mesma, com mãos de ferro, tomou conta de tudo. Como os sogros já estavam muito idosos e não podiam fazer nada, ela assumiu todo o trabalho nas terras e fez a fazenda prosperar ainda mais. Morreu muito velha, sendo velada por mim.

"Quando abriu os olhos no mundo espiritual, Mércia estava em um charco, unida a outros espíritos que, assim como ela, não fizeram por merecer o auxílio do Alto. Ela tentou se locomover, mas, além de trazer no perispírito as impressões da velhice, o que a deixava cansada e sem forças, os outros espíritos não permitiam que ela saísse de lá. Sempre que Mércia tentava se levantar, eles a empurravam charco adentro, e ela sentia-se afogar.

"Muitos anos de sofrimento se passaram até que Mércia pudesse ser socorrida pela equipe de Raymond. Ela estava arrependida de tudo o que fizera e sentia um remorso profundo. Mércia foi levada a um posto de socorro no umbral, onde permaneceu em tratamento por meses a fio.

"Quando melhorou, Mércia foi levada à Colônia Campo da Paz, onde estavam Vitor, Alfredo, Filomena, Felipe, Conceição, Valdemar, Venâncio e Ana.

"Ao notar a grande alegria que eles demonstraram ao recebê-la, Mércia sentiu vergonha assim que cruzou os grandes portais da cidade, pois julgou que não merecia todo aquele carinho. Ela chorou muito, mas, amparada por mim, foi melhorando e convivendo com todos. Ainda assim, a convivência de Mércia com aqueles espíritos com que ela tivera vínculo em vida era limitada. Ela não conseguia expressar-se com espontaneidade e sempre se sentia devedora de todos eles.

"Um dia, Mércia procurou saber onde estavam você, Afonso, Cecília e Maria, e Marina, a governadora da colônia, informou a ela numa reunião especial que, após passar mais de vinte anos sofrendo e vagando pelo Vale dos Suicidas, você havia sido socorrida e aguardava a oportunidade de reencarnar. Marina ainda disse que você não estava naquela colônia, pois seu nível vibratório e seu corpo mental não possuíam sintonia suficiente para viver lá e que você continuava a ser amparada num posto de socorro.

"Quando ouviu o que havia acontecido com você, Mércia levou a mão à boca num gesto de espanto e perguntou se que o você tinha feito era tão grave. Marina, então, respondeu: 'O suicídio é um ato gravíssimo, que lesa profundamente o corpo espiritual e conduz aqueles que o cometem a vales de muita dor e sofrimento. No entanto, o que mais faz um suicida sofrer é sua consciência, pois ele se acusa o tempo inteiro por ter fugido da vida em vez de lutar e vencer seus desafios. Isso é sempre possível. Não há, no mundo, nenhum problema sem solução, principalmente quando se tem fé, mas as pessoas, iludidas pelo materialismo e imediatismo, entram rapidamente no desespero, chegando muitas vezes ao ato extremo de tirar a própria vida física'.

"Naquele momento, Marina fez uma pequena pausa na conversa que estava tendo com Mércia e depois prosseguiu: 'Assim que abrem os olhos no astral e percebem que, apesar do ato tresloucado que cometeram, a vida continua com os mesmos problemas, todos os suicidas entram em profundo desespero e arrependimento, e, na vida espiritual, todas as sensações e todos os sentimentos são ampliados de maneira gigantesca. Dessa forma, o desespero, a tristeza, a frustração, a inquietação, o medo e agonia que os fizeram tirar a vida na Terra são amplificados de forma assustadora, e os suicidas se veem rodeados de criaturas que fizeram o mesmo que eles, para que, nesse emaranhado de sensações, lutem pelo equilíbrio e voltem a se fortalecer'."

Ana fez uma breve pausa e continuou sua narrativa:

— Atento à explicação, Alfredo observou que, na Terra, a Igreja diz que quem se mata vai para o inferno e não tem mais como sair dele, e que, embora tivesse sido padre, jamais havia concordado com aquela teoria. Marina, então, disse que ele fez bem em não acreditar nessa teoria, pois a Igreja e as outras religiões que têm como base a Bíblia interpretaram de forma equivocada os ensinamentos que lá existem sobre o suicídio. Marina ainda questionou que, se Deus é misericórdia e amor infinitos, por que Ele permitiria que seus filhos que cometem esse erro fossem condenados para sempre. E afirmou ainda que essa teoria não tinha sentido se comparada à bondade e à perfeição de Deus e que era verdade que o suicida sofria muito neste lado, mas que sempre chegava a hora da redenção, do alívio, do conforto e, principalmente, do reencarne, em que ele tem a oportunidade de se equilibrar totalmente e reparar os enganos cometidos. Por fim, ela completou dizendo que Deus não seria perfeito nem bom, se deixasse uma alma na condenação eterna.

"Todos estavam sentados em cadeiras de vidro, em semicírculo, numa sala igualmente feita de vidro, de modo que a luz diáfana do sol penetrava no ambiente, permitindo que todos vissem perfeitamente uns aos outros. Aproveitando a harmonia do ambiente e o momento de aprendizagem, Mércia perguntou para Marina o que iria acontecer quando Marcela renascesse, a que a outra respondeu: 'Ela terá uma vida curta e permanecerá na Terra somente pelo tempo que lhe restava cumprir na vida que ela interrompeu. Chegando a hora, voltará para cá. Como Marcela não tirou apenas sua vida, mas também a de dois bebês que carregava no ventre, impedindo, assim, que eles reencarnassem para continuar progredindo, ela deverá engravidar, carregá-los no ventre, dar-lhes a vida, mas, por causa de sua morte, não poderá criá-los. Contudo, ela certamente se sentirá feliz por ter se redimido e dado a vida àqueles que, por desequilíbrio e paixão, tirou no passado".

"O silêncio se fez na sala naquele momento, e Marina prosseguiu: 'Infelizmente seus pais, Afonso e Cecília, enveredaram pelo mundo do crime. Com medo da pobreza e vendo sua fortuna se diluir, eles acabaram entrando para uma facção criminosa que traficava seres humanos e os vendia para diversos fins. Foi assim que recuperaram a riqueza e viveram até o fim de seus dias. Filomena, que está aqui conosco, assim que descobriu que a amada participava de um esquema tão criminoso, a abandonou depois de inúmeras tentativas de trazê-la de volta ao bom caminho. Ela desapareceu no mundo, e Cecília nunca mais soube dela. Na verdade, Filomena procurou um lar de idosos no Paraná e lá se internou até o dia de sua morte. Mesmo amando Cecília e sentindo muita saudade dela, recusava-se a compactuar com crimes tão graves. E pela renúncia grandiosa e pela consciência plena do dever cumprido, assim que ela desencarnou, espíritos de luz foram buscá-la em uma caravana e a trouxeram para cá'.

"Marina percebeu que todos ansiavam por saber mais e prosseguiu: 'Após anos no umbral, Venâncio foi recolhido e está num hospital para doentes da mente aqui no astral, amparando Maria, que está praticamente recuperada, arrependida e à espera de uma oportunidade de poder reparar seus erros. Já fui ter com eles duas vezes, e nessas visitas lhes disse que eles podem trabalhar a favor do bem e vencer seus compromissos cármicos por meio do amor, contudo, Venâncio e Maria, cristalizados na culpa profunda, ainda insistem em viver tudo o que fizeram os outros passar.

"'Por ter assassinado Felipe, Venâncio escolheu reencarnar e morrer por meio da violência. Já Maria pretende ficar mais tempo na Terra para aprender mais. Venâncio errou, mas seus pensamentos e sua moral são mais avançados. Maria é um espírito muito rebelde e materialista, por isso escolheu que um acidente lhe acontecesse na Terra. Ela optou por receber um tiro, pois foi dessa forma que Felipe perdeu a vida. Paralítica e presa a uma cadeira de rodas, ela deseja aprendar de maneira definitiva o valor do bem e da vida.'

"Neste momento, Felipe a interrompeu com educação e disse: 'Já fui vê-los e lhes disse que os perdoava e que estavam livres desse compromisso, mas Maria fugiu de mim envergonhada. Apesar de receoso, Venâncio conversou comigo e disse que, mesmo que eu o liberasse do compromisso, só se sentiria livre se morresse por meio de violência, assim como me matou. Não consigo entender, Marina... Se Deus nos dá tantas chances de evolução por meio do amor, por que muitos insistem na dor?'.

"Ao ouvir a pergunta de Felipe, Marina respondeu: 'Porque eles não aprenderam a lição maior que devemos assimilar em nossa jornada espiritual que é a de perdoar a nós mesmos por nossa ignorância. Não é Deus quem castiga nem impõe o sofrimento. Deus só deseja nosso bem e nossa felicidade, porém, respeita nosso livre-arbítrio, pois foi Ele quem nos criou livres para escolher. Caso optassem pelo caminho do amor, Maria e Venâncio iriam servir, amparar, ajudar muito o semelhante, mas, como não aprenderam que ninguém erra por querer e sim por não saberem fazer melhor, condenaram-se irremediavelmente ao sofrimento. No momento, os espíritos estão interessados em realizar na Terra um trabalho de esclarecimento nesse sentido. Eles desejam fazer os espíritos entenderem que ninguém precisa sofrer para aprender ou reparar seus erros, pois amar é muito melhor, maior e mais importante do que tudo. Como disse o apóstolo Pedro, 'o amor cobre a multidão dos pecados'.'

"Naquele momento, Felipe calou-se tentando assimilar a lição, e Marina prosseguiu: 'Marcela, Vitor e Mércia se reencontrarão para se acertarem mutuamente, junto com Filomena e Felipe, que não poderá conviver muito com vocês devido à paixão louca que Marcela ainda nutre por ele. Todos se reencontrarão, mas logo Felipe não mais a verá sobre a Terra. Ele seguirá por outros caminhos, progredirá, até que possa viver seu amor em plenitude com Marcela. Tudo isso, contudo, só acontecerá quando Afonso e Cecília forem resgatados do umbral e renascerem primeiro. Eles serão os pais de Marcela e de Mércia. Filomena será uma companheira do casal, cuidará de suas filhas e terá de evitar envolver-se com Cecília enquanto ela for casada. Deverá, na renúncia construtiva, sublimar suas tendências sexuais, para que, no momento ideal, possa vivê-las de maneira saudável sem prejudicar ninguém. Será homossexual mais uma vez, contudo, especificamente no seu caso, necessitará viver na castidade para que possa cumprir sua função de amiga, conselheira e segunda mãe das filhas de Cecília, levando-as ao caminho do bem com o máximo de moral possível.

"Cecília e Afonso voltarão ricos para que possam, dessa vez, aprender a vencer as tentações da matéria quando elas chegarem novamente. Sempre é assim. Cada um volta a ser testado no exato ponto em que falhou na vida anterior. Queira Deus que tudo ocorra da maneira programada.

"Marina disse ainda algumas palavras, encerrou a reunião, e todos se retiraram calados, cada um imerso em profundos pensamentos", concluiu Ana, terminando de revelar os acontecimentos para Marcela.

Capítulo 33

De repente, tudo fazia sentido, tudo se explicava. Diante de tamanha perfeição, Marcela chorou. Chorou muito, mas dessa vez era um pranto emocionado, de gratidão. Como Deus era misericordioso e bom! Como a vida era sábia e justa!

Com paciência e compreensão, Ana esperou que a amiga encerrasse o pranto, sem interromper seu momento de emoção.

Quando finalmente se acalmou, Marcela olhou para Ana e disse:

— Como fui injusta ao sofrer, me desesperar, me sentir vítima de coisas e pessoas. Hoje, sei que somos nós os responsáveis por criar nosso destino. Sou responsável por mim e por minhas escolhas, e ninguém, a não ser eu mesma, responderá por elas.

Ana abraçou a amiga com muito carinho ao dizer:

— Fico feliz que tenha chegado a essa compreensão por meio da luz da verdade, contudo, sei também que ainda tem dúvidas.

— Tenho sim, Ana. Foi programado que meus pais me receberiam junto com Mércia e que seríamos irmãs novamente, mas...

— Mas vocês são irmãs, Marcela. Afonso é o pai das duas.

— Sim, contudo não viemos da mesma mãe, como foi combinado. Por que isso aconteceu?

— Nem sempre as pessoas conseguem cumprir o que prometeram antes de reencarnar. Na verdade, a maioria das pessoas foge de seu plano original e adentra em novos caminhos. Os espíritos superiores compreendem isso, porque sabem que as energias da Terra são densas e o apelo da sociedade, dos costumes, das crenças negativas aprendidas e cultivadas, dos pensamentos depressivos alimentados pela maioria produz uma ilusão coletiva que distorce os verdadeiros valores da vida. É fácil se perder nas ilusões do mundo, principalmente quando não se tem conhecimento da vida espiritual nem de como funcionam as leis cósmicas. Por essa razão, a espiritualidade sempre tem o que chamamos de "segundo plano" ou de "plano B" para que ninguém, de fato, perca sua reencarnação.

— O que é o segundo plano ou o plano B?

— É outro plano traçado de acordo com as novas escolhas que os encarnados fazem. Escolhas diferentes daquelas que fizeram no mundo espiritual. Por exemplo: um espírito de um homem pede para se casar com determinada mulher quando estiverem na Terra a fim de que, juntos, possam harmonizar o passado. Em comum acordo, os dois aceitam esse plano, porém, na Terra, esquecidos do passado, cada um vai para um lado diferente. O homem não continua o namoro com aquela mulher que seria adequada à sua caminhada evolutiva, porque ela não era tão bonita, não tinha destaque social ou não era tão sensual quanto ele desejava. A mulher não se une ao homem que lhe estava destinado, porque ele não era rico, não podia lhe dar uma boa vida, ou porque não era suficientemente bonito para chamar a atenção de suas amigas, ou tinha determinado defeito que ela não suportava e por aí vai. Nesse contexto, tanto o homem quanto a mulher, cujos destinos estavam traçados, acabam procurando novos companheiros de acordo com suas ilusões. Então, a vida, sempre sábia, entra em ação com suas leis. A nova pessoa escolhida por cada um aparentemente tem tudo o que eles desejam para uma união feliz, contudo, com o tempo, percebe-se que aquela nova pessoa é muito semelhante àquela do plano original, possui defeitos semelhantes, qualidades parecidas, o que vai dar no mesmo, ou seja, o que tinha que ser aprendido com uma será aprendido com outra.

— Mas e a harmonização particular entre os dois do plano original? Ficará perdida?

— Nada se perde no universo, Marcela. O objetivo espiritual de uma união afetiva na Terra não é um pagar ao outro o que lhe deve. Não é assim que as coisas funcionam. O objetivo das uniões

279

conjugais é o aprendizado moral que um proporcionará ao outro. Se aquele homem precisava aprender a ser compreensivo com aquela mulher que ele escolheu no astral, mas acaba modificando o plano aqui na Terra, a vida lhe traz uma pessoa semelhante para que ele dê a essa mulher o mesmo que daria à primeira. Se a mulher escolhe se unir a determinado companheiro para aprender a lhe ser fiel, mas desiste dele por algum motivo, a vida lhe traz um homem semelhante para que, nas tentações da traição, ela consiga se segurar e aprender a importância da fidelidade. Dessa forma, podemos observar que nada se perde na vida, embora seja sempre melhor viver o plano original, pois é ele que nos dá mais felicidade, harmonia e paz.

Marcela permaneceu alguns instantes com os olhos perdidos no horizonte, meditando sobre aqueles ensinamentos. Depois, a moça perguntou:

— Então, mesmo que minha mãe tenha programado ser a mãe da Mércia, foi válido minha irmã ter nascido de Filomena?

— O que aconteceu foi o seguinte: Cecília iria engravidar novamente para trazer Mércia mais uma vez ao mundo, porém, vaidosa como era, não queria deformar mais o corpo com uma nova gravidez. Ela odiou passar nove meses carregando você na barriga. A gravidez a incomodava, provocava-lhe náuseas, a fez engordar e deformou seus seios, então, Cecília, em segredo, pediu a seu médico particular que, durante a cesariana, fizesse a ligadura das trompas de Falópio para que jamais voltasse a engravidar. Essa escolha mudou os planos, e o mundo espiritual teve de entrar em ação. Como Filomena cedeu às tentações inferiores e passou a viver uma relação sexual a três com seu pai e Cecília, os espíritos amigos usaram essa situação para que ela engravidasse e trouxesse Mércia ao mundo, e isso em nada alterou o plano em sua essência, pois vocês foram criadas juntas, como irmãs, e se amam intensamente.

Marcela disse pensativa:

— Eu cheguei a odiar Mércia quando descobri a traição, mas hoje vejo que tudo estava certo, nos devidos lugares.

— Sim, tudo está sempre certo, Marcela. Mas, mesmo que você tenha conhecimento do passado, a dor da traição ainda está em seu peito.

— Não posso negar e não sei como me libertar disso.

— Você só se libertará quando descobrir que ninguém trai ninguém.

— Como? Será que ouvi bem?

— Ouviu sim. Você não foi traída, Marcela. Nem Vitor, nem Mércia a traíram. Eles não tiveram nenhuma intenção de traí-la quando se entregaram ao amor.

— Você está defendendo a traição?

— Se realmente existir a traição, eu não a defenderei, mas também não a condenarei. Quem sou eu para fazer isso? Contudo, no caso de Mércia e Vitor não houve uma traição verdadeira. A traição real é a do sentimento. Acha que uma simples relação sexual configura uma traição? Trair está muito além disso. É ser desleal, romper com a confiança, querer destruir, enganar, corromper. Sinceramente, você acha que eles queriam isso para você?

— Não... não... Quer dizer, não sei... Ah, você dá voltas em minha cabeça, Ana. Do jeito que você fala, qualquer pessoa pode sair por aí fazendo sexo com quem quiser, mesmo que seja casado ou tenha um compromisso sério. Vindo de você, estranho muito tal posição.

Ana foi calma ao responder:

— O que não é bom, não é funcional e traz dor é o sexo desregrado, e eu jamais disse que as pessoas devem fazer isso ou aquilo. Fazer sexo com outras pessoas quando se está comprometido é algo que quase nunca termina bem. Não é positivo e atrai energias e espíritos inferiores. Não podemos, contudo, determinar regras rígidas de conduta para a vida das pessoas nem condenar quem um dia cometeu ou comete um deslize. Tudo depende de um contexto, de uma vivência e, principalmente, das intenções. Aliás, as únicas coisas que realmente contam nesta vida são as intenções.

— É difícil entender isso...

— Não se lamente. Um dia chegará sua hora de compreender. Quando se despir de todo o orgulho, egoísmo e sentimento de posse, você dará liberdade total aos outros para eles serem quem desejam ser.

Marcela aquiesceu e continuou perguntando:

— Papai e mamãe cometeram os mesmos erros do passado. Quando se libertarão dos lugares de dor onde se encontram?

— No dia em que se arrependerem e perdoarem a si mesmos. Nesse dia, nós iremos buscá-los.

Os olhos de Marcela encheram-se de lágrimas:

— Espero que não demore muito. Não gosto de saber que estão sofrendo daquele jeito. Vamos pedir a Raymond que os liberte?

— Isso não é possível, Marcela.

— Por quê?

— Porque não é o Raymond quem liberta ninguém, e, vou mais além. Nem Deus liberta as pessoas. Cada um liberta a si mesmo quando se melhora, quando evolui, quando se arrepende e quando se perdoa. Deus está sempre de braços abertos para acolher qualquer um de seus filhos, mas, para Ele, caminhar ou ficar estacionado no sofrimento é uma escolha que pertence a cada um. Em vez de pedir a Raymond que os liberte, vamos orar para que eles reconheçam seus erros e procurem a mudança interior.

Marcela mudou o rumo da conversa:

— Então, Venâncio morreu naquele ataque à casa dele e Maria ficou presa na cadeira de rodas porque mataram Felipe?

— Sim e não. Matar Felipe foi uma ação. A reação correspondente varia de acordo com cada um. Marina, a mentora, pediu que eles reparassem seus atos pelos caminhos do amor, mas a culpa não permitiu que eles fizessem isso, e por essa razão atraíram aquele fim. Os bandidos confundiram os policiais. A vingança não era contra Venâncio, mas sim contra outro, porém, as leis da vida fizeram aqueles homens se enganarem para que ele e Maria pudessem passar pelo que haviam escolhido e traçado para si.

— E Mércia? Por que ela teve de passar pela experiência de ver seu filho ser vendido por minha mãe?

— Porque ela não valorizou o filho que teve na outra vida e tratou Alfredo como um inimigo. Nesta encarnação, ela precisou perdê-lo para saber o valor que um filho tem.

— Ela não o encontrará mais?

— Nesta vida? Não. Os dois estão em trajetórias diferentes, por isso não se encontrarão.

— E por que ela resolveu criar meus filhos? Isso aconteceu devido ao meu pedido na hora da morte?

— Não! Ela prometeu que faria isso antes de reencarnar. Ela sabia que sua vida seria curta e que você morreria deixando seus filhos no mundo, então tomou para si essa missão.

— E, pelo visto, está fazendo muito bem... — disse Marcela lembrando-se da irmã, agora com sentimento de admiração. — Devo reconhecer que Mércia é uma grande mulher. Sempre foi. Embora tenha deixado seu lado egoísta emergir quando Alfredo nasceu, sempre teve um coração bom. Parecia uma fada.

Ana sorriu:

— Mércia é um espírito que aproveitou os erros para evoluir e nesta vida voltou ainda mais bondosa, compreensiva e amorosa, deixando finalmente o velho egoísmo de lado. Quando ela e Vitor fizeram amor, sua irmã teve coragem moral suficiente para renunciar a tão intenso sentimento em nome da honra, do caráter, do dever e, principalmente, em nome do amor que sentia por você, pois, afinal, Vitor era seu noivo. Aquela traição cometida reverteu-se num enorme bem, pois, por meio dela, Mércia pôde provar a si mesma que já havia vencido o egoísmo e ainda pôde ensinar a Vitor a importância da fidelidade e do cumprimento do dever. Em posse dessas informações, você consegue concluir como a vida é sábia, sempre transformando tudo para melhor, até mesmo os nossos erros.

Marcela levantou-se do banco e abraçou Ana com carinho. Uma onda de amor envolveu-as, e, sentindo-se grata, a moça disse:

— Obrigada por ter renunciado um pouco de sua vida e ficado aqui no astral para cuidar de nós, Ana. Sua dedicação e bondade me comovem. Me desculpe por tê-la visto como uma inimiga quando foi criada de Marcela na fazenda. Eu era ignorante.

— E quem de nós não é? Não precisa me agradecer. Aprendi que o bem que se faz é o bem que se tem, mas só verdadeiramente passei a fazê-lo depois que descobri o quanto ele faz bem à alma e nos traz alegria. Hoje, posso lhe dizer que não há alegria maior neste mundo do que colaborar para o progresso da humanidade, daqueles que amamos e ver as pessoas felizes, sadias, alegres e harmonizadas. Nenhuma alegria que senti na Terra foi maior que a de fazer o bem.

Ana fez uma pequena pausa e pediu:

— Olhe que belíssimo pôr do sol! Vamos apreciá-lo próximas ao lago?

Marcela concordou, e as duas foram caminhando lentamente na direção de um imenso lago de águas cristalinas, que se tornava ainda mais belo por refletir o verde das montanhas soberbas que o circundavam.

Ana e Marcela sentaram-se na grama verde e ficaram caladas, sentindo a brisa leve e perfumada banhar-lhes a face. O sol foi despedindo-se aos poucos, e a noite começou a cair lentamente, trazendo consigo o brilho das muitas estrelas que pairavam no céu.

Inebriada de felicidade e vendo outros espíritos com semblantes felizes e em paz, Marcela tornou:

— Nunca mais quero voltar à Terra. Quem vê essa imensidão de universo que se descortina à nossa frente, quem percebe essa grandeza e o poder de Deus não deseja mais voltar atrás. A Terra é um lugar de disputas, maldades, corrupção, falta de amor e deslealdade, por isso quero viver aqui para sempre, usufruindo dessa paz.

— Isso não é possível, Marcela. Você passará um tempo aqui, mas depois terá de voltar para continuar seu progresso. A evolução não pode parar, e um dia você retornará para a Terra a fim de concluir sua fase de evolução naquele planeta. Você diz que lá tudo é ruim e feio, mas não é bem assim. Embora muitos ainda vivam na maldade, corrompendo, matando, destruindo, a maioria já está aprendendo a viver bem, a cultivar a espiritualidade, a ser feliz e a ajudar o progresso da sociedade. Além de tudo, o mundo é da maneira como o vemos. Cada um cria sua realidade e vive nela conforme as escolhas que faz. Quem está no bem, cultivando pensamentos de amor, saúde, paz, prosperidade, em contato com Deus, com a natureza, ignorando a maldade, já é feliz na Terra. Tudo é da forma como escolhemos enxergar.

— Suas palavras me animam, mas tenho medo. Não quero voltar tão cedo.

Ana fez uma pequena pausa e depois continuou:

— Por ora, não se preocupe com isso. Você está tão envolvida pelo conhecimento do passado e por ter entendido por que as coisas aconteceram que acabou se esquecendo de algo muito importante.

— Do quê?

— Veja quem está vindo até nós, andando naquele belíssimo cavalo branco, como antigamente.

— Onde? Não estou vendo ninguém!

— Olhe em direção à estrada.

Marcela olhou, e, naquele momento, seu coração disparou. A emoção tomou conta de seu ser, e, sem olhar para trás, ela saiu correndo ao encontro do cavaleiro. A moça gritava:

— Felipe! Felipe, meu amor! Como pude esquecê-lo? Eu te amo! Agora mais do que nunca!

Felipe, lindíssimo como sempre, desceu do cavalo e apertou Marcela de encontro ao seu peito, sentindo uma grande emoção. Os dois, então, beijaram-se com sofreguidão.

Quando a emoção serenou, ele disse:

— Quanto tempo tive de esperar por você... Quase morri de saudade. Se não fosse a ajuda dos mentores, nem sei o que teria acontecido.

Marcela estava eufórica e feliz. Ela abraçava e beijava Felipe a todo momento.

— Por que tudo aquilo aconteceu? Por que você morreu me deixando sozinha?

Lágrimas escorriam por seu rosto, enquanto ela se perdia em palavras. Felipe pediu:

— Vamos sentar debaixo dessa árvore para apreciar a noite.

Foi difícil conter a emoção de Marcela. Felipe fê-la deitar-se e recostar a cabeça em seu colo.

A magia da noite, a brisa que soprava fresca e a poderosa energia do amor fizeram Marcela e Felipe se olharem por longos minutos. Parecia que suas almas se comunicavam apenas pelos sentimentos, sem precisarem dizer nenhuma palavra.

Por fim, ele quebrou o silêncio:

— Tudo foi necessário, porque não sabíamos fazer diferente, Marcela. O que restou foi a experiência e a esperança de dias melhores. Não importa o que passou. Não estamos juntos? Pode haver felicidade maior?

O coração de Marcela bateu diferente.

— Você me encanta. Quando fala, percebo a verdade.

— É que eu a amo, e só o amor tem o poder de mostrar a verdade e transformar as pessoas. Perdemos muito tempo nos enganos da vida, mas lamentar o passado não fará as coisas mudarem. O que importa é viver bem o presente, certos de um futuro melhor. Quando estivermos maduros, aí a vida nos trará todas as respostas e, frente a frente com nós mesmos, compreenderemos a verdade. Agora é hora de viver o amor que a vida nos oferece e esquecer o resto. Eu a amo!

— Eu também te amo!

Um beijo de amor selou aquele reencontro de almas, cujas afinidades se perdiam na noite dos tempos.

Finalmente, estavam juntos. Finalmente, seriam felizes!

CONHEÇA OUTROS ROMANCES DE
MAURÍCIO DE CASTRO

Caminhos cruzados traz a história de Fabrício e Sérgio, dois jovens que se conhecem na pacata cidade litorânea de São Sebastião, em São Paulo, e que acabam se envolvendo, transformando a amizade que os unia em uma relação amorosa.

Enredados pelas teias do destino, os jovens serão desafiados a enfrentar as dificuldades de um novo emprego, o preconceito da sociedade e a desenvolver o lado espiritual com a ajuda de amigos leais.

O jogo da vida traz a história de Marília (ou seria Lurdes?), uma mulher ambiciosa, capaz de tudo para atingir seus objetivos. O que de tão terrível ela estaria planejando? Nesta intrigante narrativa, acompanharemos o desenrolar dos acontecimentos pelos olhos da espiritualidade, que nos mostra diariamente a importância do perdão e a necessidade de mantermos nossos padrões de pensamento elevados para alcançarmos a paz espiritual, sempre com a confiança de que somos amparados por amigos de luz.

Estes e outros sucessos, você encontra nas livrarias e em nossa loja:

www.vidaeconsciencia.com.br

VIDA & CONSCIÊNCIA
EDITORA

Rua das Oiticicas, 75 – SP
55 11 2613-4777
contato@vidaeconsciencia.com.br
www.vidaeconsciencia.com.br